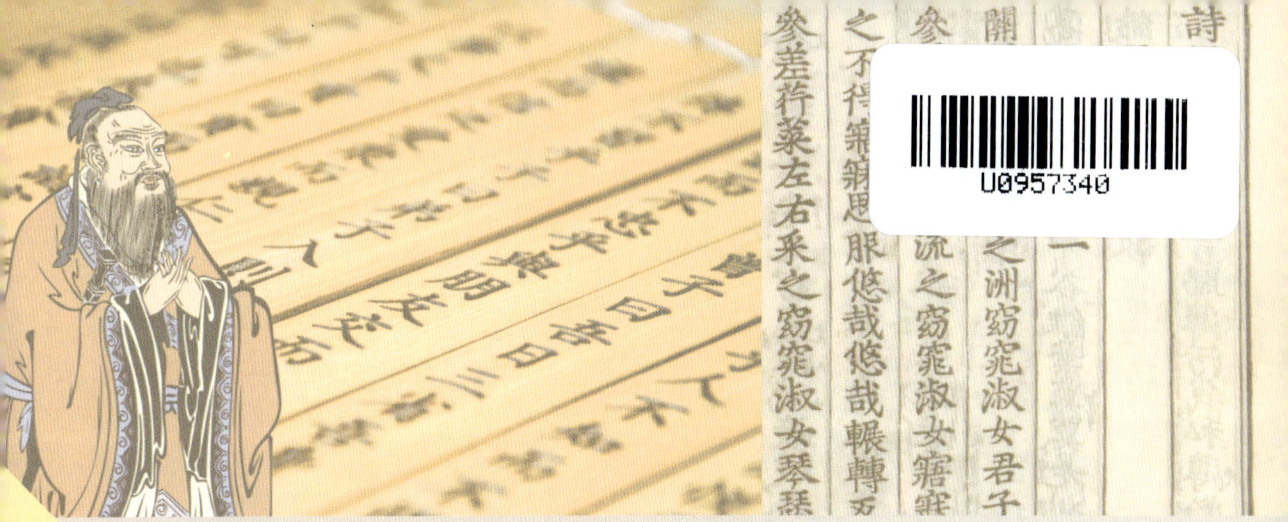

社区（老年）教育系列丛书

老年国学教育

主编　邱燕

郑州大学出版社

图书在版编目(CIP)数据

老年国学教育 / 邱燕主编. —郑州:郑州大学出版社, 2023.6

(社区(老年)教育系列丛书)

ISBN 978-7-5645-9652-1

Ⅰ. ①老… Ⅱ. ①邱… Ⅲ. ①国学-中老年读物 Ⅳ. ①Z126-49

中国国家版本馆 CIP 数据核字(2023)第 059174 号

老年国学教育

LAONIAN GUOXUE JIAOYU

选题策划	孙保营 宋妍妍	封面设计	王 微
责任编辑	胡佩佩	版式设计	陈 青
责任校对	宋妍妍	责任监制	李瑞卿
出版发行	郑州大学出版社	地 址	郑州市大学路 40 号(450052)
出 版 人	孙保营	网 址	http://www.zzup.cn
经 销	全国新华书店	发行电话	0371-66966070
印 制	河南美图印刷有限公司		
开 本	787 mm×1 092 mm 1/16		
印 张	22	字 数	241 千字
版 次	2023 年 6 月第 1 版	印 次	2023 年 6 月第 1 次印刷
书 号	ISBN 978-7-5645-9652-1	定 价	96.00 元

社区(老年)教育系列丛书

编写委员会

《老年国学教育》

作者名单

主　编　邱　燕

副主编　吴媛媛　乔　芳

编　委　盛世超　李慧璐

前　言

中华民族历史悠久，国学文化博大精深，五千年文明灿烂辉煌，“四大发明”“四书五经”，学习的力量在历史中传承。国学经典，是中华文明传承的主要载体，也是中国人文化身份的象征。党的十八大以来，习近平总书记就弘扬中华优秀传统文化作出一系列重要指示，具有重要的理论意义与现实意义。我们要学习中华民族优秀的传统文化和高尚的精神追求。历经磨难而不衰的中华文明，蕴含着丰富而宝贵的思想文化遗产。中国传统文化博大精深，学习和掌握其中的各种思想精华，对树立正确的世界观、人生观、价值观很有益处。

近年来，随着文化自觉与文化自信意识的不断增强，中国人学习国学的热情日益高涨，特别是随着《中国诗词大会》《朗读者》等节目的普及，国学越来越受到全社会的重视。当今的老年人也已逐渐摆脱“待遇养老”的传统观念，把“文化养老”作为新的追求。对老年人来说，幸福的晚年生活离不开“老有所养”的物质保障，更离不开“老有所为”的精神追求。学习、继承、弘扬国学文化，已成为很多老年人认准的必修之路。

虽然目前国学教育遍地开花，但服务老年人需求的国学教育类图书却比较稀缺。国学是中华文化的精髓，是中华民族五千年历史文明发展中积累的经典，其承载着睿智精深的道德伦理观、生命价值观，在实现老年人的自我价值、满足老年人的精神需求等方面具有重要的现实意义。因此，基于“转化国学经典、活用传统文化”的老年国学课程体系规划与相关图书的匹配性建设，就显得异常必要且紧迫。

我们本着这样的使命，自觉开始了积极的国学文化探索之旅，逐步确立了“四位一体”的编写体系：一是正确把握“经学著作”的价值引领作用，高度体现社会主义核心价值观；二是适度拓展“历史典籍”的阅读内容范围，通过借鉴历史的兴衰成败让老年人获得智慧、开阔眼界，更能见证中国文化的勃勃生机与强大生命力，感悟历史赋予这个时代的使命与愿景；三是广泛了解“诸子作品”的中国智慧，解读以老子、荀子、韩非、墨子等为代表的诸子百家理论，有利于老年人明心见性、觉悟人生；四是有效提升“诗词小说”的审美认知能力，选取唐诗宋词、明清小说的部分篇目，从人与自然的和谐中去感受人文情怀、生命精神、审美境界和道德追求，有利于老年人洞察社会百态、提升审美能力。

在本书编撰过程中，我们始终强调实用性与碎片化的原则，针对老年人注意力衰退、学习时间较为分散的特点，将本书内容碎化成若干个独立的片段，以通俗生动的语言、浅显平易的形式去呈现，不求系统完备，但求实用易学，达到零存整取的学习效果。同时，我们也始终凸显走进去与跳出来的特点，围绕国学知识点，编入与之相关的名人故事、历史背景故事、作品流传故事等，寻找国学文化与当代生活的结合点，充分激发老年人原有的生活和学习经验，使老年人能有身临其境之感，拉近老年人与国学文化的距离，引导老年人探寻国学的当代价值。

本书具体分工如下：第一篇由平顶山工业职业技术学院邱燕、李慧璐撰写，第二篇由平顶山工业职业技术学院乔芳撰写，第三篇由平顶山工业职业技术学院盛世超撰写，第四篇由平顶山工业职业技术学院吴媛媛撰写。全书由邱燕、吴媛媛、乔芳负责通稿、定稿。

当然，由于编者学术视野、研究能力所限，书中难免出现思想简陋、以偏概全、挂一漏万等学术浅见，请读者在阅读、学习、使用过程中不吝赐教，以备我们对本书进一步修订完善。

邱　燕

2023年2月

目 录

第一篇

经学著作

中国古籍采用经、史、子、集四部分类法进行分类，经部作为其中的第一大类，涵盖了“四书五经”(《论语》《大学》《中庸》《孟子》《周易》《尚书》《诗经》《礼记》《春秋》)等儒家经典，以及《千字文》《字林》《玉篇》等文字、音韵、训诂方面的著作。儒家思想在经过汉武帝推行的“罢黜百家，独尊儒术”政策之后，走上封建社会正统地位，成为两千多年封建社会的主流意识形态。

孔子曰“不学《诗》，无以言”，北宋开国功臣赵普“以半部《论语》治天下”，均充分说明了《诗经》与《论语》两部儒家经典著作的丰富思想内涵与现实指导意义。儒家文化对中国人的思想与精神塑造具有巨大的影响，对中国人价值体系的构建具有关键的作用，儒家经典值得大家反复学习与品味。

第一章
精读《论语》 启迪人生

《论语》是孔子的弟子及其再传弟子所编写的语录体散文集，包括《学而》《为政》《八佾》等共计 20 篇 492 章，用来记录孔子及其弟子的言行，涵盖修身治国、为人处世等多方面的内容。它成书于战国前期，在宋代被列为“四书”之一。

《论语》内容博大精深、包罗万象，对后世文人思想与行为的养成起到了重要的作用。“仁、义、礼、智、信”作为儒家思想的核心，在《论语》中有多处体现，比如“志于道，据于德，依于仁，游于艺”“君子喻于义，小人喻于利”“君子博学于文，约之以礼”等，通过倡导这些高尚的道德准则，不但能够规范社会秩序，而且能够约束个人言行，进而培养人的入世精神和处世之道。《论语》中有 107 处提到“君子”一词，详解了“君子”的标准，还经常把“君子”与“小人”一起做比较，比如“君子周而不比，小人比而不周”，客观而立体地阐释了中国人崇尚与追求的“君子”理想人格。

一代又一代人通过精读《论语》，掌握了治国安邦之法，学会了经世致用之道，习得了洁身自好之姿，启发了修身教化之境，相信《论语》中的精髓将永远在历史长河中熠熠生辉。

一、看淡得失　心境旷达

自古至今的仁人志士、英雄豪杰，不乏宠辱不惊、胸襟旷达之辈，如“仰天大笑出门去，我辈岂是蓬蒿人”的李白、“结庐在人境，而无车马喧”的陶渊明、“人生如逆旅，我亦是行人”的苏轼，他们去留随意、得失看淡，拿得起也放得下，这种豁达通透的人生态度令人心生敬佩，这种洒脱超俗的生活方式令人心生向往。

《论语》之中也有不少关于豁达心胸的表述，如“君子坦荡荡，小人长戚戚”，便是孔子对君子提出的道德要求，他认为君子应该心存大道、不争小利，保持乐观、不惧挫折，始终意志坚定地去实现“修身、齐家、治国、平天下”的理想与抱负。

（一）探寻人物踪迹

孔子（公元前551—前479），名丘，字仲尼，春秋末期鲁国人，中国古代伟大的思想家、教育家和政治家，儒家学派的创始人。孔子作为先秦先贤之一，在中国文化史和思想史上都具有不可替代的重要地位。同时，在世界史上，孔子的思想也为历代哲人提供了借鉴，比如德国的莱布尼茨、法国的伏尔泰、英国的罗素等大师，都受到过孔子学说的影响。此外，孔子的思想还有助于解决当今的世界问题，正如英国历史哲学家汤因比所言：“能够帮助解决二十一世纪的世界问题，唯有中国孔孟的学说和大乘佛教。”

1. 孔子出身

孔子的出身，可追溯到商朝的开国君主商汤。周初，周成王将商王朝的部分后裔分封到宋地，这些商王后裔便在宋地建立了宋国。孔子的祖上，也是宋国的贵族。孔子的父亲名为叔梁纥，当时为了躲避宋朝的祸乱而逃到了鲁国陬邑（今山东省曲阜东南），被封为陬邑大夫。孔子的母亲名为颜徵在，叔梁纥与颜徵在成婚时，叔梁纥已经六十六岁，而颜徵在不满二十岁，如此大的年龄差距在当时结为夫妻是不符合礼法的，因此夫妻二人婚后搬到了尼山居住。鲁襄公二十五年（公元前 548 年），叔梁纥去世了，叔梁纥的正妻施氏掌家后驱赶了颜徵在，颜徵在只得带着孔子搬到了曲阜阙里。

2. 励志求学

虽然家庭生活贫困，但颜徵在一直很重视对孔子的教育，孔子十五岁时已然立志要做一位有学问的人。两年后，颜徵在去世。又过了两年，孔子娶了宋国亓官氏为妻，婚后一年，亓官氏生下一子，取名为鲤，字伯鱼。同年，孔子被委任为吏，负责管理仓库。

鲁昭公十一年（公元前 531 年），孔子被委任为乘田，负责畜牧。这一时期的孔子由于官职较低，干了许多粗活。

鲁昭公二十四年（公元前 518 年），孟懿子和南宫敬叔向孔子学礼，之后孔子通过南宫敬叔还去洛阳拜访了老子和苌弘。

3. 步入仕途

鲁定公十年（公元前 500 年），孔子被擢升为鲁国大司寇，政治生涯迎来辉煌。但是，两年后，由于孔子提出的“隳三都”（即拆毁季孙氏、叔孙氏、孟孙氏三家所建造的城墙）等建议侵犯了三家的利益，孔子在鲁国所施行的政策越发受阻，自己也备受排挤，这场政治改革不得不半途而废。无奈之下，孔子中断了仕途，离开了鲁国，带领弟子们开始了周游列国的生涯。

4. 周游列国

孔子离开鲁国后，先来到了卫国，受到了卫灵公的礼遇，但孔子发现卫灵公猜疑心重且暴躁贪色，便离开了卫国。之后，孔子先后到过曹国、宋国、郑国、陈国、蔡国、叶国等诸侯国，但各诸侯国对他的思想并没有采纳，甚至加以嘲讽和驳斥。最终，心灰意冷的孔子决定回到鲁国，整理文献，专注教育。

5. 晚年生活

从鲁哀公十二年（公元前 483 年）起，孔子便一直在鲁国整理文献，这一年他的儿子孔鲤去世，一年后他最得意的弟子颜回也去世了，又过了两年，他另一弟子子路因卫国内乱而被杀害，接连的打击使孔子心力交瘁，他感叹自己已时日无多。鲁哀公十六年（公元前 479 年），孔子病逝。孔子逝世后，诸多弟子为其守墓三年，其中子贡为孔子守墓长达六年。

（二）品味经典佳作

1. 论语·八佾（其一）

子曰："君子无所争。必也射乎！揖让而升，下而饮，其争也君子。"

(1)译文阐释

孔子说:“君子没有什么想要和别人相争的事情。如果真要较量一番的话,那么就比试射箭吧！作揖行礼后登堂射箭,比赛结束走下堂来一起饮酒,这才是君子之间的竞争。”

(2)深层解读

孔子所说的“争”,就是指竞争、争斗。在人类社会的发展过程中,“争”是具有进步意义的。在竞争中人才能精神饱满、充满斗志,孟子所谓的“生于忧患,死于安乐”的理论也正是强调竞争的作用。但是凡事都应有度,超过了这个度,事物的内涵就变了。当竞争变得极具攻击性,甚至忽视社会道德的时候,竞争将不再具有积极意义。因此,孔子强调的“争”,是有限度的“争”,这种“争”要符合礼仪。春秋时期,诸侯征战、民不聊生,孔子期望通过礼仪去规范诸侯和人民的行为,孔子是反对“争”的,即使要“争”,也要符合礼仪规范。

在春秋时期,射箭就是一种礼仪,因极具教育意义,所以对人的品德有良好的导向作用。首先,射箭要有一个好体魄。射箭对臂力、腕力、眼力、躯体平衡等诸多条件都有较高的要求,文弱的书生是难当于此的,因此,一位优秀的儒者必须拥有一个强健的身体。其次,需要懂“礼”。这个“礼”是指礼让和谦逊,并非咄咄逼人的架势。一个人如果拥有强健的体魄和卓越的射技,往往会盛气凌人,这在儒家看来是不符合“礼”的,也被君子所不齿。因此,孔子认为符合射礼的君子应该具有儒雅闲定、谦和恭敬的品质。拥有这样品质的君子,就算是竞争也是合度的,不会因输赢而伤及友谊，因为输赢并不是最重要的，从射礼中所获得的教益才是最重要的。

2. 论语·学而（其一）

子贡曰："贫而无谄，富而无骄，何如？"子曰："可也。未若贫而乐，富而好礼者也。"

子贡曰："《诗》云：'如切如磋，如琢如磨'，其斯之谓与？"子曰："赐也，始可与言《诗》已矣，告诸往而知来者。"

（1）译文阐释

子贡说："贫穷却不阿谀奉承，富贵却不颐指气使，这样做怎么样？"孔子说："不错了。但是不如贫穷却甘于坚持道德准则，富贵却谦逊好礼。"

子贡说："《诗经》上说：'加工骨、角、象牙、玉石时，要切割、粗锉、细琢、打磨'，和这（砥砺德行）是一样的道理吧？"孔子说："赐呀，现在可以开始和你探讨《诗经》了，告诉你以往的事情，你能推知今后的事情，学会举一反三了。"

（2）深层解读

人生在世，最忌过喜过悲。所谓过喜，指人在一帆风顺时，春风得意，无所顾忌；所谓过悲，指人在步履维艰时，灰心丧气，愁眉不展。孔子在讲射礼时就强调，凡事讲究度，人在做事时，如若越过了这个度，事情就变味了。人的情绪也是如此，极度的欣喜和极度的悲伤，都会伤及自身。孔子在人生贫富的讨论中，强调了安贫乐道、富贵好礼，即不论你是贫穷还是富裕，都要符合君子的规范，不能因为一时的好运而忘乎所以，也不能因为一时的厄运而一蹶不振。贫穷时，就做好自己的事，不要忘却自己的初心；富裕时，尊礼守法，不骄纵蛮横。

另外，从此段选文可以看出孔子对子贡是颇为赞赏的。因为子贡是一个勤学好问的人，能够独立思考、举一反三。孔子主张“因材施教”，对每位学生都采取有针对性的教育方法，从“告诸往而知来者”中，我们可知孔子对子贡是相当满意的。

3. 论语·里仁(其一)

子曰：“不仁者不可以久处约，不可以长处乐。仁者安仁，知者利仁。”

(1)译文阐释

孔子说：“没有仁德的人不能长久地处于贫困的境遇，也不能长久地处于安乐之中。有仁德的人乐于践行仁德，有智慧的人善用仁德所带来的益处。”

(2)深层解读

此段选文着重讲了“仁”，这里的“仁”指的是仁爱和仁义，待人要友善。孔子认为，内心没有仁爱的人，我们是不能够与之相处的，因为这样的人必定不甘于长久处在贫困之中，更不会安贫乐道。而且，这种人必定是极度自私的，他们往往会采取某些极端的手段让自己脱离贫困，他们不会懂得，要想长久富庶，就要学会积累德行，不然钱财早晚会散尽。在历史上的任何时期，都有极度利己的奸商，他们只顾眼前的利益，逞一时之快，在短期内获得了巨额的财富，但是，这些财富是他们消耗自身的信誉建立起来的，当民众认清他们的真面目之后，他们就会面临信誉危机，甚至为此而家破人亡。因此，孔子认为，人如果不具备富裕的条件，一定要安贫乐道，如果想要采取极端措施强行扭转，将会遭遇灾殃。人即使贫困，也不能取不义之财，要积累仁德，德行够了，自会惠及自身。

4. 论语·里仁（其二）

子曰："士志于道，而耻恶衣恶食者，未足与议也。"

（1）译文阐释

孔子说："读书人有志于追求真理，却因穿粗衣、吃陋食而感到耻辱，这样的人不值得和他谈论真理。"

（2）深层解读

"民以食为天"，吃饱穿暖是人在社会生活中的基本需求。但是在此基础上，如果过度追求吃穿，人就会变得鄙俗。社会上历来都存在着少数惯于攀比之人，这类人嘴上说着去除物欲追求理想，可是看到别人的奢华外在，就又会燃起嫉妒之火。孔子认为，这种人极度虚伪，说一套做一套，言行不一致，不可与之相交。而且，如果人一辈子都在追求物质需求，他是不会有大志向的，更难以成就大事业。

真正能够成就大事业的人，初心坚定、言行一致，思想不会局限于吃穿，因为他们内心有自己的"道"，知道自己的目标是什么。比如二万五千里长征，红军战士不仅遭遇到敌人的围追堵截，还要爬雪山、过草地，很多红军战士连树皮和草根都吃过。在这样艰苦的环境下，是坚定的共产主义信念支撑着他们最终完成了人类历史上的一大壮举。此后的全面抗日战争、解放战争、抗美援朝都是面对艰难困苦的环境依然取得了胜利。

“吃水不忘挖井人”，对于中华先贤创造出如此优秀的文化和卓越的功绩，我们应当继承和弘扬。

5. 论语·里仁(其三)

子曰：“不患无位，患所以立。不患莫己知，求为可知也。”

(1)译文阐释

孔子说：“不要忧虑没有职位，而要担心没有能够安身立命的本领。不要发愁没人知道自己，而要追求能扬名于世的才能。”

(2)深层解读

有句老话说：“打铁还需自身硬。”孔子教导自己的弟子，要想成就一番事业或谋求某个职位，一定要有过硬的实力。不可在人生遭遇挫折之时，过于强调命运的不公，而应该自我反省：当机会来临之时，凭自己的能力是否能够抓得住。

任何时代都有少数思想较为极端的人，这类人会一味抱怨社会的不公，却不重视提升自己的能力。这类人应该放下内心的偏见，专攻某个领域，努力去成为这个领域的专门人才。而且人生有限，我们不可能面面俱到，在一个领域能有过硬的本领，已实属不易。因此，孔子希望弟子们不要执着于追求结果，而应该从事物的本源着手，这样看问题的心态就会发生好的转变。

（三）知识拓展

1. 楚王失弓

据《吕氏春秋》记载，楚王有天打猎遗失了心爱的弓箭，顿觉惋惜，侍从们慌忙去帮楚王找寻，楚王思忖片刻，又把侍从都唤了回来，命他们不必再找。侍从们十分不解，楚王说自己遗失的东西，最后仍会被楚人捡到，兜兜转转还是楚国的财物，正所谓“楚人失之，楚人得之”。后来，孔子听说了这件事，认为格局可以更大一些，不拘囿于楚国的范围，改成“人失之，人得之”更妥帖。当老子也听说了这件事之后，感觉楚王与孔子的得失观始终在围绕人打转，他基于自己的哲学思想观点，进一步提出应改为“失之，得之”，认为这样才更符合自然万物发展的规律，才更能体现世间万物的相依相生关系。当然，透过这个故事，我们所直观感受到的是一种看淡得失、心境旷达的生活态度与自我追求，拥有了这样的态度与追求，我们才能在面临生活中的各种挫折与危机时，做到泰然自若、从容不迫。

2. 塞翁失马

《淮南子·人间训》中记载了这样一个故事，靠近边塞的地方住着一位老人，老人的马有一日跑到了胡人那里，邻人们听说后，纷纷前来劝慰，老人却并不以为意，只说：怎知这不是福运呢？果然，几个月之后，老人的马不但自己回来了，还带来了胡人的骏马，邻人们又纷纷赶来恭贺，老人这次却说：谁又能知道其中是不是暗含着灾殃呢？正如老人所担忧的，因为家中良驹众多，老人的儿子热爱上了骑马，但却意外摔断了腿，邻人们赶来探望并宽慰老人时，老人再次说：怎知这不是福运呢？一年后，因胡人滋扰边关、侵入中原，大量青壮年男子都拿起武器去参军打仗，并且这些投身军营之人死伤惨重，很多人难以再回到家乡，本以为的生离最后都变成了死别，而老人的儿子却因为摔断了腿躲过了参军打仗，父子二人得以乐享天伦。所以，通过这个故事，我们可以体会到，在现实生活之中，失与得是相互联系、相互作用的，遭遇厄运时不必过分消极，获得喜讯时不能过分得意，妄自菲薄与妄自尊大都是要不得的，患得患失只会成为我们前进道路上的障碍，学会看淡得失，遇事沉着冷静，怀有宽容心胸，才是我们最大的“得”，即使“失”，也能成为我们的宝贵财富，帮助我们的人生之路走得更加顺遂。

3. 素心不改

柳宗元自幼天赋过人，十三岁时写的文章就得到了唐德宗的赞赏，众人皆觉得柳宗元未来可期。柳宗元二十一岁时考中了进士，开始了仕途生涯。永贞革新，柳宗元与王叔文等人协同整顿吏治与财政，得罪了很多权贵，然而他们无所畏惧、意气风发，只为实现政治理想。可惜的是，随着唐顺宗退位、太子李纯登基，这场声势浩大的政治变革遗憾落幕，王叔文被杀，柳宗元等八人被贬。即便如此，柳宗元依然初心如磐，面对非难与冷眼，他始终保持风骨，绝不屈服于权贵，甚至从不对人隐瞒自己与王叔文的交情，敢于公开赞颂王叔文。但无论如何，柳宗元的仕途自此便跌入了低谷，开始了漫长的贬谪生涯。

永贞元年(805年),柳宗元赴任永州刺史,即使因遭受政治打击而心情低落,他依然牢记为官一任的责任与义务,经常深入民间,体察百姓疾苦。他写的《捕蛇者说》就是在了解民风民情之后的创作,反映了百姓的真实生活,也凸显了当时“赋敛之毒有甚是蛇者乎”的社会黑暗状况。

元和十年(815年),柳宗元谪居永州十年后,再次回到长安。但一副傲然风骨的柳宗元,还是无法融入朝廷黑暗的政治旋涡,无奈再次被贬,赴任柳州刺史。

柳宗元在柳州做了很多为民谋福祉之事,他重视教育对民众的教化力量,在柳州倡导学习之风,为文化正本清源,在当地培养出一批学识、涵养兼备之士,改变了柳州的蛮荒之气。当了解到柳州民间有一陋俗,即平民百姓一旦无法偿还高利贷就要终身为人奴婢时,他坚决予以取缔,使许多平民百姓摆脱了被奴役的命运。而那些已经为人奴婢的,柳宗元也因地制宜,提出了奴婢服役按工时折算工钱的解决办法,使很多奴婢看到了还清债款后恢复自由之身的希望,因此柳宗元获得了柳州百姓的交口称赞。这种方案在柳州推广开来后,形成了样板标杆,周边州县也开始学习这种做法,一时之间,受惠民众无数,赞扬之声不断。

柳宗元在柳州任上还曾遭遇严重的旱情,他遵循当地风俗举行祭祀活动并撰写了祭文:“廉洁自持,忠信是仗,苟有获戾,神其可罔!”我们通过这一句祭文,能清楚看到柳宗元不计个人得失、一心造福于民的伟大胸襟,他把忠信和清廉作为自己的为官准则,为了百姓的福祉,若有惩罚宁愿独自承担,心心念念的唯有国计民瘼,即使自己仍身处困顿也从未改其志,这正是今日的柳州人民还称呼柳宗元为“老市长”的原因,他的政绩与官声显然经受住了时间的检验。

柳宗元历经挫折而始终坚守的为民情怀与伟大胸襟,不但赢得了百姓的认可,还带动了后来之人,比如“苟利国家生死以,岂因祸福避趋之”一句,就深刻体现出林则徐承继了同样的胸襟与情怀。

元和十四年(819 年),柳宗元病逝于柳州。

今天,我们想起柳宗元,或许更多地会想到他的一首诗,并能通过这首诗触摸到他高洁的灵魂与淡泊的情怀,这首诗就是《江雪》:

千山鸟飞绝,万径人踪灭。
孤舟蓑笠翁,独钓寒江雪。

(四)思考探究

1. 找一找《论语》中表达心境旷达的句子有多少处,说说你的理解和认识。

2. 谈谈怎样在日常生活中做到“君子不争”。

二、坚守原则　处事方圆

人生在世,总要面对诸多诱惑,能够不忘初心、保持本色是相当不易的事情,尤其是在当下的社会。随着科技的迅猛发展,人们了解信息的方式日趋便捷,但这种便捷并不意味着一定能够提升幸福感，相反，过多的选择反而容易让人迷失自我。那么，在面对选择时，是为了遵守本心选择“义”，还是接受诱惑选择“利”呢？

中华文明历经五千载，遭遇无数磨难之后依旧延绵不息，一个很重要的原因就是：无数先贤在民族危难之际，抛弃了个人的荣辱得失而毅然决然地选择了“义”。孟子、屈原、苏武、岳飞、文天祥、于谦、谭嗣同、邓世昌、刘胡兰……这些先辈们，每一个名字都代表着一种精神，激励着无数中华儿女奋勇向前、砥砺前行。

中国人始终坚持家国一体的观念，以集体利益为先，具备奉献精神，遇事坚守原则、不畏强权、不畏艰险、追求公平，但同时又善于发现问题和圆满解决问题，这就是所谓的“义”，这也是曾经在这片土地上生活过的先辈们留给后代的宝贵精神财富。

（一）探寻人物踪迹

子贡（公元前520—前456），复姓端木，名赐，字子贡，春秋末期卫国人。孔子学生。子贡能言善辩，具有济世之才，曾担任过鲁国和卫国的丞相。他还是儒商的代表人物，一直将“君子爱财，取之有道”作为自己的人生信条，成为后世商人学习的典范。

1. 儒商典范

子贡思维敏捷，善于经营财货，孔子就曾夸赞其长于经商，言其预测的行情大都是准确的，可见子贡洞察力之敏锐。不过，子贡虽长于经商，却并不敛财。他长期辗转于曹、鲁两国之间经商，一生都坚守诚信的原则，积累了颇佳的声誉，还勤于钻研，因此获得了巨额的财富，成为孔子弟子中最为富有的。子贡致富之后，并未将钱财用于享乐，而是将其资助于孔子讲学，也乐于帮助贫困百姓，因此，他的行商之风被后世尊为“端木遗风”。

2. 丞相之才

作为“孔门十哲”，子贡在政治上也很有天赋。在《论语·雍也》中，季康子问孔子是否可以让子贡治理国家。孔子说子贡通达明理，管理国家没有困难。孔子弟子三千，子贡能够直接得到孔子如此高的评价，可见其确实很有政治能力。子贡曾请孔子评价他是一个什么样的人，孔子说他像有用的器物。他继续追问像何种器物，孔子说像宗庙里的瑚琏。瑚琏是古代祭祀时盛装粮食的珍贵器皿，用此物喻人，表明此人很有能力，可以委以重任。而且，瑚琏作为宗庙中一种较为严肃的器皿，也暗含了孔子对子贡的期望，希望他日后为人处事要有原则，不可逾越规矩。子贡听后很开心，越发勤于钻研儒学，后来成为鲁国和卫国的丞相。

3. 外交才能

鲁哀公二年（公元前 493 年），孔子周游列国时，与弟子被围困在陈国、蔡国之间，当时已经断粮多日，很多人都饿出了病，师徒等人随时可能会有生命危险。此时子贡从楚国带来了救兵，为一行人解了困。

当齐国想要攻打鲁国时，孔子对弟子们说：“鲁国是我们出生的地方，此时有难，我们挺身而出的时刻到了。”众弟子纷纷请愿，但是孔子只应允了子贡的请愿。而后，子贡分别游说了齐国、吴国、越国、晋国，此举不仅保全了鲁国，还削弱了齐国，间接灭掉了吴国。司马迁在《史记·仲尼弟子列传》中评价道:“故子贡一出,存鲁,乱齐,破吴,强晋而霸越。子贡一使,使势相破,十年之中,五国各有变。”司马迁认为子贡的一次出使,让当时天下的形势发生了重大变化,这是对子贡外交能力的充分肯定。

(二)品味经典佳作

1. 论语·里仁(其四)

子曰:“君子喻于义,小人喻于利。”

(1)译文阐释

孔子说:“君子记在心间的是大义,小人看在眼里的是利益。”

(2)深层解读

孔子经常强调仁义,这是成为君子的必备素质。人出生之时,并不是君子,成为君子要经历一个过程。有的人立志成为君子,那么内心就时刻存有仁义;有的人从未想要成为君子,反而为了利益不择手段,仁义也成了他们的累赘。

人生在世,有得必有失,切不可过于重利。重利会让人变得自私而狭隘,变得一切以利益的大小为出发点,最终内心被利益所绑架。例如,夫妻反目、兄弟相攻等一些乱象的出现,都是因为重利轻义。但是,我们不能全面否认利益的存在,它在人类社会当中还是有其合理性的。孔子也认为,追求正当的利益是应该的,但当利益危及他人时,还是要慎重,因为成为君子,首先要拥有的就是仁义。

2. 论语·宪问

子曰:“邦有道,危言危行;邦无道,危行言孙。”

(1)译文阐释

孔子说:“国家政清人和之时,应该直言不讳,行事率直;国家混乱无序之际,既要行事率真,更要注意言语谦逊有度。”

(2)深层解读

孔子在此处所说的“危言危行”,就是正言正行的意思。不管国家处于“无道”状态或“有道”状态,自己的行为都要端正,都要将“危言危行”贯彻到底。历史上政治清明的时期,君主大都英明神武,能够虚心纳谏、从善如流。而时局动荡之际,执政的君主,不仅个人能力欠佳,猜疑心也变重,此时向上直言容易招致灾祸。孔子认为,在险恶的朝堂环境中,先要学会保全自身,只有这样才有机会在日后的人生中践行心中的大道。

在人生理想的确立上,儒家一直推崇“穷则独善其身,达则兼善天下”。也就是说,面对不同的时局,一定要有不同的人生对策。在人生不得志的时候,要注重个人内心的修养;在得志显达的时候,要尽自己的努力主动造福天下百姓。不过,不管外界的因素如何变化,作为君子一定要坚守原则,不可逾越自己的底线。

3. 论语·八佾(其二)

王孙贾问曰:“与其媚于奥,宁媚于灶,何谓也?”子曰:“不然。获罪于天,无所祷也。”

(1)译文阐释

王孙贾问(孔子)："与其献媚于正神，不如讨好灶神，为什么会有这样的说法呢?"孔子说："这种说法不对。如果得罪了上天，就连祈祷的地方都没有了。"

(2)深层解读

王孙贾是卫国的大夫，他说的这句话有隐喻。他以奥神、灶神分别比喻地位高、有身份的人和地位低、有实权的人。他想告诉孔子，与其去尊奉那些地位高、有身份的人，不如去尊奉地位低、有实权的人。而王孙贾认为自己就是那种有实权的人，暗示孔子应该讨好的人是他。孔子并未认同，而是表示，如果这样做就是得罪了上天，是会遭受报应的，同时也提醒王孙贾，权力会腐蚀人的心智，醉心于研究权术会变得阿谀奉承、媚上欺下，不会有好下场。

孔子是一个相当有气节的人，他深知自己的志向，做事更是有明确的目标。他明晓王孙贾与自己不是同类人，既然道不同，那就不相为谋，他亦坚决与此类人保持距离，绝不会因为利诱而忘记初心。

4. 论语·里仁(其五)

子曰："富与贵，是人之所欲也；不以其道得之，不处也。贫与贱，是人之所恶也；不以其道得之，不去也。君子去仁，恶乎成名?君子无终食之间违仁，造次必于是，颠沛必于是。"

(1)译文阐释

孔子说："升官发财，是很多人都想要追求的，但不是以正当的方式取得的，君子不屑拥有。贫穷与卑贱，是每个人都深恶痛绝的，但不是以正当的途径抛开它，君子不会（主动）摆脱贫贱。君子远离了仁德，还怎么成就他的名声呢？君子连吃完一顿饭的短暂片刻都不会做违背仁德的事情，仓促之际不会，颠沛流离时也同样不会。”

（2）深层解读

名利富贵是很多人所追求的，孔子承认人人都拥有欲望，但他认为满足欲望的途径必须是正当的，即使处于贫穷和困苦之中，君子也绝不应享受通过卑劣的手段获得的财富。

君子坚守着仁义，不会在意贫困，更不会去谋取不义之财，因为那些通过不义的手段快速积累的财富，往往来得快也去得快。比如一夜暴富，很容易让人迷失自我，让人陷入消费的陷阱之中，让人忘却了用这些财富去进行自我提升，从而在财富挥霍一空之后，再度陷入贫困，在哀叹声中度过余生。因此，财富的多寡一定要与自身的能力相匹配，如果自身能力不足，过多的财富只会殃及自身。《周易》有言“德不配位，必有灾殃”，就是讲的这个道理。

其实，我们大多数人的人生，都是在平淡之中度过的，而这未尝不是一种幸福。《增广贤文》有言：“良田万顷，日食一升；大厦千间，夜眠八尺。”意思是说，即使拥有万亩良田，一天也仅能吃一升饭；就算拥有千万所房屋，睡觉时也仅占用八尺之地。物质的享用要有所节制，一切财富生不带来、死不带去，唯有学会克制自身、持身敬肃，才能获得内心真正的安宁与自由。

（三）知识拓展

1.“方圆”之道

在中国传统文化中，“方圆”之道代表着古人所追求的君子人格。在古代，很多物品的设计都融入了“方”与“圆”的元素，比如古钱币、玉琮、四神规矩镜等。之所以对“方圆”结构的设计如此钟情，皆是因为古人对于宇宙的初始认知。《周髀算经》中就有关于中国古代“天圆地方说”的表述：“方属地，圆属天，天圆地方。”所以，“方圆”构成了古代的朴素世界观，影响了古人对万事万物的认知，带动了古人对理想人格的追求。

孔子针对君子人格做出了“外圆内方”的阐释，他认为，“三军可以夺帅，匹夫不可夺志”，“志士仁人，无求生以害人，有杀身以成仁”，即所谓“内方”，就是君子人格中刚强的一面，为了理想大义可以舍生忘死。孔子还认为，“子绝四——毋意，毋必，毋固，毋我”，就是强调君子在“内方”之余，还要“外圆”，对人对事不偏执、不固执，能够灵活处之。此外，孔子提出的“君子和而不同，小人同而不和”，也体现出了“方圆”的智慧，君子与人相处，既要有内心的坚守与底线，又能用圆融的方式获得人际交往的和谐。

孟子承继了孔子的“外圆内方”观点，进而提出了“富贵不能淫，贫贱不能移，威武不能屈”的“大丈夫”人格，他认为“大丈夫”就应该做事不偏不倚，绝不耽于小利，绝不屈从权贵，就像他对伯夷和柳下惠的评价正是以此为出发点的，“伯夷隘，柳下惠不恭，隘与不恭，君子不由也”，也就是说，以清高自诩的伯夷气量狭小，以入世为念的柳下惠待人简慢，这两种类型都不是孟子心中的理想人格，因为伯夷过“方”失“圆”，不能很好地开导百姓，柳下惠过“圆”失“方”，不能很好地引领百姓，都于人于世无益。孟子所理解的理想人格，是要“方圆相容”的，为人处世既不走极端又不失准则。

黄炎培先生的一段教子格言如是说：“理必求真，事必求是；言必守信，行必踏实；事闲勿荒，事繁勿慌；有言必信，无欲则刚；如若春风，肃若秋霜；取象于钱，外圆内方。”正是在告诫子女做人要外表谦和、内心刚正，深刻体现了“方圆之道”的人生艺术。

2. 风骨峥嵘

三国时期曹魏思想家、音乐家、文学家嵇康，作为“竹林七贤”的精神领袖，留下了很多美谈。嵇康博学多识、工诗善文，也曾出仕任职，但官位低微。他性情刚正、坚守底线，绝不屈从于当朝权贵，所以在司马氏掌权后，他的仕途戛然而止，只因他无法忍受与司马集团之人同朝为官，于是决意不再出仕，一心隐居。

“竹林七贤”之一的山涛是嵇康的好友，他曾写书信劝告嵇康，不要一意与司马集团为敌，不要太清高刚正，不要事事冲在人前，面对强权有时未尝不可装聋作哑、闭目塞听，起码可以保证自己不受奸人所害，能够平稳度日。此番言论，令嵇康无比气愤，他没想到好友竟会是这样的思想境界，他在回信之中表明了自己的态度，提出大丈夫行事不能卑躬屈膝、人云亦云，一定要有一身傲骨与正气，有自己的处世原则和人生准则，随即与山涛不再往来。

当阮籍看到嵇康写给山涛的回信时深受感动，阮籍深感嵇康这份情操的可贵，称颂嵇康是真正的正气凛然、刚直不阿之士，同时也对山涛深感失望。

后来，嵇康年仅四十岁，就被掌权的司马昭以莫须有的罪名处死了。至死，他也没有失却一身风骨，临刑前还毫不畏惧地弹奏了一曲《广陵散》，以激越的音调诠释了巍峨的人格，成为无数正人君子的楷模。

3. 耿介拔俗

唐朝宰相、政治家、书法家褚遂良系出名门、博学多才，在唐太宗李世民病危之际被委以托孤重任，辅佐唐高宗李治稳固江山社稷。

褚遂良能得李世民如此信任，绝非一日之功，而是在长久的相处之中，以自身高洁的品性与耿直的性情赢得了李世民的认可。就像当初李世民宠爱嫡次子李泰，而李泰为了争得帝位讨好李世民，竟说出要在自己百年之后杀死自己唯一的儿子，传位给弟弟嫡三子李治的话，褚遂良不像别的朝臣一样只顾自保不敢直言，而是大胆向李世民谏言，分析李泰这番话背后昭然若揭的野心，幸好李世民听了褚遂良这番劝告，幡然醒悟后将李治立为太子。

唐高宗李治即位之后也十分倚重褚遂良，只是在废黜王皇后、改立武则天为后一事上，与褚遂良意见相左。褚遂良极力反对此事，几次三番直言上谏，尤其在说到武则天曾经侍奉过先帝这一反对理由时，可以说完全踩到了李治的痛处，但褚遂良此时已不计生死、不顾这番直言可能会给自己带来的灾殃，甚至说要告老还乡，一切只为不负先帝所托。可惜李治一意孤行，完全不听劝告，力排众议将武则天立为皇后，罗织罪名将褚遂良贬谪外放，先后让他做了潭州（治所在今湖南长沙）和桂州（治所在今广西桂林）的都督，后来又将褚遂良贬到了爱州（治所在今越南清化）做刺史。褚遂良一生伟岸磊落，最终却死在了爱州。

不过，武则天登基之后，对于褚遂良越发能够客观公允地去评价了，除去既往对于褚遂良的憎恨不谈，武则天还是钦佩褚遂良的忠正品性，后来还留下了遗诏为褚遂良昭雪。

（四）思考探究

1. 从当今社会的角度，谈谈你对“义”与“利”的看法。

2. 你认为怎样才能在人际关系中做到“方圆”有度呢？

三、克己复礼　立身以德

为了维持社会安定，周王朝推行了礼乐制度，但到了诸侯争霸的春秋时期，社会已是礼崩乐坏的局面。在这种情况下，孔子认为想要恢复社会秩序，缓解社会矛盾，稳定百姓生活，“复礼”是必由之路。但孔子周游列国十几年，都未能真正实现“复礼”的主张，于是孔子转而发展教育事业，希望通过思想和理念的传承，在后世实现“复礼”的理想。

“克己”是“复礼”的先决条件，“复礼”是“克己”的最终结果。《论语》中讲述的修身养德、为人处世等方面的内容，实际上就是在要求人人“克己”，人人都能够怀德、遵礼，为社会和谐发展做出贡献。

（一）探寻人物踪迹

颜回（公元前521—前490），亦称颜渊，字子渊。春秋末期鲁国人，被后人推居“孔门七十二贤”之首，尊为儒家的“复圣”。他跟随孔子学习生活很多年，对于孔子的思想与学说理解深刻、践行深入，因德行出众而为人称道。

1. 性情志向

颜回的父亲曾经是孔子的早期弟子，因此颜回从小是在书香氛围中长大的，虽然颜回家境并不富足，但胜在精神养育甚足，这种家庭氛围也奠定了颜回的性格基础。颜回自幼聪明颖悟，能“闻一以知十”，但却从不依仗聪明，而是在拜入孔门之后依然志学不辍，孔子曾形容：“一箪食，一瓢饮，在陋巷，人不堪其忧，回也不改其乐”（《论语·雍也》），并称颜回为自己弟子中的唯一好学之人。而颜回对老师孔子也异常尊敬，在成为孔子的弟子后就常伴在孔子身侧，甘愿放弃做官的念头，终身不仕，也要选择跟随孔子周游列国、兴坛讲学。颜回很好地继承了孔子的思想，并严格按照孔子的学说自我要求与践行，终成一代名儒。

2. 学说思想

颜回的思想与学说，处处体现着仁德、仁政思想的光辉，可见颜回受到孔子“仁”之思想体系的深刻影响，因此他行为处事一直谨守仁德修养。比如谈到如何做人时，他会说“愿无伐善，无施劳”，体现出他性格中不追逐名利、谦虚恭谨的部分；比如谈到如何对人时，他会说“不迁怒，不贰过”，体现出他性格中不迁怒怨愤、谦和有礼的部分；比如谈到个人志向时，他会说“愿得小国而相之，主以道制，臣以德化，君臣同心，外内相应”，体现出他的社会政治观是要以仁政来治理天下，也体现出他所追求的理想社会是没有战争、没有饥饿、天下富足、四海安宁的。另外，颜回的思想与学说中也有“无为”思想的显现，比如他陋巷简居所折射出的安贫乐道的精神，便有着顺从自然的成分。

3. 生前身后

颜回凭借自身出众的德行修养、勤奋好学的精神，受到了广泛的好评，但是奈何天妒英才，鲁哀公五年（公元前 490 年），仅仅三十二岁的颜回就去世了。颜回去世后，孔子恸哭不已，但当颜回的父亲因家境贫寒，拜求孔子卖掉马车帮忙置办棺椁厚葬颜回时，却遭到了孔子的拒绝，后来当孔子得知他的弟子悄悄厚葬了颜回后，无比感慨，认为厚葬定然是违背了颜回的本意，像颜回那样的安贫乐道之人，追求的从来都是精神世界的安乐，他应该更希望他的身后事是薄葬。颜回的学说与思想对后世产生了很大的影响，历代当政者也都很推崇他，自东汉明帝永平十五年（72 年）起，颜回就得过祭孔配享的殊荣，以后祭孔配享的有“十哲”“四配十二哲”等，颜回总是列在第一位。同时，他还不断被加谥号，到了明嘉靖九年（1530 年），甚至被尊为“复圣”。

（二）品味经典佳作

1. 论语·颜渊

颜渊问仁。子曰:“克己复礼为仁。一日克己复礼,天下归仁焉。为仁由己,而由人乎哉?”

颜渊曰:“请问其目。”子曰:“非礼勿视,非礼勿听,非礼勿言,非礼勿动。”

颜渊曰:“回虽不敏,请事斯语矣。”

(1)译文阐释

颜渊问(孔子)什么是仁德。孔子道:“能克制自己,使自己的言行举止都合乎礼仪,这就是仁德。一朝做到了言行举止都合乎礼仪,天下之人就会认为你是有仁德之心的人。想要有仁德修养全靠自己,难道要靠别人吗?”

颜渊问:“请说说具体的实施细则。”孔子说:“不合乎礼仪的事不要看,不合乎礼仪的事不要听,不合乎礼仪的事不要说,不合乎礼仪的事不要做。”

颜渊说:“我尽管不聪明,也要按您的话去做。”

(2)深层解读

在孔子生活的那个时代,法制并不健全,主要表现在两点:其一,统治阶层并不会被法律束缚,社会群体之间存在着巨大的差异,“刑不上大夫”就是等级制度在法律上的反映;其二,各个群体法律意识比较淡薄,上至君主下至黎庶,都不尊法畏法,以至于当时的社会礼崩乐坏、纲常紊乱。因此,孔子认为要想让社会重回正轨，就要恢复周礼。此段选文中的“礼”，就是周礼。孔子认为周礼可以扭转这一切，在一定程度上起到维护社会稳定的作用。孔子生活在东周时期，却崇尚西周时期的生活，他指出东周社会之所以乱象频出，就是因为各国都抛弃了周礼。他认为如果人人都能认可周礼，就会内心充满仁义，只要人人内心充满仁义，就能实现大同社会。

因此，当颜渊问孔子什么是仁德时，孔子才会解释说，就是克制自己的行为使其符合礼的要求，并进一步补充说，不合礼的都要不看、不听、不说、不做。总体来讲，孔子认为“仁”和“礼”是相互依存的，内心拥有仁义的人，他的行为一定是符合礼的。从当代人的视角来看，虽然孔子的这番理论有其不尽妥帖之处，但东周之前只有夏、商和西周三个朝代，这三个朝代也只有西周的礼乐制度比较完善，因此，在新的社会制度出现之前，孔子推崇西周的社会制度也在情理之中了。

2. 论语·学而(其二)

有子曰：“礼之用，和为贵。先王之道，斯为美；小大由之。有所不行，知和而和，不以礼节之，亦不可行也。”

(1)译文阐释

有子说：“礼的施用，以做得恰当和谐为可贵。古代圣明之君治理国家，最妥当的方法就在于此；处理事情不论大小，都以和谐作为原则。如果有行不通的时候，一味追求为了和谐而和谐(指追求形式)，不用礼仪制度来制衡它，也是不行的。”

(2)深层解读

西周时期有着严密的等级制度,下级对上级唯命是从,不敢有丝毫的抵抗,这种情况到春秋战国时期发生了改变,以下犯上、弑君夺权等现象开始屡屡发生。有子作为孔子的学生,他对当时社会上的种种乱象有着自己独到的看法,他认为礼推行的前提是“以和为贵”,之前很多圣明的君主都是这么做的,那时政治清明、民风淳朴,一片祥和的景象,现在的君主应当效法先王,但是不能为了和谐而和谐,和谐是需要用礼来约束行为的,这样最终才能真正达到社会和谐的目的。

儒家的“以和为贵”是一种很先进的思想,但并不适合当时的社会环境。纵观整个东周时期,儒家思想从未成为官方主流意识形态。春秋战国时期乃“大争”之世,这一时期“王道”衰微,“霸道”盛行。各个诸侯国相互猜疑、连年攻伐,小国不断被大国吞并,诸侯国的数量从春秋时期的一百多个变为战国时期的七个。在这种环境下,“以和为贵”的思想是没有生长的土壤的。自汉朝建立之后,这种情况才从根本上得以改变。建元元年(公元前 140 年),丞相卫绾曾向汉武帝透露自己的担忧,他认为当前的官员大都推崇纵横家和法家思想,这不利于思想的统一,如果任其发展,国家可能会遭遇动乱。元光元年(公元前 134 年),大儒董仲舒向汉武帝提议:“诸不在六艺之科孔子之术者,皆绝其道,勿使并进。”董仲舒认为,当时社会上诸子百家思想太过庞杂,不利于大一统国家的治理,应该选择儒家思想作为官方的主要统治思想,其他诸子思想应当罢黜。汉武帝听后连连称赞,开始推行此国策,即历史上著名的“罢黜百家,独尊儒术”，自此，儒家思想成为两千多年来中国传统文化的主流思想。

3. 论语·学而(其三)

子禽问于子贡曰：“夫子至于是邦也，必闻其政。求之与？抑与之与？”子贡曰：“夫子温、良、恭、俭、让以得之。夫子之求之也，其诸异乎人之求之与？”

(1)译文阐释

子禽问子贡：“(孔子)他老人家每到一个国家，一定要先了解这个国家的政事。(关于这个国家的信息)是他自己打听的，还是有人主动给他提供的呢？”子贡说：“他老人家靠温和、良善、谦恭、俭朴、谦逊的品德换取的。他老人家获得信息的方法，跟其他人不太一样吧？”

(2)深层解读

子禽对孔子获取信息的渠道很感兴趣，便去询问子贡。子贡用“温、良、恭、俭、让”五个字，道出了儒家提倡的做人精髓，也客观反映出孔子品格的高尚。子贡认为孔子虽然在现实生活中遇到很多挫折，但却越挫越勇，一直能保持独立的人格，从没有因外界的打压而放弃自我，这就造就了他高尚的品格和崇高的威望。也正因为如此，孔子所到之处，皆有人愿意与他交流，他获取信息的渠道很广，在短时间内就可以获悉各国政闻、洞悉各国国情，得到社会各个阶层的认可。

4. 论语·里仁(其六)

子曰：“君子怀德，小人怀土；君子怀刑，小人怀惠。”

(1)译文阐释

孔子说:“君子心存仁德,小人心系田产;君子关心法令,小人心怀利益。”

(2)深层解读

君子和小人有云泥之别。君子以公为主,内心一直怀有仁德和法度,做任何事之前都要思虑自己的行为是否超出了法律约束的范围。小人以私为主,内心只考虑自己,只要是利己的就会不择手段去获取,不会考虑道德规范和法律约束的范围。孔子认为人应该努力成为君子,内心拥有仁德和法律,这样才能在社会中活出人生的意义。

5. 论语·里仁(其七)

子曰:“能以礼让为国乎,何有?不能以礼让为国,如礼何?”

(1)译文阐释

孔子说:“能够用礼让的原则来治理国家吗?这有什么难的?如果不能用礼让的原则来治理国家,又怎么能推行礼制呢?”

(2)深层解读

此处的“礼”是礼让的意思。礼让,就是理解和尊重他人,从他人的角度去思考问题,这种礼让不是假装的,是真诚的,自然而然的。孔子认为,只要人人礼让,就会减少争端,就会使社会变得和谐,国家也能够兴旺发达。

(三)知识拓展

1. 结缨而死

后世很多学者依据《论语·先进》中“德行:颜渊、闵子骞、冉伯牛、仲弓；言语：宰我、子贡；政事：冉有、季路；文学：子游、子夏”的记载，提出“孔门”存在着学术门类的分科，其中“政事”科的季路（即子路），作为孔子非常看重的弟子，被因材施教着重培养了政治才能。子路学以致用、政绩突出，曾在鲁国担任“季氏宰”，还给卫国执政大夫孔悝做过家臣，但无论任职于何时何地，子路始终以孔子教育他的“克己复礼”为行事原则。

子路在卫国为孔悝做家臣时已是晚年时期，当时卫国数年政局不稳。先是卫灵公去世后传位于孙子辄（即卫出公），只因当时卫灵公的儿子蒯聩在外逃亡，但十二年后蒯聩意欲归来，从自己的儿子卫出公手中夺回帝位。孔悝作为蒯聩的外甥，在这样的变动中，选择站在了卫出公这边，阻止蒯聩归来。不过，孔悝的母亲，也是蒯聩的姐姐，却选择了支持蒯聩归来，只因蒯聩是唯一支持她改嫁浑良夫的人。因此，孔悝的母亲和浑良夫便成了蒯聩归来的内应。

蒯聩归国后潜藏在孔悝家的菜园，孔悝的母亲为了帮助蒯聩，胁迫自己的儿子歃血为盟、参加政变。子路听说之后急忙赶来营救孔悝，他先是与蒯聩理论，但蒯聩完全不理睬子路，子路又以放火相要挟，蒯聩便命武士诛杀子路，最后子路寡不敌众、身受重伤、帽缨折断，然而此刻子路心中考虑的并非生死，而是孔子对他的教导，也就是身为君子何时何处都应谨守周礼，帽冠不可不正，于是他突然停下战斗结好帽缨，也就在此时，他被敌人乱刀砍死。子路至死都在践行“克己复礼”，实现了道德的最高自律。

2. 功崇德巨

春秋时期齐国著名政治家、思想家、外交家晏婴(史称晏子),历经齐灵公、齐庄公、齐景公三朝,辅政时间长达50多年。晏子虽然貌不惊人,但却具备卓越的军事才能和外交才能,而且作风简朴、德行高尚。

晏子辅政期间,对君王所提谏言,皆是以百姓安居乐业为出发点,建议薄赋税、和友邦等。虽然他高官厚禄,但从未随意挥霍,而是一生都坚守朴素的生活方式。晏子有一件穿了30年左右的衣服,每每穿完,总是认真清洗、叠放整齐,相当爱惜。旁人问晏子为何如此,他只说既然“爱人者,人恒爱之”,那么“爱物者,物亦恒爱之”,对人也好,对物也好,珍惜才能久远,才能引发正面的回馈,如果身居高位之人能立身以德,带头倡行节俭之风,那么官吏、百姓都会纷纷效仿,整个国家就能风清气正。

晏子与发妻直至晚年依然住着简陋的房屋,吃着粗茶淡饭,穿着粗布衣裳,正是因为有着共同的生活观,夫妻二人感情甚笃。即使在齐景公提出要将女儿嫁给晏子时,晏子仍坚定地拒绝了。齐景公是趁着在晏子家中喝酒时提出的这个想法,当时齐景公看到晏子的发妻已鹤发鸡皮,便试图劝说晏子将年轻漂亮的公主娶回家,晏子一听,立即严肃回答说自己的发妻虽已老迈,但她是从青春韶华之时就跟自己一起生活至今的,而且自己与发妻成亲之时也承诺过要终身相守,如今决不可违背自己的诺言、辜负发妻的深情,于是谢绝了齐景公的赐婚。晏子不让糟糠之妻下堂的君子之行，一时之间传为美谈。

晏子不止自己厚德端行，还成为身边人学习的榜样。晏子的马车夫因为每天接送晏子，越发觉得自己高人一等、不可一世，就连待人接物也十分傲慢无礼。马车夫的妻子发现了这个问题后，就想了一个办法来规劝自己的丈夫。她先是说要离开马车夫，马车夫一听就十分紧张地追问原因，马车夫的妻子就拿晏子之行来对比马车夫之行，说百姓称颂的是晏子德行优良还能为人谦和，而你天天跟在晏子身边，不但没有学会修身养德，反而养成了骄横之气，你这样的人我无法再依靠下去。马车夫听完妻子的话羞赧不已，此后认真改过，学习晏子的优良德行，其后越来越为人所称道。晏子发现了马车夫的变化后，还推荐马车夫任了官职。

（四）思考探究

1. 谈谈你对“克己复礼”的理解。

2. 你对恢复中国传统礼仪有什么看法呢？

四、尊贤容众　交友谨慎

每个人这辈子都会遇到很多人，但并不是每个人都值得结交。朋友应该是同心合意、并肩前进的人，就像廉颇与蔺相如一样。如果结交的是良师益友，当你万事亨通时他们会由衷为你感到高兴，当你遭遇挫折时他们会给予你劝慰和鼓励。但是，如果所交之人多为狐朋狗友或利益至上者，终会伤及自身，因为这种朋友的特点是“利则相攘，患则相倾”，一旦无利可图，便会翻脸。

因此，交友之时，需要擦亮眼睛、小心谨慎，选择志同道合的友人。交友是一门学问，更是每个人人生道路上的必修课。

（一）探寻人物踪迹

仲由（公元前542—前480），字子路，又字季路，春秋末鲁国卞（今山东泗水东南）人，一生追随和保护孔子，致力于践行儒家思想，是“孔门十哲”之一，也是“孔门七十二贤”之一。子路勇猛好武、性格爽直，重朋友、讲信义，比孔子小9岁，是孔子的第一批弟子，也是孔子最早开始为官的弟子。子路先后做过季氏宰、卫蒲邑宰，任内颇有政绩。公元前480年，子路死于卫国孔悝之乱。

1. 师从孔子

子路家境贫寒，吃过不少苦，年少时便掌握了多种生活技能，无论哪种劳作，他都很擅长，同时他也在此过程中养成了勇猛豪爽、崇尚武力、重信守诺的性格。在没有拜孔子为师前，子路最喜欢的装扮就是戴一顶雄鸡一般高耸的帽子，以及佩一把印有彪悍公猪纹饰的宝剑，他想以此来证明自己的力量无敌；在拜入孔门之后，他受到老师孔子的悉心教化，一改过往的形象，在衣着打扮、待人接物上谨守“礼”字，自身修养不断加强。

2. 性情勇莽

勇莽，是子路最为鲜明的性格特点，也是他频频被孔子批评和指正之处。比如有一次，孔子说：“道不行，乘桴浮于海。从我者，其由与？”意思是说，如果我的主张在鲁国终究行不通，那在我乘筏到海外时，能跟随我的应该也只有子路了吧。一旁的子路听到老师如此说很是欣喜,因为老师表扬了他的忠心,但接下来,孔子却又批评他道:“由也,好勇过我,无所取材。”意思是说,子路的不足之处恰恰在于只是有勇而已。还有一次,子路听到老师赞扬颜回,便不服气地问道:“子行三军,则谁与?”他本以为老师在面对统率三军带谁出征的问题时,一定会选择自己这样有治军能力的勇武之人,但没想到孔子却说:“暴虎冯河,死而无悔者,吾不与也。必也临事而惧,好谋而成者也。”其实就是在批评子路,空有一腔孤勇、性情暴躁是不能成事的,还需多谋善断、临危不乱才行。

3. 理想、志向

孔子带领众弟子周游列国的时候,经常会和弟子们畅谈理想志向,子路每次总是喜欢抢答,但他所讲总是弥漫着伉直好勇之气,孔子多次批评过他,也一直用礼义教化他,但他本性难移,始终未能脱尽“野”气。孔子只得无奈地评价道:“野哉,由也!”因此,孔子后来才会说:“由也升堂矣,未入于室也。”意思是说,子路虽经过孔门的教化,却仍一直带着伉直好勇之气,遗憾他未能成为儒雅君子。不过,孔子也知道这份遗憾恰恰是子路的闪光之处。“食其食者,不避其难”的子路,“愿车马衣轻裘,与朋友共,敝之而无憾”的子路,敢于舍生取义,重视朋友义气,即使他没能成为儒雅君子,却已然是一位坚持正义的性情中人,他对后世的影响还是非常大的。

（二）品味经典佳作

1. 论语·学而(其四)

曾子曰:“吾日三省吾身:为人谋而不忠乎?与朋友交而不信乎?传不习乎?”

(1)译文阐释

曾子说:“我每天多次反省自己:替人谋划是否尽力了?与朋友交往是否遵守信诺了?老师教的学问是否复习了?”

(2)深层解读

曾子是孔门弟子中很善于自省的一位贤才。曾子认为通过反省,可以总结出成功的经验和失败的教训,提升自我的道德修养,不断完善自身的人格。“三省吾身”就是多次反省自己的意思。“反省”是心理学中的专业词汇,是对自己以往生活的一种回忆,这种回忆是带有目的性和针对性的,是为了找出问题的症结所在。当然,这种回忆也可以总结成功的经验,但大多数情况下还是找出问题和事物的缺陷。

在围棋中,有一个词语叫“复盘”,就是当棋局结束时,复演此次棋局的所有步骤,用以检查对局时的疏漏。复盘就是为了不断地“反省”,在多次的复演中总结经验,摸清对手的思路,最终提高自己的棋技。复盘时,很多时候也会创造出新思路和新方案,加深对全局的理解。很多棋手在初学之时,总是把大量的时间放在训练上,往往效果甚微,其实应该把更多的时间放在复盘上,总结出适合自己的方法。经过多次复盘,内心谙熟各种棋法,以后当对手有类似下法时，脑海中自然而然就会出现应对之策，敏锐地感知当时棋局的大多数信息，从而走出正确的下一步。

做人也是如此，一定要主动反省、善于反省，最终习惯反省。很多人在做错事时，不是反省自身，而是找客观原因，将主要责任推给他人。长此以往将失去自省的能力，整日怨气重重，容易伤及自身。

2. 论语・学而（其五）

子曰："学而时习之，不亦说乎？有朋自远方来，不亦乐乎？人不知而不愠，不亦君子乎？"

（1）译文阐释

孔子说："做学问时，经常复习一下，不是件很愉快的事吗？有志同道合的人从远方而来，不是件很高兴的事吗？他人不理解我，我却不怨恨，这不就是君子（的行为）吗？"

（2）深层解读

此段选文是《论语》的开篇之句，寥寥数语，就道出了学习、交友和为人处世的学问。学习，是每个人从小至老都绕不开的一个话题，但是很多人终其一生，学习效果都不理想，孔子分析了原因，即是否时常复习。复习，就是重复学过的知识，不断巩固，最终化为己用。19 世纪 80 年代，德国心理学家艾宾浩斯提出了"记忆曲线"理论，后世称为"艾宾浩斯遗忘曲线"，理论指出，当外界信息输入大脑之后，人便开始不断遗忘这些信息，遗忘速度是先快后慢，特别是短时间内强迫自己记住的某些信息，是遗忘最迅速的。那么如何克服呢？解决的唯一办法就是不断复习。从一日两复习变为一日一复习，再变为一周一复习，再变为一月一复习。如果记忆还是很模糊，就加大复习的次数，通过多次复习，知识点就会日趋明晰，理解也更加深入。而孔子在两千年前就推崇复习之道，这是很难得的。

选文第二句，孔子讲了交友的问题。此处的“朋”，指志同道合的人。何为志同道合的人？在孔子看来，就是仁德遵礼的君子。孔子认为，因为我们不可能与所有人都深交，所以交友要有明确的界限，尤其应该注意的是，交友一定要与君子相交，切不可与小人相交。

选文第三句是有关为人处世的警句，意思是说，很多人遇到困难，喜欢四处抱怨、推卸责任，但君子遇到困难之时，首先想到的是如何解决眼前的困难，如果解决不了，就反省无法解决的原因。同样的道理，当遭到别人误解时，我们要了解别人为何会产生误解，是不是自身有哪些地方做得不够好，是否还有些地方需要改正，而不是把责任全归咎于别人。

3. 论语・公冶长

颜渊、季路侍。子曰：“盍各言尔志？”

子路曰：“愿车马衣轻裘，与朋友共，敝之而无憾。”

颜渊曰：“愿无伐善，无施劳。”

子路曰：“愿闻子之志。”

子曰：“老者安之，朋友信之，少者怀之。”

(1)译文阐释

颜渊、季路站在(孔子)身旁。孔子说:“你们各自说说自己的志向吧?”

子路说:“我的心愿是拿出自己的车马、衣服和朋友分享,即便用坏了、穿坏了也没有遗憾。”

颜渊说:“我希望能做到不夸耀自己的善举,不炫耀自己的功劳。”

子路说:“想听听夫子您的志向。”

孔子说:“我愿老年人能安享晚年,朋友们能信任我,年轻人能想念我。”

(2)深层解读

此段选文师徒三人的对话很有深意,孔子问颜回和子路的志向,结果二人的志向差异很大。子路性格耿直、为人刚勇,从物质层面道出了自己的志向;颜回性格内敛、为人仁厚,从个人修身方面道出了自己的志向。志向最为高远的是孔子,他超出了个人的范畴,不只是关注自身的荣辱得失,而是从社会层面出发,将注意力放在了人民大众身上,这也是他博爱精神的体现。

人一定要有志向,有了志向才会有前进的动力。孔子的志向是恢复周礼,引导人民求仁向德。他虽然穷尽一生也没有实现政治理想,但从未放弃,“明知不可为而为之”,即使前路漫漫、不可捉摸,他也依然保持着自己独立的人格。其实,人只要坚定远大志向,朝着既定目标前进,潜能就会被激发,成功也会在不远处向你招手。不仅个人如此,国家亦是如此,当人人都为共同的目标去奋斗时,整个国家就会充满生机与活力。

党的十八大以来,习近平总书记多次提到“中国梦”,并且表示这个梦“一定能实现”。2021 年,经过全国各族人民持续奋斗已实现第一个百年奋斗目标,极大增强了人民群众获得感、幸福感、安全感,更是实现了孔子所言的“老者安之”的社会理想。

4. 论语 · 季氏

孔子曰:“益者三友,损者三友。友直,友谅,友多闻,益矣。友便辟,友善柔,友便佞,损矣。”

(1)译文阐释

孔子说:“良友有三种,损友有三种。同正直的人交往,同诚实的人交往,同博学多闻的人交往,益处很多。同阿谀奉承的人交往,同两面三刀的人交往,同巧舌如簧的人交往,坏处很多。”

(2)深层解读

人是具有社会性的,不可能完全不与外人接触。那么,在社会人际交往的过程中,一定要善于识人,因为不是所有人都值得交往。此段选文中,孔子提出的三种可交的朋友和三种不可交的朋友,其描述就很准确。

真正的朋友是志同道合的,有共同的语言,能相互扶持、相互信任。就像马克思和恩格斯,他们皆是伟大的无产阶级革命导师,两人的情谊也非常深厚。马克思很认同恩格斯的能力,他说自己的革命道路是按着恩格斯的脚印走的;恩格斯也总是夸奖马克思,他认为马克思的能力强于自己。两人相互督促,一起完成了很多重要的事情，如起草《共产党宣言》等。马克思在 1866 年 2 月 20 日写给恩格斯的信中说道："我们之间存在的这种友谊是何等的幸福。你要知道，我对任何关系都没有作过这么高的评价。"马克思逝世之后，恩格斯悲痛万分，之后的日子里，恩格斯经常帮助马克思的孩子，把他们当作自己的孩子看待。马克思和恩格斯崇高的友谊告诉我们，建立在共同理想之上的友谊是坚如磐石、万古长春的。

5. 论语·里仁（其八）

子曰："德不孤，必有邻。"

（1）译文阐释

孔子说："有仁德的人必定不会孤单，一定有人愿意与他亲近。"

（2）深层解读

有德行的人是不会孤单的，因为他们会受到人们的尊重，之所以会受到尊重，是因为他们身上有着美好的品质。个人如此，国家也是如此。每个王朝的灭亡，大都跟昏君、暴君有关。比如，桀是夏朝最后一位国君，他统治时期政治黑暗、民不聊生。相对地，商朝的国君成汤有仁德，在诸侯中很有威望，他在伊尹等贤臣的辅佐下，推翻了夏王朝的统治，改国号为商。而商朝最后一位君主帝辛（纣），也是一位暴君，商王朝的统治最终被颇具威望的周武王姬发推翻。由此可见，"得道者多助，失道者寡助"，一个人有德时，自能吸引来志同道合之人，一个人无德时，就会陷入孤立、众叛亲离的境地。

（三）知识拓展

1. 管鲍之交

管仲与鲍叔牙情同手足。管仲每每忆及鲍叔牙对自己的深情厚谊时，都会无比动容。管仲曾对人讲：因家境贫寒，自己早年与鲍叔牙一起经商时，总想多拿些钱贴补家用，鲍叔牙从未有过分毫不满与抱怨，而是给予体谅和帮助；当自己后来仕途不顺时，无论经受的是什么样的逆境与挫折，始终站在自己身后给予支持、鼓励的人都是鲍叔牙，即使自己做错了事，鲍叔牙也总是理解与宽慰自己。

后来，管仲与鲍叔牙都在齐国担任官职，管仲负责教导齐襄公的一个弟弟公子纠，鲍叔牙负责教导齐襄公的另一个弟弟公子小白，当齐襄公死于政治内乱后，帝位争夺战就爆发了。管仲一方面护送公子纠回到齐国，一方面派人去杀公子小白，但最终公子小白躲过重重危机，成为齐桓公，还将管仲关入了监牢。

鲍叔牙作为公子小白的老师，在公子小白成为齐桓公后，自然受到礼遇，身居高位，然而他没有忘记关在狱中的好友管仲，不失时机地向齐桓公举荐好友，并且屡次表明管仲的才能胜过自己，如果管仲来辅佐齐桓公，自己宁愿居于管仲之下。后来，齐国在管仲与鲍叔牙的通力辅佐之下，愈发强盛起来。这就是管鲍之交。大抵“人生得一知己足矣”，说的就是他们这样推心置腹的友情吧。

2. 远离损友

世间朋友，有益友，就有损友，就像孙膑和庞涓的反目成仇就颇令人唏嘘。孙膑和庞涓早年都拜在鬼谷子门下，在长期的共同学习和生活中，二人也曾建立起深厚的感情，但在二人先后出师走上仕途之后，却并未如预期般守望相助，而是手足相残。

若论军事才能，孙膑胜庞涓一筹，但是庞涓出师更早。当孙膑出师之时，庞涓已经声名远播，成为魏国的将军，于是孙膑接受了庞涓的邀约，直接去投奔了他。庞涓表面上给予孙膑热情的招待，实则把孙膑骗来魏国是因为内心对孙膑的忌惮。庞涓深知，孙膑作为孙武的后人，无论从天赋上还是学识水平上，都是超过自己的，他很担心长此以往，孙膑会影响自己的名利与地位。于是庞涓策划了一个巨大的阴谋，让孙膑无辜承受了残酷的膑刑，从此再无法站起来，他想以此磋磨掉孙膑的朝气与意志，从心理上毁灭掉这个强有力的竞争者。

后来，孙膑借助齐国使臣的力量终于逃离了魏国，在齐国悉心研究兵法以报诬陷、致残之仇。最终在数年之后，孙膑在马陵之战中，迫使庞涓拔剑自刎，一报当年之仇，可二人两败俱伤的局面却也让人嗟叹不已。

（四）思考探究

1. 说说你的择友标准是什么。

2. 君子为何要做到“尊贤而容众”？

第二章
咏诵诗经　感叹世事

《诗经》约成书于春秋中期，是中国最早的一部诗歌总集，它总计收集了诗歌305篇，外加6篇仅有篇名而无内容的笙诗。《诗经》起初名叫“诗三百”，在西汉被确定为儒家经典之后改叫“诗经”。《诗经》中的诗歌作者大都已不可考证，我们目前看到的这些篇目，是经过后人收集和整理的。

《诗经》中收集的诗作，其创作时期大约是从西周初年至春秋中叶，横跨了500年的历史。依据所在地区和音乐类型的不同，将其诗歌类型分为“风”“雅”“颂”三个组成部分。其中，“风”也被称为“国风”，是三者中艺术价值最高的，总计收录了十五个国家的160篇诗作，大多数是底层人民所作的民歌。“雅”就是正声雅乐，是贵族宴饮时的乐歌，多为贵族所作，总共有105篇，分为“大雅”和“小雅”，分别为31篇和74篇。“颂”多是赞美祖先的颂歌，主要用于宗庙祭祀，皆为贵族所作，共计40篇，分为31篇“周颂”、4篇“鲁颂”和5篇“商颂”。

《诗经》是一部现实主义作品，反映了那段历史时期的社会风貌，记录了战争徭役、婚丧嫁娶、宴飨娱乐、部族发展等诸多方面的内容，包括当时的天文地貌、动物植物等方面也多有记载。《诗经》在中国文学史上占有重要的地位，对后世产生了极大的影响。

一、叹养育难 感父母恩

作为周朝统治基础的宗法制，是在血缘关系上建立起来的。血缘的最小社会单位是家庭，进而扩展为宗族、国家，形成了“家国同构”的社会范式，于是维系家庭社会关系的伦理道德与治理家邦就紧紧联系在一起。孝是中国传统道德中的重要内容之一。“夫孝，德之本也，教之所由生也。”对于古人而言，孝是伦理道德的根基，也是一切教化的开始，因而为历朝历代统治者所推崇，不同时代的统治者都在以不同的形式倡导并践行着“以孝治国”的方针。周代统治者非常重视“孝”的教化作用，因此《诗经》这部来自民间的诗歌总集，收录了大量反映孝道精神的篇目，如《邶风·凯风》《魏风·陟岵》《唐风·鸨羽》《小雅·四牡》《小雅·蓼莪》《小雅·小宛》《小雅·小弁》等。

（一）探寻人物踪迹

百善孝为先，《诗经》作为儒家经典之一，书中有诸多孝子的形象。这些孝子，或是父母在世时对双亲尽孝赡养，或是因客观因素不在父母身旁而心有感喟，抑或是表达出对故去父母深深的怀念，这些孝子形象感人至深、动人心弦。其中，以遗憾和怀念为主题的诗作，占据了书中的大幅篇章。

《魏风·陟岵》和《唐风·鸨羽》两首诗中的主人公，情感悲怆，让人动容。他们因远在他乡服役不能尽孝，只能企盼战事结束，自己的服役期满，再回家照顾年迈的父母，在他们身上深切反映出行役之人的无奈，以及繁重的徭役所带来的痛苦。而《小雅·四牡》中的主人公是一位公职人员，他同样因外出忙碌、无法赡养父母而心怀抱怨。可见，无论是底层人民还是上层贵族，不能在父母身旁尽孝的无奈之情是相似的。《邶风·凯风》描述的是母亲感叹将七个孩子养育成人的不易，但遗憾的是，七个孩子之间的关系并不和睦，而且并不是每个孩子都能孝顺母亲，甚至有些孩子还会为难母亲，这种行为遭到了作者的鄙夷，并表达出自己对母亲的赞美之情。《小雅·小宛》中所描述的主人公，其双亲已经故去，他在家道中落、兄弟不和的状况下，不禁思念起自己的父母。

《诗经》中表达对父母的感恩和怀念之情的诗歌，皆直抒胸臆、富含深情，这也符合先秦时期劳动人民朴实率朗的性情，书中很多的孝子形象也都深入人心。由此可见，先秦时期的孝道精神已经有了一定的社会共识，后来，这种精神更是成为中华民族的一笔宝贵财富。

（二）品味经典佳作

1. 小雅·四牡

四牡騑騑，周道倭迟。岂不怀归？王事靡盬，我心伤悲。

四牡騑騑，啴啴骆马。岂不怀归？王事靡盬，不遑启处。

翩翩者鵻，载飞载下，集于苞栩。王事靡盬，不遑将父。

翩翩者鵻，载飞载止，集于苞杞。王事靡盬，不遑将母。

驾彼四骆，载骤骎骎。岂不怀归？是用作歌，将母来谂。

(1)译文阐释

驾着四匹公马拉的车不停地赶路，而大路却显得那么遥远曲折。我怎会不想归家呢？王命差遣的公事还没有完结，我的心中徒留悲伤。

驾着四匹公马拉的车不停地赶路，白体黑鬃的马儿累得气喘吁吁。我怎会不想归家呢？王命差遣的公事还没有完结，我连休息的闲暇时间都没有。

斑鸠轻快地飞着，忽上忽下，聚集在茂盛的柞树上。王命差遣的公事还没有完结，哪有工夫侍奉我的父亲？

斑鸠轻快地飞着，忽翔忽止，聚集在茂盛的杞树上。王命差遣的公事还没有完结，哪有工夫侍奉我的母亲？

驾着四匹黑鬃的白马，马儿跑得快快的。我怎会不想归家呢？因此我作了这首歌，将我的母亲来思念。

(2)深层解读

这首诗共分为五章，描写了一位公职人员因公务缠身，没有时间陪伴父母而产生的遗憾之情。首章“岂不怀归”与“王事靡盬”便定下了全诗感伤的基调。这位公职人员虽然在驾车，但是脑海中全是父母的身影，期望王事完毕之后可以多陪陪父母，可是公务好像没有尽头，“岂不怀归”道出了无尽的心酸，不是自己不想回家，而是还不能回家。

有首歌叫《常回家看看》，由车行填词，戚建波作曲，陈红演唱，曾红遍大江南北。其词作者车行的父亲去世之后，他回想起与父亲生活的点点滴滴，泪流满面。因为父亲在世时，他经常与父亲顶嘴，父亲去世后，他才发现与父亲在一起的时光是如此短暂。参加工作后，他忙碌不堪，没有时间陪伴父亲，此时再想陪伴却已来不及，因此他非常后悔。几年之后，车行将自己写的歌词寄给了戚建波，戚建波看后当即流下了眼泪，仅用了十几分钟，就将曲谱好了，他打电话给车行，就在电话中哼起了他刚谱好的曲，车行激动地说："对对，就是这种感觉。"《小雅·四牡》也是那个时代的歌词，它当时也是配乐演唱的，但可惜《诗经》中的曲已经遗失了，即使如此，我们依旧可以仅凭词就真切感受到作者的情感。

2. 小雅·蓼莪

蓼蓼者莪，匪莪伊蒿。哀哀父母，生我劬劳。

蓼蓼者莪，匪莪伊蔚。哀哀父母，生我劳瘁。

瓶之罄矣，维罍之耻。鲜民之生，不如死之久矣！无父何怙？无母何恃？出则衔恤，入则靡至。

父兮生我，母兮鞠我。拊我畜我，长我育我。顾我复我，出入腹我。欲报之德，昊天罔极！

南山烈烈，飘风发发。民莫不穀，我独何害！

南山律律，飘风弗弗。民莫不穀，我独不卒！

(1)译文阐释

高大又茂盛的莪蒿啊，不是莪蒿而是青蒿。可叹可怜的父母，生我太辛劳。

高大又茂盛的莪蒿啊，不是莪蒿而是牡蒿。可叹可怜的父母，生我太辛苦。

水瓶中空空荡荡，是罍器的耻辱。无父无母的我与其活着，不如早早离去。没有父亲，我能依靠谁？没有母亲，谁能护佑我？出门满心悲伤，回家不见父母到来。

父母啊，你们生下了我，又养育了我。你们爱护我，抚养我，养大我，教育我。你们照顾我，牵挂我，出入都抱着我。想要报答这份恩情，犹如无尽的苍天。

南山高耸入云，狂风呼呼吹过。人人都能赡养父母，唯独我要遭受父母离世之苦。

南山耸入云际，飓风呜呜刮过。人人都能赡养父母，唯独我不能奉养父母颐养天年。

(2)深层解读

这首诗表达了主人公对父母养育之恩的感激之情和不能报答父母养育之恩的惋惜之情。全诗分为六章。前两章借莪蒿的长势，表现出父母将自己养育成人的辛劳。第三章借无水的罍器，表现出内心无法报答父母之恩的痛苦感受。第四章描述父母之爱的厚重，连用九个动词“生”“鞠”“拊”“畜”“长”“育”“顾”“复”“腹”，字字泣血，循循助推，将读者的情绪推向了高潮。第五、六两章，借“南山”和“飘风”，抒发了不能报答父母的遗憾之情。全诗用词真切，回环往复，将一位孝子想要尽孝而无法实现的心境表现得淋漓尽致，具有极强的艺术感染力。

那么，诗中的主人公想要尽孝，为何没有机会呢？《毛诗序》中说:“《蓼莪》,刺幽王也,民人劳苦,孝子不得终养尔。”意思是说,这首诗是讽刺周幽王的诗作。周幽王是西周最后一位君主,他昏庸无度,宠幸褒姒,烽火戏诸侯,将国事当作儿戏,最终于公元前771年被杀,而诗中的主人公因战事或其他公事不可抽身,双亲相继去世,内心无比悲痛。所谓“百善孝为先”,当一个国家的人民连尽孝都不能的时候,可想当时的政治黑暗到了何种程度,也足见当时的统治者并不关心底层百姓的生活。

孝道是中华民族的传统美德,主要表现在“养亲”和“敬亲”两个方面。“养亲”就是给父母提供物质上的保障,子女在小时候受到过父母的抚养,那么当父母年老时,也理应赡养父母。“敬亲”就是在“养亲”的基础上,增加一份敬爱。父母是我们的至亲,也是人际关系中最亲密的一种,受到子女的尊敬和爱护是理所应当的,如果一个人连自己的父母都不敬爱,很难想象他会爱别人。除了“养亲”和“敬亲”之外,儒家孝道文化还推崇“侍疾”“立身”“谏诤”和“善终”这四项。“侍疾”,是指父母生病时,子女要在旁照顾。“立身”,是指子女要有安身立命的本领。如果事业有成,父母内心欢喜,这也是一种孝顺;如果一生碌碌无为,对父母就是不孝。“谏诤”,就是当父母说不相宜的话或做不合适的事时,子女也要反驳父母,不能因为他们是长辈就迁就他们,在这种情况下指出父母的不足之处才是孝顺,但是要注意说话的方式,不可过于强势。“善终”,就是在父母人生的最后一段时光,一定要多多陪伴,不要留下遗憾。

（三）知识拓展

1. 百里负米

在孔子的三千弟子中，季路（即子路）的性格非常鲜明，他襟怀坦白、磊落轶荡，伉直好勇、重诺守信。子路的良好品性从幼时就可见端倪，因家境贫困，子路幼时经常食不果腹，以野菜充饥，但他从未对父母有过怨尤，反而总是想着自己长大后如何能让父母过上更好的生活。尤其在家中缺米时，子路经常徒步往返百里之远去买米，每次都要背着沉重的米袋在路上走几天几夜，寒风凛冽时有之，挥汗如雨时有之，但子路从未觉得辛苦，于他而言，能用最大的努力去奉养双亲，让双亲生活得更好，就是最重要也最幸福的事。

子路在父母去世之后离开了家乡，到楚国去做官，因得楚王信任与器重，所得封赏无数，出门百辆马车随行，饮食美味佳肴不绝，但子路并未因为生活条件的巨大改善而自鸣得意，反倒总是想起自己已故的双亲，遗憾他们不能跟自己一起享受美好的生活，遗憾自己有了更大的能力却再无尽孝的机会，甚至希望回到过去的苦日子，至少那时父母还在身边。

孔子一直教导门下弟子要孝敬双亲，子路的事亲至孝深得孔子嘉许，子路百里负米的故事也成为后世美谈。

2. 孝老爱亲

2015 年 1 月，23 岁的河南科技学院女大学生朱萌萌荣获“中国好人”荣誉称号，她“十岁女娃稚嫩双肩扛起祖孙三代八口贫困家，中原孝花十三寒暑艰难圆满养家上学中国梦”的孝亲事迹感动了无数国人。

穷人的孩子早当家，朱萌萌从小就孝老爱亲，3 岁就开始摇摇摆摆学着做家务，5 岁跟着母亲学干掰玉米、摘棉花之类的农活儿，虽然辛苦，一家人倒也其乐融融。

但天有不测风云，朱萌萌 10 岁的时候，父亲患上严重的肾病，母亲患有高血压，都不能再干重活维持生计，爷爷奶奶和姥姥姥爷年老体弱，妹妹尚且年幼，一家人瞬间被愁云笼罩，但这时朱萌萌却坚毅地告诉父母不用担心，以后这个家她来扛！此后，朱萌萌便以弱小的肩膀扛起了整个家庭的责任，受过的磨难数不胜数。在别的小伙伴开心玩耍的年纪，在外，她不仅要学好功课，还要到处打零工挣钱贴补家用，回到家后，又要干农活儿、做家务，照顾患病的双亲和年幼的妹妹，每天忙碌不堪。

屋漏偏逢连夜雨。朱萌萌 16~18 岁的时候，姥姥、姥爷、奶奶相继病逝，在他们病危期间，朱萌萌日夜不离地悉心陪护。朱萌萌 20 岁的时候，母亲危重脑出血，当时的她刚上大二，立即请假去陪护母亲。她每天都会为手术后失去自理能力的母亲擦洗翻身、喂饭按摩，她甚至把过硬的食物自己先嚼成糊状再口对口喂给母亲吃，几个月后，母亲在她的精心照顾下终于顺利出院。此后，朱萌萌就带着病爹、背起瘫娘继续自己的求学之路，她在学校附近租了一间小屋照顾父母，上课学习、打工挣钱、照顾双亲，每天都是连轴转，冬天为父母焐脚暖被窝，夏天为父母洗澡祛暑热，每晚要照顾母亲大小便八九次，由于长期缺乏营养和睡眠，她晕倒过数次，但她总是坚强地面对未知的一切，始终抱着“无论再苦再累再难也要撑起这个家”的信念。

然而，苦难再次来临，一年后，朱萌萌的母亲二次脑出血，因缺乏医药费医院不肯收治，朱萌萌苦苦哀求，保证之后会补缴费用，为母亲赢得了一线生机。苍天不负孝心大义，朱萌萌的母亲在医院的全力救治下转危为安了，朱萌萌擦干眼泪，又开始四处筹钱为母亲补交医疗费。当朱萌萌卖掉家里所有值钱的东西后，发现费用还有很大缺口，无奈之下她向所有熟识的人去借钱，尽最大努力打工赚钱，虽然其间遭受了无数的白眼与冷遇，但她最终还是挺了过来，并且未让妹妹因为家庭困难而辍学。朱萌萌兑现了自己曾经的诺言，牢牢地支撑住了这个风雨飘摇的家庭，也用实际行动书写了感人肺腑的大孝。

（四）思考探究

1. 请通读《诗经》，找一找还有哪些篇目与孝有关。

2. 谈谈你对于中国传统孝道文化的看法与感受。

3. 在现代社会发展进程中，因观念与生活方式转变，父母与子女相处方式也有了极大变化，谈谈你对此的看法。

二、惜心相契　约共白首

《诗经》是我国现实主义文学的源头之作，广泛地记录了西周时期的社会风貌，反映了深刻的社会现实，尤其爱情这一人类永恒歌咏的主题，占据整部《诗经》近三分之一的篇幅，其中大多收录在十五国风中。朱熹在《诗集传序》中说："凡诗之所谓风者，多出于里巷歌谣之作，所谓男女相与咏歌，各言其情也。"《诗经》中既有大胆真挚的男女慕恋，也有爱而不得的惆怅，以及热闹的婚嫁场面，更有和合美满的婚后生活，还有不幸的被弃女子痛苦的表白。《诗经》中的爱情诗，不仅表现了那个时代人们对爱情的追求，也反映了爱情的甜蜜与悲伤。透过这些诚挚的作品，两千多年前人们的生活画面栩栩地展现在了我们眼前。

（一）探寻人物踪迹

《诗经》作为古代劳动人民的智慧结晶，其内容涉及社会生活的方方面面，展现了那一时期的社会礼制与民俗风情。《诗经》的婚恋诗中，大体塑造了四类立体鲜活的女性形象，再现了当时女性的生活境况、婚恋体验和情感态度。

《诗经》婚恋诗中的第一类女性形象，是恋爱中主动热情的女性形象。比如《陈风·泽陂》中的女子，看见池塘边的香蒲、兰草与莲花，就想到自己的思慕之人，于是"寤寐无为，涕泗滂沱""寤寐无为，中心悁悁""寤寐无为，辗转伏枕"。再比如《王风·大车》中的女子，想要与心上人一起私奔，又担心心上人会胆怯，于是主动发出了"縠则异室，死则同穴。谓予不信，有如皦日"的誓言，体现了爱情的忠贞不渝。

《诗经》婚恋诗中的第二类女性形象，是恋爱中娇羞矜持的女性形象。比如《郑风·子衿》中的女子，日日思念心上人，望穿秋水等待心上人，却矛盾纠结着不敢主动去寻找心上人，只能"挑兮达兮，在城阙兮"。再比如《郑风·东门之墠》中的女子，明明与心上人居住距离甚近，却因为找不到合适的理由见面，致使两人心理距离甚远，“岂不尔思，子不我即”，正是表达了女子对于心上人不来主动表白的埋怨与焦急之情。

《诗经》婚恋诗中的第三类女性形象，是婚姻中的新娘形象。比如《周南·桃夭》中的新娘，不但具有“桃之夭夭，灼灼其华”的美丽外在，还具有“之子于归，宜其室家”的善良内在，凸显了新娘的内外兼修为新家庭带来的欢乐祥和之气，预示了未来迎接新娘的一定是幸福甜蜜的新生活。

《诗经》婚恋诗中的第四类女性形象，是婚姻中的思妇形象。比如《周南·卷耳》中的妻子，在采卷耳时突然牵肠挂肚起自己在外服役的丈夫，又是担心又是思念，顿时拖慢了劳作的进度，心思烦忧之下，干脆暂停劳作，“嗟我怀人，置彼周行”。再比如《王风·君子于役》中的妻子，看到夕阳西下、家禽进窝、炊烟升起的场景，不禁深切思念起自己在外服役的丈夫，“君子于役，不日不月，曷其有佸”，正是她内心最无助的疑问与叹息。

（二）品味经典佳作

1. 周南·关雎

关关雎鸠，在河之洲。窈窕淑女，君子好逑。

参差荇菜，左右流之。窈窕淑女，寤寐求之。

求之不得，寤寐思服。悠哉悠哉，辗转反侧。

参差荇菜，左右采之。窈窕淑女，琴瑟友之。

参差荇菜，左右芼之。窈窕淑女，钟鼓乐之。

（1）译文阐释

关关齐鸣的雎鸠，栖息在河中央的小洲。贤淑美好的姑娘啊，是小伙子的好伴侣。

长短不齐的荇菜，船左捋捋，船右捋捋。贤淑美好的姑娘啊，（小伙子）时刻想要追求。

求而未得，日夜思念。缠绵的思念，让人难以安眠。

长短不齐的荇菜，船左采采，船右采采。贤淑美好的姑娘啊，弹琴鼓瑟取悦她。

长短不齐的荇菜，船左摘摘，船右摘摘。贤淑美好的姑娘啊，敲钟鸣鼓愉悦她。

（2）深层解读

《周南·关雎》是《诗经》的开篇诗作，也是《诗经》中最广为流传的一篇。这首诗描写了一位男子爱慕追求一位女子的过程，多处运用叠韵和叠词，语言优美、音韵和谐。孔子评价这首诗为："乐而不淫，哀而不伤。"

这首诗分为五章：第一章以雄雌对鸣的雎鸠鸟起笔，两人相约于河畔，感叹爱情的美好；第二章通过采摘荇菜，描述了男子对女子的想念和无法见面的煎熬；第三章，写男子无论是入睡还是清醒，脑海中都是女子的样貌，进一步凸显了思念之情；第四、五章，男子与女子再次见面之后，男子通过音乐来取悦女子。

这首诗之所以被放在首篇，是因为此诗是符合儒家伦理标准的。男子与女子之间的相恋，并不是轰轰烈烈的，而是自然而然的；男子对女子的追求也不是急于求成的，虽然会思念、会煎熬，但仍然是循序渐进的。如孔子尝言:“发乎情,止乎礼。”也就是说,孔子承认人内心的情感需求,但认为这种需求也要符合礼的规范。这首诗中的男女相恋就很克制,既有真实情感的流露,又表现得很有分寸。

一般恋爱大致可以分为三个阶段:相识阶段、相恋阶段和相爱阶段。在相识阶段,双方会表现出一些不自然的举动,往往在意自身的仪表和举止;在相恋阶段,双方不断磨合,更注重双方内心情感的培养,双方虽然已经很了解彼此,但是随着了解的深入,一些缺点也会暴露出来,这时候就需要双方互相理解宽容;到了相爱阶段,大多数情况下会走入婚姻,此时二人已经不是普通的恋人了,而是亲人,双方要相互扶持、同甘共苦,去迎接新的生活。恋爱是双方互相爱慕的一种行为表现,本身是一种美好的行为,但若稍有不慎,也有可能酿成苦果,这首诗正是给当下的年轻人留下了恋爱的启示,告诉当下的年轻人爱是一种节制、一种责任,无节制的爱终究会伤害他人、毁及自身。

2. 秦风·蒹葭

蒹葭苍苍,白露为霜。所谓伊人,在水一方。溯洄从之,道阻且长。溯游从之,宛在水中央。

蒹葭萋萋,白露未晞。所谓伊人,在水之湄。溯洄从之,道阻且跻。溯游从之,宛在水中坻。

蒹葭采采,白露未已。所谓伊人,在水之涘。溯洄从之,道阻且右。溯游从之,宛在水中沚。

(1)译文阐释

河边芦苇郁郁苍苍,清晨白露凝结为霜。那个我思念的人儿啊,就在河水那一方。逆流而上追寻她(他)的身影,道路艰险又漫长。顺流而下追寻她(他)的身影,好像就在河水中央。

河边芦苇凄清一大片,清晨白露尚未蒸发。那个我思念的人儿啊,就在对面的河岸上。逆流而上追寻她(他)的身影,道路艰险又陡峭。顺流而下追寻她(他)的身影,仿佛就在河中小岛上。

河边芦苇郁郁葱葱,清晨白露尚未晒干。那个我思念的人儿啊,就在河岸那一边。逆流而上追寻她(他)的身影,道路艰险又崎岖。顺流而下追寻她(他)的身影,似乎就在水中小洲上。

(2)深层解读

与《关雎》类似,《蒹葭》也是《诗经》中历来传唱的精品。《毛诗序》中提到,这首诗是对秦襄公的讽刺,不过这种观点遭到了后世很多学者的质疑,目前也没有直接材料能够提供佐证。清代学者姚际恒和方玉润认为这首诗是“思慕贤人”,这种论点很多近现代的学者也不是很认同。目前学术界更趋向于认为,这首诗就是一首单纯的男女爱慕之诗,没有任何的政治隐喻。

这首诗共有三章,每章八句。全诗以“蒹葭”和“白露”起兴,采用复沓的手法,回环往复、音韵和谐,极具朦胧的美感,对“伊人”的爱慕之情表达得也很隐晦。诗人历经千难万苦,“伊人”仿佛永远都可望而不可即,这种如梦如幻、似虚似实的描写手法,让人心生向往的同时,又带有一丝惆怅和幻灭感。

这首诗虽然主题模糊不明,但其美感一直让历代读者沉醉不已。究其缘由，是因为诗中的主人公与“伊人”保持了适当的距离，也即我们常说的“距离产生美”。审美是需要距离的，这个距离不可太近也不能太远，正如儒家提倡“中庸”，就非常推崇这种适度的美。

3. 郑风·女曰鸡鸣

女曰鸡鸣，士曰昧旦。子兴视夜，明星有烂。将翱将翔，弋凫与雁。

弋言加之，与子宜之。宜言饮酒，与子偕老。琴瑟在御，莫不静好。

知子之来之，杂佩以赠之。知子之顺之，杂佩以问之。知子之好之，杂佩以报之。

(1)译文阐释

女说公鸡已报晓，男说天色未破晓。起床看看这夜色，金星熠熠在闪耀。晨起鸟雀将展翅，射下凫雁与你尝。

射中凫雁拿回家，烹成佳肴为你忙。佳肴美酒共分享，与你白头共此生。琴瑟和鸣在今朝，岁月安宁又美好。

知你对我真关怀，送你杂佩表同心。知你对我真依从，送你杂佩表慰劳。知你对我真喜欢，送你杂佩表回报。

(2)深层解读

有关这首诗的主题，历来争论不休。此处采用今人的论点，认为这首诗就是单纯地写夫妻恩爱、家庭和谐的美好生活，不带有任何政治色彩。

这首诗分为三章，每章六句，很有生活气息。雄鸡报晓，女子喊男子起床，男子找理由赖床，本以为夫妻要发生争吵，但女子耐心解说、劝诫夫君，于是男子思想转变，起床狩猎。接着描绘了一幅夫妻举案齐眉、琴瑟和鸣的美好画卷，妻子因为丈夫听从自己的劝告而内心幸福，丈夫因娶到了如此贤妻而自豪不已。诗的末尾，丈夫感到妻子对自己“来之”“顺之”与“好之”，便解下杂佩“赠之”“问之”和“报之”。一唱三叹、朗朗上口，将夫妻恩爱之情推向了高潮。

儒家认为，夫妻之间应该相互尊重，家和才能万事兴。这种思想对当下也很有指导意义。根据“马斯洛需要层次理论”，人在满足生理需要、安全需要和归属需要之后，便期望满足尊重的需要，而尊重不仅仅是平等看待他人，还应该承认他人的价值。这首诗中的夫妻二人，男主外、女主内，两人相互尊重且承认对方的价值，因此都心甘情愿地为家庭付出，让读者感受到美好幸福与温情厚意。

（三）知识拓展

1. 血泪遗书

1927 年 9 月，陈觉与赵云霄在白色恐怖之中学成归国。两人为党的革命事业东奔西走、舍生忘死，先后领导了多次武装斗争。1928 年春，陈觉开始担任中共湖南省委特派员的职务，赵云霄赴长沙参与组建中共湘南特委。但不幸的是，1928 年 9 月，怀有身孕的赵云霄被捕，1928 年 10 月，被叛徒出卖的陈觉也被捕，夫妻二人均被关押在长沙陆军监狱。但即使被关在同一所监狱，他们也无法见到彼此，而是被分开进行审讯。面对严刑拷打，两人的态度却格外一致，都是正气凛然、视死如归。敌人觉得难以从他们口中问到什么有用的消息后，便给两人都判了死刑。

陈觉家境比较殷实，陈觉的父亲听说儿子儿媳双双被捕后，多方设法营救他们，但是国民党当局却要求陈觉夫妇签了同意脱党的悔过书才能放人，夫妇二人坚决拒绝了。行刑前几日，陈觉给赵云霄写了一封刑场"情书"，其中很多语句感人至深，比如"以前我们都不相信有鬼，现在则唯愿有鬼。'在天愿为比翼鸟，在地愿为并蒂莲，夫妻恩爱永，世世缔良缘'""谁无父母，谁无儿女，谁无情人！我们正是为了救助全中国人民的父母和妻儿，所以牺牲了自己的一切。我们虽然是死了，但我们的遗志自有未死的同志来完成"。

几天后，陈觉英勇就义。几个月后，赵云霄生下女儿也英勇就义了，赵云霄就义前给女儿也留下一封书信，其中充满着对女儿的心疼与叮咛："小宝宝！我不能扶（抚）育你长大，希望你长大时好好的读书，且要知道你的父母是怎样死的。我的启明，我的宝宝！当我死的时候你还在牢中。你是不幸者，你是个世界上的不幸（者）！更是无父母的可怜者。小明明！有你父亲在牢中给我的信及作品，你要好好的保存。小宝宝！你的母亲不能多说了。血泪而（书）成。"

二人陆续英勇就义后，陈觉的父亲偷偷运出了陈觉的尸体，为了躲避搜捕，草草埋葬于故乡的偏僻之处。但陈觉的父亲得知赵云霄就义的消息迟了20多天，未能找到儿媳的尸体。尤为令人遗憾的是，二人的女儿也未能平安长大，仅 4 岁便夭折了。一直到 2009 年的清明节，陈觉的侄子等人将陈觉的棺椁与赵云霄用过的皮箱合葬，夫妻二人才终于“团聚”。

陈觉与赵云霄将青春韶华奉献给革命伟业，为了实现革命理想无惧生死，舍小家为大家，彰显了中国共产党人的信仰底色，也诠释了枝叶相扶的真正爱情。

2. 比翼双飞

2022 年 4 月 16 日 9 时 56 分，神舟十三号载人飞船回家了！三位航天英雄之一的王亚平备受瞩目，因为她是我国首位进行太空行走的女航天员。她能够取得这样耀眼的成绩，与她丈夫赵鹏数十年如一日的支持分不开。

王亚平 1980 年出生在普普通通的农民家庭，但因为从小身体素质好，在高中时顺利通过了招飞考试，成为空军长春飞行学院（现为中国人民解放军空军航空大学）的学员。学习期间，王亚平勤奋刻苦、成绩优异，毕业后有幸被分到了航空兵武汉某师，这里一直被誉为“女飞行员摇篮”。

王亚平在部队里的表现一如既往的优秀，多次成功执飞，并认识了同为飞行员的丈夫赵鹏。两个人感情一直非常稳定，即使长期分隔两地，每年仅有一个月左右的时间相聚，也丝毫没有冲淡他们的感情。他们还做了一个甜蜜的约定，一方完成任务后及时给另一方报平安，有时因任务在天空相遇，他们还会发送暗号给对方表达爱意和惦念。

在他们婚后第三年，王亚平经过层层选拔，成为我国第一批两个女航天员之一，他们俩要孩子的计划不得不为此暂时搁置，这个时候，作为丈夫的赵鹏非但没有埋怨与责怪，反而报之以最大的支持和理解，更是放弃了自己的职业晋升机遇，陪着王亚平抵达北京投入训练，承担了所有家务活儿，只为让妻子安心为国家的航天事业尽己所能做好贡献。

航天员的训练过程漫长而艰辛，尤其执行“神十”任务期间，王亚平要进行封闭训练，即使是丈夫赵鹏也很难见到她，主要靠电话联络，可是赵鹏却一直甘之若饴地默默陪伴着王亚平，不让她担心，更不让她烦心，赵鹏还写下了这样一句话：“爱情不苦于心，青葱岁月是自己的光谱，战争青春最浪漫。”

成功完成“神十”任务后，王亚平经过了一段时间的休养，终于在36岁的时候诞下了他们两人的爱情结晶。短暂休整再出发，王亚平又投入“神十三”任务的训练中，丈夫赵鹏主要承担起照顾女儿的责任。此次“出差半年”归来，一家三口得以再次团聚。

（四）思考探究

1. 请比较《诗经》中的爱情观与今人爱情观的异同。

2. 试分析《诗经》中的爱情诗对后世文学审美的影响。

三、怜百姓苦　刺权贵恶

关于《诗经》的成书过程，最有代表性的观点是采诗说、献诗说和删诗说。采诗是周朝的重要制度，周朝统治者认为采自民间的诗歌能够真实地反映社会政治和道德风尚,用以了解民情。《汉书·食货志》记载孟春之月,农人们下田耕种,采诗官就来到田间地头,收集民间的歌声,配上音律,献给天子,因此周天子不出宫门,便可知天下之事。所以,《诗经》有着观察政治得失、了解风俗盛衰的作用,能起到“上刺政治”的作用。从《诗经》中可以感受到,周朝末期统治者的昏庸无度和百姓的痛苦生活,孔子在《论语·阳货》篇也提出了“兴观群怨”的观点,肯定了《诗经》在反映现实、批判社会黑暗等方面的作用。

(一)探寻人物踪迹

诸葛亮曾在《出师表》中对刘禅说道:“亲贤臣,远小人,此先汉所以兴隆也;亲小人,远贤臣,此后汉所以倾颓也。”贤士对国家的益处,佞臣对国家的破坏,由此可见。《诗经》中就塑造了许多贤臣的形象,他们为民请命、志行高洁,在人生中不管遇到何种困难,他们都饱含爱国情怀。

《小雅·南山有台》中贤士的形象,不仅是国之栋梁,还是人民的父母官,受人爱戴,美名永驻。此诗虽是一首颂德祝寿的宴饮诗,但也表现出人民对于贤士的敬仰之情。《大雅·卷阿》是一首颂美诗,表现出一种华贵平和的宏大气象。“有冯有翼,有孝有德,以引以翼。岂弟君子,四方为则。”有了贤臣良士的辅佐,品德就会变得高尚,受人尊敬的君子会让天下臣民自愿追随。《大雅·泂酌》表达了天下臣民对明君的赞美,大家在酒席上大快朵颐、觥筹交错,这一切都要归功于品德高尚的君子。此诗认为君王也可以是一位怀瑾握瑜的君子，只要君王广施仁义、爱民如子，天下万民自会归附。

贤士和明君自古以来都会受到人民的爱戴，“贤”代表着内心的善，是一种优秀的品质。《诗经》中的贤士形象，对后世文人产生了重要的影响，如中华历史上的周公、魏征、岳飞、文天祥、于谦等贤士，皆在史书上留下了浓墨重彩的一笔。

（二）品味经典佳作

1. 小雅·鸿雁

鸿雁于飞，肃肃其羽。之子于征，劬劳于野。爰及矜人，哀此鳏寡。

鸿雁于飞，集于中泽。之子于垣，百堵皆作。虽则劬劳，其究安宅。

鸿雁于飞，哀鸣嗷嗷。维此哲人，谓我劬劳。维彼愚人，谓我宣骄。

（1）译文阐释

大雁展翅高飞，簌簌拍动翅膀。离家远行的人啊，野外辛苦奔波忙。可怜无助的贫弱之人，独自悲伤的鳏寡之人。

大雁展翅高飞，聚在沼泽中央。筑墙服役的人啊，修建起百堵城墙。尽管劳累又辛苦，何时才能得安居？

大雁展翅高飞，嗷嗷哀鸣不已。明白事理的人啊，理解我作歌表辛劳。糊涂愚昧的人，却怨我有空发牢骚。

(2)深层解读

《毛诗序》中讲道:“万民离散,不安其居,而能劳来还定,安集之,至于矜寡,无不得其所焉。”意思是说,这首诗是赞美周宣王的诗作,当时百姓生活贫困、无家可归,周宣王便组织民众修墙盖屋,让社会上的弱势群体都有屋居住。但宋代大儒朱熹不同意此观点,他认为这首诗是当时的流民听到鸿雁的哀鸣,感叹时事,遂作此诗以抒怀。而此处采用的观点是,此诗是一首现实主义作品,应当作于西周晚期,是流民在自述悲苦。西周末期,天灾不断,外加周边少数民族的不断侵扰,大量底层百姓流离失所,这首诗便作于此背景下。

这首诗分为三章,每章均为六句,皆以鸿雁起兴。第一章写流民被迫去野外服劳役,连鳏寡等弱势群体都不能够幸免,可见当时劳役的无情。第二章写劳动人民筑墙的情景和内心的疑问,为何辛勤劳作却不能享有劳动成果?这些房屋是给自己建造的吗?第三章以鸿雁自喻,认为愚人比哲人更可恨,因为哲人还能够体谅自己的辛苦,但愚人不仅没有同理心,还会在一边说风凉话。

元代文学家张养浩在其曲作《山坡羊·潼关怀古》中写道:“兴,百姓苦;亡,百姓苦。”阐明了在封建社会,国家不管是兴盛还是灭亡,受苦受难的永远是底层百姓。对比当下的和平时代、安稳生活,国人何其幸福,我们都应好好珍惜当下的美好生活。

2. 魏风·硕鼠

硕鼠硕鼠,无食我黍!三岁贯女,莫我肯顾。逝将去女,适彼乐土。乐土乐土,爰得我所!

硕鼠硕鼠，无食我麦！三岁贯女，莫我肯德。逝将去女，适彼乐国。乐国乐国，爰得我直！

硕鼠硕鼠，无食我苗！三岁贯女，莫我肯劳。逝将去女，适彼乐郊。乐郊乐郊，谁之永号！

（1）译文阐释

大老鼠啊大老鼠，不要再吃我的黍！多年辛苦供养你，却不肯顾念我。我发誓要离开你，去往那理想中的乐土。到了乐土到了乐土，安宁的居所有了着落。

大老鼠啊大老鼠，不要再吃我的麦！多年辛苦供养你，却不肯感恩我。我发誓要离开你，去往那理想中的乐国。到了乐国到了乐国，我的劳作有了酬劳。

大老鼠啊大老鼠，不要再吃我的苗！多年辛苦供养你，却不肯慰劳我。我发誓要离开你，去往那理想中的乐郊。到了乐郊到了乐郊，谁还会高声痛哭地号叫！

（2）深层解读

《硕鼠》是一首讽刺贪官污吏的诗作，作者将官员比作大老鼠，憎恶和怨恨之情流于笔尖。全诗分为三章，每章八句。三章句首都以硕鼠起兴，可见劳动人民对剥削阶层的厌恶。老鼠狡猾、贪婪、丑陋，用来比喻贪官是相当恰当的。尤其第三、四句，凸显了贪官的无情，因为底层百姓供养统治阶层，但统治阶层却不肯照顾底层百姓。所有的不甘与心酸融于最后四句，倾泻而出，认为这世间已没什么可留恋的了，发誓要离开这里，去往理想的乐土。然而现实是残酷的，事实上并没有合适的乐土，这份美好也只能存在于幻想之中了。

东晋文学家陶渊明在其名篇《桃花源记》中描绘了一个没有剥削和压迫，人民安居乐业、自给自足的理想社会，和当时社会的黑暗形成了鲜明的对比。事实上，在任何时期，人民都没有放弃过对美好生活的追求。2021 年 2 月 25 日，习近平总书记在全国脱贫攻坚总结表彰大会上的讲话中指出："只要我们始终不渝坚持党的领导，就一定能够战胜前进道路上的任何艰难险阻，不断满足人民对美好生活的向往！"当下正处于中华民族伟大复兴的关键时期，每位中华儿女都应为了自身的美好生活而不懈奋斗！

（三）知识拓展

1. 忧国忧民

"先天下之忧而忧，后天下之乐而乐"是范仲淹写在《岳阳楼记》中的句子，其中蕴含的节操与品性，影响了后世的仁人志士。范仲淹作为北宋时期杰出的政治家、文学家，也是如此践行的。

范仲淹曾独自一人到南京求学五年，这五年间，范仲淹以艰苦生活磨砺自己的意志品质，发奋刻苦，心无旁骛。有一日，南京城的百姓听说皇帝朝拜太清宫会途经此处，纷纷跑去凑热闹，想一睹皇帝风采。范仲淹的同学也来邀请他同去，他却无比淡然，认为当下最重要的事是把学业完成好，皇帝的真容迟早能见，同学只当范仲淹在说大话，没想到第二年，范仲淹就考中了进士，当初同学以为的大话也成了真话。

范仲淹初入仕途的十几年，官职一直不高，但官声一直很好，因为他总是竭尽所能地造福一方百姓，即便是像抗洪之类不归他管的民生问题，他也绝不袖手旁观，而是积极为民发声，向朝廷献言献策，保护百姓生命财产安全。

鉴于范仲淹长期的良好官声与政绩，朝廷开始重用他，将他调任到皇家图书馆的藏书楼，专门负责文件整理校验。范仲淹得此机遇壮志满怀，本想放开手脚大干一场，但无奈当时朝中宋仁宗被架空、刘太后正专权。范仲淹直言上谏指责刘太后，完全不顾自身仕途与安危，同僚劝他收敛自保，他却坚守初心与风骨执意劝谏，因为在范仲淹看来，人人都敢谏言的朝廷才能建设河清海晏的天下，生活在这样的环境下才是每个人最好的自保。

后来，刘太后将范仲淹贬到了山西，直到刘太后死去，范仲淹才得以重回朝廷，宋仁宗给了范仲淹言官之职。范仲淹不改本色，经常犀利劝谏宋仁宗，宋仁宗只好又把他贬出了京城。然而范仲淹并未因为仕途的起落而消沉，仍然心系黎民百姓，专注发展教育事业和水利工程，很快便因政绩卓然再次回到了京城。范仲淹虽然仕途坎坷，但从未忘却初心，始终忧国忧民，这也正是他为后世称道之处。

2. 以死明志

战国时期楚国诗人、政治家屈原，出生在楚国的贵族家庭，童年时期就开始接受养正教育，成年后自然形成了高尚的道德情操和远大的理想志向。屈原早年颇得楚怀王重用，曾任左徒、三闾大夫，同时管理着国家的内政、外交大事。在如此有利局面下，屈原本该一展人生抱负，却因楚国一些权贵的构陷，渐渐被排挤出朝堂,落得遗憾终身。

那些构陷屈原的楚国权贵,大部分是因为嫉妒屈原的学识与才能,嫉妒屈原深受楚怀王信任,又由于屈原志向高洁不流于俗,他们完全不能把屈原拉进自己的圈子,于是选择集体排挤屈原出局,其中的上官大夫尤其如此。当上官大夫知晓了楚怀王安排屈原秘密撰写变法内容时,就大费周章地去打探,最后还真被他打探到了只言片语,然后他就利用这只言片语,去向楚怀王告密,宣称自己已知晓所有变法内容,营造了屈原不守信重诺的假象,使本就偏听偏信的楚怀王开始怀疑屈原的品性,渐渐不再重用屈原。

后来,失去了楚怀王支持的屈原,先后被流放到汉北和沅湘一带,最终在楚国都城被秦国攻陷后,他因深感救国无望,在忧愤愁闷至极的心境下,抱石自沉汨罗江而亡。

(四)思考探究

1. 为什么说《诗经》是我国古典诗歌现实主义的源头?
2. 从“兴观群怨”的角度,谈谈古代诗歌的社会功用。
3. 谈谈后世文学对《诗经》讽刺艺术的继承。

四、悯劳作艰　盼国运昌

《诗经》是我国第一部诗歌总集,它内容丰富,涉及周人祭祀、战争、徭役、爱情等多个方面。周代是农业社会,因此《诗经》中也不乏周朝时期的农业生产状况、周人从事农业生产的篇目,《豳风·七月》就是一首全面呈现周时百姓一年四季生产生活场景的长诗,寒来暑往的农事,也反映了周人劳作的辛苦。《大雅》中的《公刘》《生民》《绵》《皇矣》《大明》,还记录了周民族起源、迁徙、发展、壮大、鼎盛的过程,被认为是周民族的史诗。

（一）探寻人物踪迹

《诗经》中所塑造的昏君形象比明君形象要多,这是因为周王朝到了连年征战的衰微之际,统治者非但没有将抚恤百姓作为政务之要,反而加重了对百姓的盘剥,使得百姓民不聊生,贵族也纷纷破产,尤其周幽王、周厉王时期。基于这样的社会生活背景,当时的诗歌创作也由颂美之声走向了怨刺之声,《诗经》中出现了一部分揭发统治阶级丑行的政治讽刺诗。比如据传是周厉王时期老臣凡伯创作的《大雅·板》,通过"上帝板板,下民卒瘅。出话不然,为犹不远。靡圣管管,不实于亶。犹之未远,是用大谏"等诗句,凸显了当时王道无常、人民遭难的社会现实,表达了对于暴君周厉王的强烈怨愤、尖刻讽刺与忠心劝诫。再比如《邶风·新台》中,通过宣姜眼中所见的"新台有泚,河水弥弥"的新台之美,渲染了荒淫无度的卫宣公造新台迎娶未婚儿媳宣姜的行径之丑,更是在诗中将卫宣公比成了丑蛤蟆。

《诗经》中的明君代表,首推周文王。周文王是一位善于修齐治平的君主。他所作出的历史贡献,一是写《周易》、创周礼,深受后世儒家推崇;二是为周王朝的兴起奠定了基础,开创了一个以仁德治理天下的时代。比如《大雅·思齐》中就通过"惠于宗公,神罔时怨,神罔时恫。刑于寡妻,至于兄弟,以御于家邦。

雍雍在宫，肃肃在庙。不显亦临，无射亦保”等诗句，刻画了周文王孝敬祖先、德行天下、以身作则、率先垂范的美德与品行，体现了国有明君才能使国家走向兴旺、百姓安居乐业的道理。不过，《诗经》中所塑造的明君形象主要以涵养深厚、以民为本、选贤任能为主，类型较为单一。

无论《诗经》中描写的明君形象还是昏君形象，总体彰显了“明君富国强民，昏君祸国殃民”的真理。正所谓“诗言志”，诗歌中总是蕴含着社会的现实与百姓的愿望，尤其《诗经》所折射出的怨刺意识与批判精神，具有一定的社会典型意义，也为后世诗歌继承与发展。

（二）品味经典佳作

1. 豳风·七月

七月流火，九月授衣。一之日觱发，二之日栗烈。无衣无褐，何以卒岁？三之日于耜，四之日举趾。同我妇子，馌彼南亩，田畯至喜。

七月流火，九月授衣。春日载阳，有鸣仓庚。女执懿筐，遵彼微行，爰求柔桑。春日迟迟，采蘩祁祁。女心伤悲，殆及公子同归。

七月流火，八月萑苇。蚕月条桑，取彼斧斨，以伐远扬，猗彼女桑。七月鸣鵙，八月载绩。载玄载黄，我朱孔阳，为公子裳。

四月秀葽，五月鸣蜩。八月其获，十月陨萚。一之日于貉，取彼狐狸，为公子裘。二之日其同，载缵武功，言私其豵，献豜于公。

五月斯螽动股，六月莎鸡振羽，七月在野，八月在宇，九月在户，十月蟋蟀入我床下。穹窒熏鼠，塞向墐户。嗟我妇子，曰为改岁，入此室处。

六月食郁及薁，七月亨葵及菽。八月剥枣，十月获稻，为此春酒，以介眉寿。七月食瓜，八月断壶，九月叔苴，采荼薪樗，食我农夫。

九月筑场圃，十月纳禾稼。黍稷重穋，禾麻菽麦。嗟我农夫，我稼既同，上入执宫功。昼尔于茅，宵尔索绹。亟其乘屋，其始播百谷。

二之日凿冰冲冲，三之日纳于凌阴。四之日其蚤，献羔祭韭。九月肃霜，十月涤场。朋酒斯飨，曰杀羔羊。跻彼公堂，称彼兕觥，万寿无疆！

(1)译文阐释

七月大火星渐偏西，九月妇女缝冬衣。十一月北风呼呼吹，十二月寒气刺骨冷。缺衣少裳，怎么过冬？正月修理耒耜，二月下田耕种。妻儿一同去种地，饭菜送到地头上，农官也把酒食享。

七月大火星渐偏西，九月妇女缝冬衣。春日天气暖洋洋，黄鹂树上婉转唱。姑娘提着深竹筐，沿着小径把路走，采摘筐筐嫩桑叶。春日融融白昼长，茂盛白蒿可采摘。姑娘心里太悲伤，唯恐公子把我抢。

七月大火星渐偏西，八月要把芦苇收。三月养蚕修桑枝，取来锋利的斧头，砍掉高高长长枝，成捆采摘嫩桑条。七月伯劳鸟鸣叫，八月搓麻织布忙。染得颜色黑与黄，我染红色更鲜亮，献给贵人做衣裳。

四月远志已结穗，五月知了正鸣唱。八月田间忙收获，十月树木始落叶。十一月捉貉在山上，猎得狐狸取来皮，好为公子做皮裘。十二月集合在一起，继续演练备冬猎，打到小兽自己留，猎到大兽献公侯。

五月蝗虫弹腿叫，六月草螽振翅鸣，七月蟋蟀在野外，八月蟋蟀在廊下，九月蟋蟀进家门，十月蟋蟀在床下。塞住洞口熏老鼠，封好窗户糊好门。告诉我的妻与儿，旧年将尽新年来，且把此屋来安身。

六月郁李葡萄香，七月烹葵又煮豆。八月打落新红枣，十月收获新水稻，酿成醇醇美酒香，保佑大家长命寿。七月瓜类可食用，八月断秧摘葫芦，九月拾取青麻子，采摘苦菜伐臭椿，养活农人全靠它。

九月平整场和圃，十月庄稼全进仓。黍子高粱早晚稻，粟米苎麻豆子麦。感叹我这田里汉，收完庄稼不算完，又要修筑官家房。白昼要去采茅草，晚上通宵捻成绳。赶紧修好这房屋，开始春种播百谷。

十二月凿冰冲冲响，正月把冰藏地窖。二月之初趁天早，献羊供韭祭祖宗。九月肃杀寒霜降，十月清扫打谷场。两杯美酒敬客人，宰杀羊羔众人尝。登上公侯的庙堂，举起酒器斟满觥，齐声恭祝寿无疆！

（2）深层解读

《豳风·七月》是一首宏大的叙事诗，同时也是《诗经·国风》中最长的一首诗，在《诗经》中极具独特性。它记录了当时人民生活的具体情境，再现了西周时期的民俗风貌，如春耕秋收、缝制衣饰、建造房屋、酿制美酒、部落宴飨。但同时也反映出了统治阶层和底层人民之间的割裂，底层人民的劳动果实不能被自身享有，贵族不事劳作却享有大多数的财富。

这首诗共分八章，每章十一句。第一章从全局的角度描写了当时人民生活的场景，之后的每章都是从局部进行了更为细致的描述。当冬季来临时，农民连粗布短衣都没有，来年开春就又去地里忙活了，而官员仅是乐呵呵地在一旁观看。第二至八章，细节部分逐渐展开。底层人民结伴在田间劳作，但所得到的成果却很少。他们种的粮食被贵族享有，打来的兽皮成了贵族公子的裘衣。猎取的小兽自己吃，大兽要进贡。年轻貌美的女子，还要担心自己会被贵族掠走。最为欢乐的时光就是年末了，大家相互邀饮、共享美食。

中国古代的诗歌大都注重抒情，但《豳风·七月》是一首以叙事为主兼有抒情的长诗。通篇读完，感觉就像是那个时代的百姓在为我们一一讲述当时的点点滴滴，读者眼前仿佛展开了一幅西周时期劳动人民耕作的风俗画，就像姚际恒在《诗经通论》中所说："无体不备，有美必臻，晋唐后陶、谢、王、孟、韦、柳田家诸诗，从未臻此境界。"

2. 大雅·公刘

笃公刘，匪居匪康。乃埸乃疆，乃积乃仓；乃裹糇粮，于橐于囊。思辑用光，弓矢斯张，干戈戚扬，爰方启行。

笃公刘，于胥斯原。既庶既繁，既顺乃宣，而无永叹。陟则在巘，复降在原。何以舟之？维玉及瑶，鞞琫容刀。

笃公刘，逝彼百泉，瞻彼溥原；乃陟南冈，乃觏于京。京师之野，于时处处，于时庐旅，于时言言，于时语语。

笃公刘，于京斯依。跄跄济济，俾筵俾几。既登乃依，乃造其曹，执豕于牢。酌之用匏，食之饮之，君之宗之。

笃公刘，既溥既长，既景乃冈，相其阴阳，观其流泉。其军三单，度其隰原，彻田为粮。度其夕阳，豳居允荒。

笃公刘，于豳斯馆。涉渭为乱，取厉取锻，止基乃理，爰众爰有。夹其皇涧，溯其过涧。止旅乃密，芮鞫之即。

（1）译文阐释

忠厚老实姬公刘，生存之地不得安康。因此整理田地，厚积粮食于粮仓；然后包起了干粮，带上满满的行囊。不忘团结与荣光，佩起宝弓与箭矢，挥动盾牌和斧钺，启程动身去远方。

忠厚老实姬公刘，查勘那片大平原。平原繁荣又富庶，百姓日子真舒畅，没有叹息和愁忧。而后登上小山峰，然后回到平地上。周身佩戴何饰品？美玉琼瑶戴身上，佩刀装饰真花哨。

忠厚老实姬公刘，去往百千泉水地，远望广阔平原地；登上南冈朝下望，瞧见豳京这地方。京师郊野多肥沃，于是安居建新邦，于是寄居造新房，于是时时有欢言，于是处处闻笑语。

忠厚老实姬公刘，决定安居京师地。众人端庄有威仪，催促诸位速就席。主人宾客齐坐定，先祭猪神求护佑，圈中捉猪烹佳肴。匏瓜作瓢饮个饱，酒足饭饱乐陶陶，推选公刘为族长。

忠厚老实姬公刘，率众开垦新土地，测算日影丈量冈，观察山北与山南，勘察水系费周章。军队分成三班倒，测量湿地日日忙，开垦荒地种粮食。估算山西的面积，豳地居住地真广。

忠厚老实姬公刘，就在豳地始建房。横渡渭水逆乱流，取来砺石和碫石，打好地基分田界，族人众多又富足。皇涧夹岸有人居，沿水而上是过涧。安居乐业人口稠，芮水尽头也依旧。

（2）深层解读

《大雅·公刘》是周人史诗之一，主要讲述了周部落先祖公刘带领族人自邰地迁往豳地的事迹，表现出自强不息、艰苦奋斗的民族精神。这首诗写于西周后期，表现出周人对这位先祖的追念与景仰。

这首诗共六章，每章十句。各章都在具体的场景中对公刘进行了刻画。第一章描写了公刘在动身去远方之前所做的准备，将粮食制成干粮储备起来，又拿着各种武器向豳地进发。接下来的各章都是描述公刘到达豳地之后进行的各项活动，比如在原野仔细考察，先亲自登上高岗，又查看水源，还亲自参与了土地的测量。居住条件改善之后，便起宴庆贺，推举首领，整顿军队。至此之后，豳地条件不断改善，人民生活水平也不断提高。这首诗不仅记载了公刘的功绩，同时也记录了民众的活动，展现出早期周部落蓬勃旺盛的生命力。

司马迁在《史记》中讲道："公刘虽在戎狄之间，复修后稷之业，务耕种，行地宜。自漆沮渡渭，取材用。行者有资，居者有蓄积。民赖其庆，百姓怀之，多徙而保归焉。周道之兴自此始，故诗人歌乐思其德。”可见，司马迁对公刘也多有赞扬，他认为公刘不仅巩固了先辈们的基业，还壮大了周部落的实力，颇受人民爱戴，为后来周人的发展奠定了坚实的基础。

公刘的故事表明：只要心系人民，为人民服务，就会得到百姓的支持和爱戴。2021 年 6 月 29 日，习近平总书记在“七一勋章”颁授仪式上的讲话中指出：“践行宗旨，就是对人民饱含深情，心中装着人民，工作为了人民，想群众之所想，急群众之所急，解群众之所难，密切联系群众，坚定依靠群众，一心一意为百姓造福，以为民造福的实际行动诠释了共产党人‘我将无我、不负人民’的崇高情怀。”当下，每位中华儿女时逢盛世，都应自强不息，努力实现个人命运与国家命运的统一，为实现中华民族的伟大复兴而不懈奋斗。

（三）知识拓展

1. 体恤百姓

明朝政治家、改革家、内阁首辅张居正，自小聪颖过人，12 岁时就在院试中取得了优异成绩，15 岁时就通过了乡试成为举人，因少年得志、才气纵横，得当时的湖广巡抚顾璘以犀带相赠，顾璘还鼓励张居正要立定高远志向、丰富自身学识、提高自身才能、日后为国效力。张居正后来也不负顾璘期望，通过了会试和殿试，二甲赐进士，又被朝廷选为庶吉士，入翰林院学习。在学习过程中，张居正认识了座师徐阶，并从徐阶那里学到了朝廷与国家典章制度方面的学问，为自己未来仕途之路的顺利升迁打下了基础。

张居正在任职的几年时间里，看到了朝廷朽败不堪，也关注到了朝廷在边防军事上的废弛松懈，于是针对内政和边防问题上陈《论时政疏》，可惜未得朝廷重视，感觉灰心至极，自此再未上书谏议。后来，张居正因病返乡休假之际，有机会深入民间，发现了很多民生疾苦问题，再次激发起他为官的初心与责任感。出于对百姓的体恤，张居正在回到翰林院任职后，效仿了徐阶方圆有道的做法，也就是内心始终有自己的坚守，却以外表的散漫放松别人的戒备之心，慢慢积累下了大量人脉，顺利走上升迁之路，从而有能力为百姓做一些实事。

1567 年，张居正进入内阁参与政治，恰逢明朝内忧外患、百姓四处流亡之际，他与座师徐阶一起帮助蒙冤忠臣恢复原职，在徐阶告老还乡后，张居正又化解了鞑靼进犯的危机，开启了互市交流的佳话。为了造福百姓生活，张居正采用循序渐进的方式，改革财政税收，发展农业生产，打击隐田漏税，掌握额田面积，提高了百姓的生活质量，均匀了全国赋税，有效提升了国力水平，获得了百姓的交口称赞。

2. 家国情怀

1986 年 7 月 14 日，“人民楷模”王继才首次登上开山岛担任守岛民兵，当时的他 26 岁。直到 2018 年 7 月，王继才突发疾病去世，他才真正离岛。这一守就是 32 年，他与爱人王仕花这些年来始终以海岛为家，同艰辛做伴，将全部的青春韶华都奉献给了国家海防事业。

开山岛的面积很小，但战略位置非常重要，在王继才上岛之前，也有几批民兵来守岛，但都因受不了岛上的艰苦条件而先后离岛。王继才就是在这样的情况下，义无反顾地接受了组织委派的任务。上岛48天后，妻子王仕花来岛探望，才知道开山岛竟是如此荒无人烟的地方，没有电甚至没有淡水，有的只是暴烈的海风和乱窜的蛇鼠，她哭着劝丈夫回去，王继才却坚定地选择了留下。于是妻子王仕花回家妥善安置一切，将孩子交给婆婆照顾，辞去自己的小学教师工作，20余天后再次来到丈夫身边，陪同丈夫一起守岛。

夫妻二人值守开山岛，每天必做的一件事就是升国旗，他们是在用自己的坚忍意志与奉献精神，执着地传达爱国的热情，坚定地捍卫祖国的尊严。即使在12级台风肆虐的岛上，王继才夫妻也坚持要把国旗升起，那一次，王继才为此摔断了两根肋骨。除了守岛的日常工作，夫妻二人还坚持提升自我的政治修养与敏锐意识，用收音机收听海防形势是他们的每日必做功课。32年来，夫妻二人上报了很多海防重要信息，还练就了“火眼金睛”和高度的警惕性，公安边防部门破获的六起偷渡、走私案件，都离不开他们的早发现、勤协助。

对待出海的渔民，王继才夫妻总是尽最大努力提供帮助，为他们亮起信号灯，给他们送粮食、药品，想办法营救遇险船只，成为无数渔民眼中的恩人。但对待自己的亲人，他们却有很多遗憾、内疚之处，老父亲离世时，夫妻二人值守在岛；女儿出嫁时，王继才依然值守在岛，但他们从未后悔，也从未想过离开。于他们夫妻而言，守岛就是本职，国家的事再小也是大事，个人的事再大也是小事，他们一直以肩负守岛使命为荣，也借此践行着自己的理想和追求。

（四）思考探究

1.《豳风·七月》反映了周代早期的哪些农业生产活动？

2. 除了《大雅·公刘》以外，《诗经》中关于周族起源、发展、壮大的篇目还有哪些？

第二篇

历史典籍

没有历史记忆的国家是没有前途的，失去历史认同的民族是没有希望的。“以史为鉴，可以知兴替”，历史是一面镜子，记录着人类社会的成功与失败、繁荣与衰落、辉煌与悲伤、更迭与变迁，也预示着人类的未来。历史的作用不仅仅局限于资政治国，还可以提供丰厚的思想和精神的滋养，丰富精神世界，提高道德修养。

中国历朝历代都十分重视修史工作。中国古典文献分类中，按照经、史、子、集四部分类法，史部著作位于第二位，其地位可见一斑。《汉书·艺文志》所载“左史记言，右史记事”，是对中国历史著作记述内容最早的描述。史部作品内容驳杂，除了记录历代史实的正史、私人所作的别史、只记录一事始末一时见闻的杂史、以史实为纲分别列目的纪事本末、以时间为序的编年外，皇帝臣子的诏令奏议，各色人物的传记，时令节序的记录，宫殿、山川、河渠、古迹、游记等地理种种，历代官制变迁，典章制度的确立，史事和史书的评论都属于历史典籍的范畴。而在汗牛充栋的史学著作中，有两部被称为“史学双璧”的作品，分别是由出身于史官世家的西汉史学家司马迁所撰写的《史记》和北宋著名政治家司马光所编修的《资治通鉴》。

第一章
以古鉴今　品读史记

鲁迅曾高度赞誉《史记》为“史家之绝唱，无韵之离骚”，《史记》对后世史学和文学的发展都产生了深远影响。从史学研究的角度出发，《史记》首创了纪传体编史的方法，为后来历代“正史”所传承。全书凡一百三十篇，包括十二本纪、十表、八书、三十世家、七十列传，其中以纪和列传为主体，故曰纪传体。“本纪”除《秦本纪》外，都是叙述汉武帝以前历代帝王或者可等同帝王之人的历史，也是全书的纲领；“世家”主要叙述贵族侯王的事迹；“列传”主要是各种不同类型、不同阶层人物的传记；“表”是各个历史时期的简单大事记；“书”记录了不同时代天文、历法、水利、经济、文化、艺术的发展和现状。而且，《史记》是中国历史上第一部纪传体通史，记述了自上古传说中黄帝时代至司马迁生活的时代，也就是汉武帝时期，约三千年的历史。从文学研究的角度出发，《史记》被认为是一部优秀的文学著作，全书以人物为中心，但不同于以往的史书以记述帝王将相为主，《史记》在记录各时代重要人物的同时，也记述了许多出身中下阶层的人物。《史记》取材严谨，布局合理，剪裁适当，文字洗练，场面生动，许多篇目都有神来之笔，对后代的小说、戏剧、散文创作有着广泛而深远的影响。

一、忍辱著书　太史自序

《太史公自序》是《史记》最后一篇，也是三十列传之一，常被认为是司马迁本人的传记，其一生本末皆见于此篇，因此，常与司马迁写给其友人任安的一封回信《报任安书》，同为研究司马迁及其《史记》的重要资料。《太史公自序》历述了司马迁的家学渊源，以及司马迁自身的人生经历。

（一）探寻人物踪迹

司马迁（约公元前145或公元前135—？），字子长，夏阳（今陕西韩城南）人。司马迁是西汉杰出的史学家、文学家。从祖先重黎氏到父亲司马谈，司马家世代为史官，其父司马谈博学多识，为汉武帝时太史令，负责记载史事，兼管天文历法。

幼年的司马迁在乡村度过了他的童年，每日耕田牧牛，大自然培养了他天真烂漫的心性。后随父迁至茂陵邑。十岁起司马迁开始读古书，他曾师从多位名儒学习，早期跟随董仲舒学习《春秋》，后来跟随孔安国学习《尚书》，为日后史学创作打下了坚实的古文基础。

举行完冠礼，二十岁的司马迁开始第一次漫游祖国的大好河山，他从长安（今陕西西安）出发，足迹遍布了江淮地区，登临了会稽山，探访了大禹治水之地，瞻仰了安葬舜帝的九嶷山，于沅水、湘水之上泛舟而行。其后渡过汶河、泗河来到齐鲁之地，考察孔子教化之风的遗存，在邹峄学习了射礼，这场长达两三年、行程三万里的游历，极大地丰富了司马迁的人生阅历，为他创作史学著作提供了丰富的素材。归后，司马迁出任郎中将一职，奉使西征巴蜀以南。公元前110年，汉武帝决定东巡，在泰山举办封禅大典，时任太史令的司马谈用尽心血筹备此次盛典，但因积劳成疾滞留在洛阳，临终之前他叫来儿子司马迁，委以著述史书的重任。司马迁在父亲的病榻前痛哭流泪发下誓言："小子不敏，请悉论先人所次旧闻，弗敢阙。"（儿子虽然不聪敏，但我会详述先人所整理的历史旧闻，不敢稍有缺漏。）随后，司马迁追随汉武帝见证了封禅这一盛世之举。

公元前108年，司马迁接替父亲出任太史令，与天文学家唐都等共同编订了《太初历》，并开始进行《史记》的创作，却因为李陵辩护而被捕下狱，被判宫刑。宫刑也称为腐刑，即便贱如奴婢者，也视之为奇耻大辱，更何况刑不加身的士大夫司马迁。在生死之际，司马迁想到了历经磨难而终成大业的先贤，同时为了完成父亲遗愿，他决定含垢忍辱接受腐刑，发愤著书，全力完成了《史记》的写作。

（二）品味经典佳作

太史公曰："先人有言：'自周公卒五百岁而有孔子。孔子卒后至于今五百岁，有能绍明世，正《易传》，继《春秋》，本《诗》《书》《礼》《乐》之际？'意在斯乎！意在斯乎！小子何敢让焉！"

上大夫壶遂曰："昔孔子何为而作《春秋》哉？"太史公曰："余闻董生曰：'周道衰废，孔子为鲁司寇，诸侯害之，大夫雍之。孔子知言之不用，道之不行也，是非二百四十二年之中，以为天下仪表，贬天子，退诸侯，讨大夫，以达王事而已矣。'……"

壶遂曰："孔子之时，上无明君，下不得任用，故作《春秋》，垂空文以断礼义，当一王之法。今夫子上遇明天子，下得守职，万事既具，咸各序其宜，夫子所论，欲以何明？"

太史公曰："唯唯，否否，不然。余闻之先人曰：'伏羲至纯厚，作《易》八卦。尧舜之盛，《尚书》载之，礼乐作焉。汤武之隆，诗人歌之。《春秋》采善贬恶，推三代之德，褒周室，非独刺讥而已也。'汉兴以来，至明天子，获符瑞，封禅，改正朔，易服色，受命于穆清，泽流罔极，海外殊俗，重译款塞，请来献见者，不可胜道。臣下百官力诵圣德，犹不能宣尽其意。且士贤能而不用，有国者之耻；主上明圣而德不布闻，有司之过也。且余尝掌其官，废明圣盛德不载，灭功臣世家贤大夫之业不述，堕先人所言，罪莫大焉。余所谓述故事，整齐其世传，非所谓作也，而君比之于《春秋》，谬矣。"

于是论次其文。七年而太史公遭李陵之祸，幽于缧绁。乃喟然而叹曰："是余之罪也夫！是余之罪也夫！身毁不用矣。"退而深惟曰："夫《诗》《书》隐约者，欲遂其志之思也。昔西伯拘羑里，演《周易》；孔子厄陈蔡，作《春秋》；屈原放逐，著《离骚》；左丘失明，厥有《国语》；孙子膑脚，而论兵法；不韦迁蜀，世传《吕览》；韩非囚秦，《说难》、《孤愤》；《诗》三百篇，大抵贤圣发愤之所为作也。此人皆意有所郁结，不得通其道也，故述往事，思来者。”于是卒述陶唐以来，至于麟止，自黄帝始。

1. 译文阐释

太史公说：“我的父亲还在世时说过：‘自周公死后过了五百年才有了孔子。孔子死后，至今也有五百年了，还有谁能承继盛世，修订《易传》，续写《春秋》，探究《诗经》《尚书》《礼记》《乐经》的本源呢？’他是将希望寄托在我这儿呀！寄托在我这儿呀！作为儿子我怎么敢推辞呢！”

上大夫壶遂说：“从前，孔子为什么要编订《春秋》呢？”太史公说：“我曾经听董仲舒说过：‘周王朝衰败之际，孔子担任鲁国的司寇一职，然而诸侯迫害他，士大夫排挤他。孔子知道他的言论主张不会再被采纳，他的治国之道也施展不开，于是他以《春秋》记述的二百四十二年历史中的是非长短，作为天下众人行事的原则，批评天子，驳斥诸侯，声讨士大夫，以达到阐明王道的目的罢了。’……”

壶遂说：“孔子那个时代，上无贤明的主君，底层的贤能之才不得重用，所以（他）才编订了《春秋》，留下这些空洞的文字来评判、辨明礼义，当作君王统治的法典。如今，先生您上遇明德的天子，下有自己的职责，万事俱备，而且都按着恰当的顺序进行着，先生您想要阐明的又是什么道理呢？”

太史公说：“是呀，是呀，不不，不是（你说的这样）。我从先父那听说过：‘伏羲为人最纯朴厚道，他创作了《周易》中的八卦。尧舜时代的昌盛，《尚书》记载了下来，礼乐就是从那个时期兴起的。

商汤、周武时代的兴盛,被(来自民间的)诗人歌颂。《春秋》扬善抑恶,推崇夏、商、周三代的德政,赞扬了周朝的统治者,并不是只有讽刺和批评呀。'自从大汉建立以来,直到当今的圣明天子,出现吉祥的征兆,举行了封禅大典(祭祀天地),启用了新的历法,改换了服饰的颜色,受命于上天,圣恩泽被四方,海外不同风俗的国家,在多位翻译的帮助下叩开了中国的边关,请求入朝觐见献礼者不计其数。文武百官竭尽全力歌颂天子功德,尚且不能完全表达他们的心意。贤能之人不被任用,是做国君之人的耻辱;君主英明但他的功德没有被广泛传扬,是主管官员(史官)的失职。何况我曾经担任过太史令,抛弃天子的英明功德而不记录,舍去功臣、世家、贤大夫的事迹不去记载,违背父亲的遗言,没有比这更大的罪过了。我所说记录过去的历史,整理人物的传记,不是进行创作,而您拿它与《春秋》相比,就不对了。"

于是开始整理材料,编写文字。七年后太史公遭逢李陵之祸,被关在监狱里。于是慨然叹息道:"这是我的罪过呀!这是我的罪过呀!身体被毁损了,没有用处了。"但又退一步转而深思道:"《诗经》《尚书》言辞含蓄,是作者想要表达他们内心的思想。以前周文王被关押在羑里,推演出了《周易》;孔子在陈、蔡之地受困,编写了《春秋》;屈原被流放,写成了《离骚》;左丘明失明后,编纂了《国语》;孙膑遭受膑刑之苦后,开始研究兵法;吕不韦被贬至蜀地,世上却流传着《吕氏春秋》;韩非被囚于秦国,才写成《说难》《孤愤》等名作;《诗经》三百篇,大多是古代圣贤抒发心中愤懑之情而作。这些人都因内心有郁闷不平之气,无法宣泄出来,所以才记述古代之事，思考未来。”于是最终记录了陶唐以来的历史，从黄帝开始，至武帝元狩元年捕获白麟为止。

2. 深层解读

《史记》是一部伟大的史学作品，但它的成书并不仅仅是司马迁一人之力，更浸透其父亲司马谈的心血。《太史公自序》一文中，司马迁详细地介绍了自己创作《史记》的动机，从许多方面可以看出，他的创作深受父亲司马谈的影响。从述史理想方面讲，创作一部记录盛世的史书是司马谈的遗愿，也是司马谈教诲儿子司马迁作为史官应尽的责任；从创作技法方面讲，司马谈认为要借鉴《易传》《春秋》，而《史记》继承了其为后王立法、为人伦立准则的目的和“一字寓褒贬”的春秋笔法，以“太史公曰”的形式对历史人物进行了全面的褒贬；从创作动机方面讲，父亲司马谈高尚的人格及对史学创作的执着追求，也是司马迁最终能完成《史记》的推动力。

（三）知识拓展

1. 司马谈

司马谈，西汉时史学家，司马迁之父。司马家世代为史官，司马谈博学多识，曾跟随汉代著名的天文学家唐都学习天文之学，又师从哲学家杨何学习《易》，并学习《道论》于黄子。所著《论六家之要指》一文，系统总结了春秋战国时期秦至汉初以来阴阳、儒、墨、法、名、道各家思想的利弊得失。司马谈非常重视儿子的教育，司马迁十岁随父亲至京师长安，向博士伏生、大儒孔安国学习；司马迁满二十岁，就在父亲的授意下，开始漫游祖国的名山大川，足迹踏遍大江南北、淮河两岸以及中原地区，沿途搜集资料、考察风俗、采集传说。

司马谈早年就立志要撰写一部通史。汉武帝建元六年（公元前135年）至元封元年（公元前110年）间，司马谈出任太史令，接触了大量的图书文献，广泛地涉猎了各种资料。司马谈虽然未能动手撰写通史，但为《史记》的撰写积累了大量的第一手资料，确立了部分论点。元封元年，他随同汉武帝东巡，然途中身染重病，滞留在洛阳，没有能够参加汉武帝祭祀天地的封禅典礼，甚为遗憾。临终前他叫回了奉命出使西南的儿子司马迁，在病榻前嘱托儿子继承祖辈遗志，接续祖先的史官事业，完成史学巨作的撰写。

2. 李陵之祸

天汉二年（公元前99年）夏天，汉武帝派贰师将军李广利领兵讨伐匈奴，另派李陵随从李广利押运辎重。贰师将军李广利为汉武帝宠妃李夫人和协律都尉李延年之兄，甚得武帝赏识。李陵为名将李广之孙，善骑射。李广利统领汉军三万骑兵从酒泉出发，攻击在天山一带活动的右贤王；李陵带领五千步兵，向北行进。在浚稽山，李陵遭遇单于，被单于带领的三万多匈奴主力骑兵包围。李陵不急不慌，以大车作为营垒，经过八昼夜的战斗，带领士兵杀敌近万人。匈奴士气低迷，单于开始考虑撤兵，然而汉军中的一个叛徒却向单于说明了实情：汉军箭矢将尽，也没有援兵。于是单于调集匈奴主力八万大军围攻李陵。李陵兵败被俘，汉军只有百余人逃回边关。另一路由贰师将军李广利率领的汉军主力也铩羽而归。两条战线均以失败告终。

兵败的消息传到长安后，武帝震怒万分，谁为失败负责呢？向来刚愎自用的汉武帝绝不可能承认自己指挥有误，作为贵戚的李广利也不可能受到惩罚，战争失利的责任就只好由李陵承担。善于阿谀奉承的大臣们，都不肯为李陵辩护，纷纷要求严惩李陵。只有司马迁站了出来，说李陵平时孝顺母亲、善待士卒，作战时奋不顾身，此次失利，李陵以五千之兵与敌人殊死战斗，搏杀数万敌军，遭重围而败，但他的战绩却足以震慑敌军、传扬天下，他如今之所以被俘而不死，应该是为了立功赎罪以报效朝廷。司马迁的直言触怒了汉武帝，于是汉武帝下令将司马迁打入大牢。但另一方面，司马迁的谏言又似乎触动了汉武帝，他派出公孙敖伺机营救李陵。公孙敖营救未果，却谎报消息，称李陵投降了匈奴，还为单于训练骑兵，用来对抗汉朝。武帝大怒，诛杀了李陵全家老小，为李陵辩护的司马迁也被坐实了巫妄之罪，按照汉律当死。据汉律，死刑有两种减免办法：一是拿出五十万钱赎罪，二是受腐刑。司马迁因为"家贫，货赂不足以自赎"，于是只能在死与腐刑二者之间做选择。腐刑既残酷地摧残人体，也极大地侮辱人格，司马迁当然不愿意忍受这样的刑罚，悲痛欲绝的他甚至想到了自杀，可后来他想到，人总有一死，"或重于泰山，或轻于鸿毛"，死得轻重意义是不同的。尤其在狱中时，他想起了众多历经磨难终成大业的先贤圣人，想到父亲临终的重托和史官责任，最终他还是毅然选择了接受腐刑，忍辱活着，完成这部名垂千古的史学巨著。

3. 司马迁的修史理想

司马迁在《报任安书》中写道:“仆窃不逊,近自托于无能之辞,网罗天下放失旧闻,考之行事,稽其成败兴坏之理,凡百三十篇,亦欲以究天人之际,通古今之变,成一家之言。”这段话是他修史理想最直接的表述,其核心为“究天人之际,通古今之变,成一家之言”。

所谓“究天人之际”,是指探讨天道自然与人类社会的关系。受时代氛围的影响,司马迁的思想不可避免地带有其历史局限性,但从《史记》全书看来,他还是能从基本史实出发,客观公正地记述人物的生平,即便是争议巨大的人物,如秦始皇、太后吕雉,他都能从多重角度进行记述,基本上摆脱了天命论的影响。

所谓“通古今之变”,就是在探寻三千年历史的发展变化过程中,找出背后深层的内部规律。历史事件的发生是偶然的,但其发生背后有着必然的规律。这既突出了司马迁对治乱兴衰规律的总结,也表现了他进步的政治思想。

所谓“成一家之言”,即司马迁深受儒家思想的影响,立德、立功、立言的“三不朽”思想是他人生的信念,心有郁结,愤而发之,秉笔直书,终创百科全书式的一家之言。

(四)思考探究

1. 司马迁的正直品格与不屈精神造就了《史记》,谈谈你对司马迁受刑后仍然继续写作《史记》这一行为的看法。

2. 结合《报任安书》和《太史公自序》,谈谈司马迁的生死观。

二、人文初祖 轩辕黄帝

《五帝本纪》是《史记》的第一篇，司马迁认为中华民族历史的开端始自远古传说中的五位帝王，即黄帝、颛顼、帝喾、尧、舜，他们分别为五个部落的首领。这些氏族部落首领带领自己的部族征战四方、斩杀凶兽、种植农桑、开垦良田、治理洪水、观测天文、推演历法，共同构成了中华民族的主干，造就了我国璀璨的原始社会文化。

在司马迁的记述下，黄帝的形象已经逐渐脱离了神话传说的色彩，脱胎为有血有肉的历史人物。黄帝是生活在今河南郑州一带的有熊部族的首领，随着部落势力的扩张，中原各部族被黄帝统合在一起，形成了一个紧密的联盟，而黄帝也被推举为部落联盟首领。这一部落联盟以后逐渐形成华夏族，因此后人尊崇炎帝和黄帝为中华民族的人文初祖。

（一）探寻人物踪迹

黄帝名轩辕，居住在轩辕之丘（今河南郑州市轩辕丘）。相传黄帝的正妃嫘祖能够驯养蚕虫，教人缫丝，织绸做衣，故被称为“先蚕”。黄帝的子孙后裔众多，有子二十五人，其中十四人有姓。五帝中的其余四位，即颛顼、帝喾、唐尧、虞舜，和后世的夏、商、周三朝君主都是黄帝的子孙。史书记载黄帝以土德旺天下，土为黄色，故号为黄帝。黄帝生活的时期，正处于炎帝势力衰落之时，各部落不服炎帝管治，互相攻伐，黄帝率领部落四处征战，征服了各大部落，统一了中原地区。黄帝统治时期，设置了分类详细的职官，教会百姓建造舟车、制定音律、首创医学，建立起独特的基于农业的中华文明。

（二）品味经典佳作

黄帝者，少典之子，姓公孙，名曰轩辕。生而神灵，弱而能言，幼而徇齐，长而敦敏，成而聪明。

轩辕之时，神农氏世衰。诸侯相侵伐，暴虐百姓，而神农氏弗能征。于是轩辕乃习用干戈，以征不享，诸侯咸来宾从。而蚩尤最为暴，莫能伐。炎帝欲侵陵诸侯，诸侯咸归轩辕。轩辕乃修德振兵，治五气，蓺五种，抚万民，度四方，教熊罴貔貅貙虎，以与炎帝战于阪泉之野。三战，然后得其志。蚩尤作乱，不用帝命。于是黄帝乃征师诸侯，与蚩尤战于涿鹿之野，遂禽杀蚩尤。而诸侯咸尊轩辕为天子，代神农氏，是为黄帝。天下有不顺者，黄帝从而征之，平者去之，披山通道，未尝宁居。

东至于海，登丸山，及岱宗。西至于空桐，登鸡头。南至于江，登熊、湘。北逐荤粥，合符釜山，而邑于涿鹿之阿。迁徙往来无常处，以师兵为营卫。官名皆以云命，为云师。置左右大监，监于万国。万国和，而鬼神山川封禅与为多焉。获宝鼎，迎日推策。举风后、力牧、常先、大鸿以治民。顺天地之纪，幽明之占，死生之说，存亡之难。时播百谷草木，淳化鸟兽虫蛾，旁罗日月星辰水波土石金玉，劳勤心力耳目，节用水火材物。有土德之瑞，故号黄帝。

黄帝二十五子，其得姓者十四人。

黄帝居轩辕之丘，而娶于西陵之女，是为嫘祖。嫘祖为黄帝正妃，生二子，其后皆有天下：其一曰玄嚣，是为青阳，青阳降居江水；其二曰昌意，降居若水。昌意娶蜀山氏女，曰昌仆，生高阳，高阳有圣德焉。黄帝崩，葬桥山。其孙昌意之子高阳立，是为帝颛顼也。

1. 译文阐释

黄帝，是少典部族的后代，姓公孙，名字叫轩辕。他很小的时候就会说话，年幼时机智而聪敏，长大后笃实而灵活，成年后心思细巧、理解力强。

轩辕生活的时代，神农氏的统治力衰落，各地诸侯之间相互攻伐，残暴地对待平民百姓，而神农氏却没有力量去征讨。因而轩辕学习军事，以武力征讨那些不来朝拜的人，于是诸侯都顺从并追随他。然而蚩尤（所在的部落）格外残暴，没有人能征服他。炎帝想要侵犯诸侯，诸侯都投奔轩辕。于是轩辕以德行理政，重整军队，研究气候的变化，种植多种粮食作物，安抚百姓，丈量土地，训练熊罴貔貅貙虎（这些猛兽为图腾的部落）的士兵，然后与炎帝在阪泉之地的郊外进行作战。打了三次，终于如愿获得了胜利。此时，蚩尤又发兵作乱，不听从黄帝的命令，黄帝征调诸侯的军队，在涿鹿之地的郊外和蚩尤作战，最终擒获并杀死了蚩尤。于是诸侯都尊奉轩辕为天子，替代了神农氏，这就是黄帝。普天之下有不归顺的部落，黄帝就去征讨，直到平定后才离去，劈山通路，从来没有在某个地方安稳居住过。

（黄帝）向东到过大海，登临过丸山和五岳之首的泰山。向西到过空桐，登临鸡头山。南面到过长江，登临了熊山和湘山。向北驱逐了荤粥，在釜山与诸侯合验符信，在涿鹿的山脚下建立了城邑。（黄帝）四处迁徙，没有固定的居所，把军队作为护卫。（黄帝百官的）官名都以云来命名，称为云师。设置左右大监，监察诸侯。天下各国安定和平，祭祀册封大量鬼神、山川之神的事情，在黄帝时发生的最多。（黄帝）得到宝鼎后，观测太阳运行规律，推算历法。（黄帝）任用风后、力牧、常先、大鸿等人治理。（黄帝）顺应天地四季的自然时序，推演昼夜的变化规律，论说生死的道理，分析存亡的原因。（黄帝）按时节播种百谷草木，驯养鸟兽和家蚕，观测日月星辰制定历法，开采土石金玉以供民需，饱受辛劳，节俭地使用水、火和各种物品。（黄帝）有土这种属性的祥瑞，所以其帝号为黄帝。

黄帝有二十五个儿子，拥有自己姓氏的有十四人。

黄帝居住在轩辕山，娶西陵国之女为妻，这就是嫘祖。嫘祖是黄帝的正妃，生下两个儿子，他们的后人都统治过天下：一个儿子叫玄嚣（即少昊），也就是青阳，青阳被封为诸侯，居住在江水之畔；另一个儿子叫昌意，居住在若水之畔。昌意娶蜀山氏之女，生子名为昌仆，（昌仆）生下高阳，高阳拥有圣人的德行。黄帝死后，安葬在桥山，他的孙子，也就是昌意的儿子高阳被立为新君，这就是颛顼帝。

2. 深层解读

追溯中华文明的源头，黄帝时期是一个极为重要的时期。根据已有的文献记载和考古发现，中华民族至少在黄帝时期经历了第一次民族融合，各大原始部落的冲突与交流，促使华夏族即后世的中华民族登上历史舞台。黄帝作为中华民族的人文初祖，创造了灿烂的古代中华文明。在漫长的历史岁月中，中华文明历经沉淀，显现出强大的凝聚力，成为中华民族共同的心理文化记忆。

（三）知识拓展

1. 黄帝祭典

“三月三，拜轩辕”，每逢农历三月初三，一场隆重的缅怀先祖的祭祀活动就会如约在黄帝故里举行，海内外中华儿女齐聚此地，共同表达对祖先的纪念和共祝国家繁荣昌盛的心愿。

落叶归根、追思先祖的情怀，根植在中国人内心深处。轩辕黄帝作为中华民族的人文初祖，是中华儿女血脉相连的显现。关于黄帝的祭祀活动几千年前已有，《国语 · 鲁语》有载：“有虞氏禘黄帝而祖颛顼，郊尧而宗舜；夏后氏禘黄帝而祖颛顼，郊鲧而宗禹；商人禘舜而祖契，郊冥而宗汤；周人禘喾而郊稷，祖文王而宗武王。”这是关于黄帝祭祀的最早记述。几千年来，伴随着历史的演进，黄帝祭典活动也在多地出现。比较有影响力的有：黄帝故里拜祖大典，农历三月初三在河南省新郑市举行；公祭轩辕黄帝大典，每年清明节在陕西省黄陵县举行；中国仙都祭祀轩辕黄帝大典，每年重阳节在浙江省丽水市缙云县举行。近些年，黄帝祭典活动越来越受到广泛关注，祭祀的规模也日渐隆重。祭典活动发挥着不可替代的促进民族认同和团结的作用，通过祭祀黄帝，华夏共祖、各民族一体、天下一家的观念代代传承，祭典活动积淀的精神文化内涵对于启迪后人研究中华文化发展脉络，探索中华文化之源都有着积极的作用。

2. 古代部族的融合

在黄帝时代，生活着以姜、姬姓为主的炎、黄部落群，他们活动在黄河中游、关中平原等广大地区；东方淮泗之地以及长江下游主要区域，是风、嬴、偃诸姓为主的夷族部落群的地盘，豫西南山地和丹水、汉水、长江中游一带，生活着苗蛮部落。这些部落多以农耕为主，同时也兼顾采集野果、外出打猎、饲养家畜的生活。各部落之间交往频繁，文化发展上各具特色、相互影响。

炎帝以神农为号，其部落善于农耕。黄帝登上历史舞台，神农氏开始衰微。此后，黄帝与炎帝部落发展成为中原地区最具实力的军事集团，并在与东夷的斗争中结为部落联盟。

东夷部落群最古老的是太昊部落，他们以龙为图腾，过着渔猎生活。少昊衰弱后，取而代之的是九黎（九夷）部落，相传其首领蚩尤三头六臂、骁勇善战，他率领八十一位兄弟，带领东夷部落群与黄帝进行了大战，《史记》和《山海经》对此都有相关记载。《山海经·大荒北经》中这样记述这场战役："蚩尤作兵伐黄帝，黄帝乃令应龙攻之冀州之野。应龙畜水。蚩尤请风伯雨师，纵大风雨。黄帝乃下天女曰魃，雨止，遂杀蚩尤。"

苗蛮（三苗）部落联盟，最有影响力的部落首领叫驩兜，后与舜相争失败，被放逐于崇山。

远古时期，众多大大小小的部落既斗争又融合，形成了国家雏形，加速了社会的发展步伐，也加快了中华文明的历史进程。

（四）思考探究

1. 以黄帝为首的原始社会部族首领，在中华文明发展进程中有着不可磨灭的作用，请结合这些史实，谈谈个人在团队中的作用。

2. 惠民生、得民心，是黄帝带领部族成功的关键，这对我们有何启示？

3. 谈谈黄帝一统天下之路。

三、千古一帝　始皇传奇

《史记》是中国历史著作中文学性最强的作品之一，它首次使用了以人物传记为中心的纪传体，涉及四千余人物，可谓一幅壮阔的历史人物画卷。在选取人物入传时，司马迁除了按照惯例为帝王将相立传外，还收录了许多来自下层的闾巷之人，这使得《史记》所收的人物非常广泛，许多人物性格鲜明，形象栩栩如生。如《秦始皇本纪》通过众多典型的事例，或借助他人之口，将一位有血有肉的秦始皇展示了出来。司马迁笔下的秦始皇，既是一位杰出的政治家，又是一位残暴的君主。但要注意的是，《史记》是史学作品，并非小说，司马迁的写作目的是记述历史事实。

（一）探寻人物踪迹

秦始皇（公元前 259—前 210），嬴姓，赵氏，名政。秦庄襄王与赵姬之子。秦庄襄王为秦孝文王之子，本名异人，不受宠，被派到赵国邯郸为人质。长平之战，秦军坑杀赵军40多万人，秦赵结怨。异人担心在邯郸人身安全无法保证，抛下赵政母子，在吕不韦的帮助下，逃离邯郸。异人为取悦秦孝文王的宠妃华阳夫人，改名子楚（华阳夫人为楚国人），被华阳夫人收为义子，最终被秦孝文王立为太子。秦孝文王薨，异人继位，是为秦庄襄王。公元前247年，秦庄襄王薨，13岁的赵政被接回秦国，即秦王王位。但却因年幼，大权旁落相国吕不韦之手。公元前238年，22岁的嬴政加冠亲政，开始了他巩固政权的斗争之旅。

（二）品味经典佳作

秦始皇帝者，秦庄襄王子也。庄襄王为秦质子于赵，见吕不韦姬，悦而取之，生始皇。以秦昭王四十八年正月生于邯郸。及生，名为政，姓赵氏。年十三岁，庄襄王死，政代立为秦王。当是之时，秦地已并巴、蜀、汉中，越宛有郢，置南郡矣；北收上郡以东，有河东、太原、上党郡；东至荥阳，灭二周，置三川郡。吕不韦为相，封十万户，号曰文信侯。招致宾客游士，欲以并天下。李斯为舍人。蒙骜、王齮、麃公等为将军。王年少，初即位，委国事大臣。

晋阳反，元年，将军蒙骜击定之。二年，麃公将卒攻卷，斩首三万。三年，蒙骜攻韩，取十三城。王齮死。十月，将军蒙骜攻魏氏畼、有诡。岁大饥。四年，拔畼、有诡。三月，军罢。秦质子归自赵，赵太子出归国。十月庚寅，蝗虫从东方来，蔽天。天下疫。百姓内粟千石，拜爵一级。五年，将军骜攻魏，定酸枣、燕、虚、长平、雍丘、山阳城，皆拔之，取二十城。初置东郡。冬雷。六年，韩、魏、赵、卫、楚共击秦，取寿陵。秦出兵，五国兵罢。拔卫，迫东郡，其君角率其支属徙居野王，阻其山以保魏之河内。七年，彗星先出东方，见北方，五月见西方。将军骜死。以攻龙、孤、庆都，还兵攻汲。彗星复见西方十六日。夏太后死。八年，王弟长安君成蟜将军击赵，反，死屯留，军吏皆斩死，迁其民于临洮。将军壁死，卒屯留、蒲鶮反，戮其尸。河鱼大上，轻车重马东就食。

嫪毐封为长信侯。予之山阳地，令毐居之。宫室车马衣服苑囿驰猎恣毐。事无小大皆决于毐。又以河西太原郡更为毐国。九年，彗星见，或竟天。攻魏垣、蒲阳。四月，上宿雍。己酉，王冠，带剑。长信侯毐作乱而觉，矫王御玺及太后玺以发县卒及卫卒、官骑、戎翟君公、舍人，将欲攻蕲年宫为乱。王知之，令相国昌平君、昌文君发卒攻毐。战咸阳，斩首数百，皆拜爵，及宦者皆在战中，亦拜爵一级。毐等败走。即令国中：有生得毐，赐钱百万；杀之，五十万。尽得毐等。卫尉竭、内史肆、佐弋竭、中大夫令齐等二十人皆枭首。车裂以徇，灭其宗。及其舍人，轻者为鬼薪。及夺爵迁蜀四千余家，家房陵。四月寒冻，有死者。杨端和攻衍氏。彗星见西方，又见北方，从斗以南八十日。十年，相国吕不韦坐嫪毐免。桓齮为将军。齐、赵来置酒。齐人茅焦说秦王曰：“秦方以天下为事，而大王有迁母太后之名，恐诸侯闻之，由此倍秦也。”秦王乃迎太后于雍而入咸阳，复居甘泉宫。

大索，逐客。李斯上书说，乃止逐客令。李斯因说秦王，请先取韩以恐他国，于是使斯下韩。韩王患之，与韩非谋弱秦。大梁人尉缭来，说秦王曰："以秦之强，诸侯譬如郡县之君，臣但恐诸侯合从，翕而出不意，此乃智伯、夫差、湣王之所以亡也。原大王毋爱财物，赂其豪臣，以乱其谋，不过亡三十万金，则诸侯可尽。"秦王从其计，见尉缭亢礼，衣服食饮与缭同。缭曰："秦王为人，蜂准，长目，挚鸟膺，豺声，少恩而虎狼心，居约易出人下，得志亦轻食人。我布衣，然见我常身自下我。诚使秦王得志于天下，天下皆为虏矣。不可与久游。"乃亡去。秦王觉，固止，以为秦国尉，卒用其计策。而李斯用事。

1. 译文阐释

秦始皇是秦庄襄王的儿子。秦庄襄王在赵国做人质时，遇到了吕不韦的歌姬，非常喜爱，就娶了她，生下了秦始皇。秦昭王四十八年正月，秦始皇出生在邯郸。出生以后，取名为政，以赵为姓氏。他十三岁时，秦庄襄王驾崩，赵政继位为秦王。此时，秦国已经吞并了巴蜀、汉中等地，越过宛地占据了郢都，设置了南郡；向北收取了上郡以东的地域，占有河东、太原、上党等郡；东到荥阳，攻灭了西周、东周两个小国，设立了三川郡。吕不韦拜为相国，赏封十万户，号为文信侯。（秦国）招揽各地宾客游士，想要吞并天下。李斯当时还只是一介门客舍人。蒙骜、王齮、麃公等人拜为将军。秦王年纪尚幼，刚刚即位，国事都委托给大臣们处理。

晋阳发生了叛乱，（秦王即位）元年，将军蒙骜攻打（晋阳）平定了叛乱。（秦王即位）第二年，麃公率兵攻打卷地，杀死了三万敌军。（秦王即位）第三年，蒙骜攻打韩国，攻克了十三座城池。王齮死了。十月份,将军蒙骜攻打魏国畼、有诡两地。这一年出现了饥荒。(秦王即位)第四年,畼、有诡两地被攻下。三月,(秦国)撤回了军队。秦国的人质从赵国归国,赵国太子也离开秦国回到赵国。十月庚寅日,蝗虫从东方飞来,铺天盖地,四海之内瘟疫盛行。百姓缴纳粮食一千石,就可以授以爵位一级。(秦王即位)第五年,将军蒙骜攻打魏国,平定酸枣、燕、虚、长平、雍丘、山阳城等地,这些地方都被攻克了,一共占领了二十个城池。(秦国在今河南濮阳市)初次设置了东郡。这年冬天打雷了。(秦王即位)第六年,韩国、魏国、赵国、卫国、楚国五国联合起来攻打秦国,夺取了寿陵。秦国派出了军队,五国的军队撤了回来。(秦国)占领卫国,逼近了东郡,卫国国君角带着他的宗族迁居到野王这个地方,凭借着此地险峻的山势,保住了魏国的河内地区。(秦王即位)第七年,彗星先是在东方的天空出现,又在北方的天空出现,五月又在西方的天空出现了。将军蒙骜攻打龙、孤、庆都等地时战死了,(秦军)回师进攻汲邑。彗星又在西方出现十六天。夏太后死。(秦王即位)第八年,秦王弟弟长安君成蟜率领军队攻打赵国,在屯留举兵反叛,他手下的军官都被斩杀了,屯留的百姓都被迁往临洮。前来讨伐成蟜的将军自杀了,参与屯留、蒲鶮反叛的士兵被杀,尸体被鞭戮。河里的鱼大批涌到河岸上,人们驾着车马前往东方寻找食物。

嫪毐被封为长信侯。赐给他山阳之地,让他在这里居住。宫室、车马、服饰、园林、打猎都随他的心意。事无论大小,都由嫪毐专断。又将河西太原郡封为嫪毐的封国。(秦王即位)第九年,彗星出现,光芒划过天空。(秦军)攻取首垣、蒲阳两地。四月,(秦王)在旧都雍地留宿。己酉日,秦王举行了成年加冠礼,佩宝剑(以示成年亲政)。长信侯嫪毐叛乱的阴谋被发觉了,他假借秦王的玉玺和太后的印信,调动县邑的军队、侍卫,国家骑兵、戎翟的首领、家臣等,准备攻打蕲年宫作乱。秦王知晓后,命令相国昌平君、昌文君发兵攻打嫪毐。在咸阳城的交战中,参与斩杀敌人的数百人,都被赏赐了爵位。甚至参加战事的宦者,也授予一级爵位。嫪毐等人败退而逃。(秦王)立即在全国范围内悬赏:生擒嫪毐者,赏金一百万钱;杀掉嫪毐者,赏金五十万钱。嫪毐等人全被活抓。卫尉竭、内史肆、佐弋竭、中大夫令齐等二十人被砍头悬挂示众。(嫪毐)被当众五马分尸,他的宗族被夷灭。他的门客家臣,罪行轻的被处以鬼薪之刑(从事重体力劳作)。削去爵位迁徙至蜀地的有四千多家,(这些人)在房陵县安家。(他们迁徙)这个月十分寒冷,有被冻死的人。杨端和攻克魏国的衍氏邑。彗星在西方的天空出现,在北方的天空出现,跟随着北斗星一路向南移动了八十天。(秦王即位)第十年,相国吕不韦受嫪毐牵连而被免。桓齮任将军。齐国和赵国派来使者,置办酒宴祝贺。齐国人茅焦劝说秦王:“秦国以统治天下为要事,然而秦王您却有放逐母亲赵太后之名,恐怕诸侯听说了,由此会背离秦国啊。”于是秦王才把赵太后从雍地迎回咸阳,让她仍然居住在甘泉宫。

(秦王)大肆搜索、驱逐来秦国做客卿的他国之人,李斯上书劝阻,(秦王)才废弃了驱逐客卿的法令。李斯因此劝说秦王,先攻打韩国,以威慑其他诸侯国,于是(秦王)派李斯攻打韩国。韩王很忧虑,与韩非商量削弱秦国的方法。大梁人尉缭来到(秦国），游说秦王："与强大的秦国相比，诸侯就像郡县的郡守，微臣只担心诸侯联合，出其不意地迅速攻打秦国，这是智伯、夫差、湣王之所以身死国灭的原因呀。希望大王您不要吝惜钱物，贿赂（诸侯）的大臣，打乱他们（合纵的）谋划，您失去的不过是区区三十万金，而诸侯却可以被完全消灭。"秦王听从了他的计谋，每次传见尉缭时都以相同规格的礼仪相待，衣服饮食也与尉缭一般无二。尉缭说："秦王这个人，长着高鼻梁，狭长的眼睛，胸骨很高，声音好似豺狼，对人刻薄，心如虎狼，求于人时容易对人谦卑，得志之时也会轻易噬人。我不过一介布衣，然而（秦王）接见我时，常常甘居人下。如果秦王如其所愿得到天下，天下都要成为他的奴仆了，我不能再和他朝夕相处了。"于是（尉缭）逃亡而去。秦王发觉了，坚决地劝止（尉缭），让他做秦国国尉，最终采用了他的计谋。李斯当朝执政。

2. 深层解读

司马迁在《秦始皇本纪》中记述这位千古一帝时，展现出了一位立体的君王形象。司马迁从秦始皇的童年、青少年写起，这是人生最重要的阶段，直接影响个人性格与行为方式的形成。童年朝不保夕的生活环境与少年时期权力被架空的经历，养成了秦始皇双面的性格特征，面对强敌和逆境时他往往会选择隐忍、克制，而当其有能力亲政时又展现出超强的统御指挥能力和对政敌的残忍无情。

（三）知识拓展

1. 史书的体例

历史是丰富多彩的，中国历朝历代都十分重视记录历史，负责史书编撰的史官从不同角度认识和反映历史，因此史书的编写形式迥然不同，出现了众多不同体例的史书。

编年体按时间的演进，以年、月、日为中心记述史事。编年体更尊重历史的自然进程，能够清晰地反映出史实发生的顺序和时代背景。孔子编纂的《春秋》和被称为“春秋三传”的《春秋左氏传》《春秋公羊传》《春秋穀梁传》以及《资治通鉴》都属于此类。编年体是最早出现的，也是最简明的史书编写方法，但也有不尽如人意的地方，比如不易集中记录历史事件的前因后果。

纪传体从历史人物活动的角度出发，通过为人物立传的方式记述历史。从《史记》开始到《明史》为止的二十四部中国正史，均以纪传体编撰。

纪事本末体以事件为中心，将分散的历史材料按照专篇进行排列，各篇又按年、月的顺序编写。纪事本末体兼具编年体、纪传体的双层优点，记事详尽，《通鉴纪事本末》《宋史纪事本末》《元史纪事本末》《明史纪事本末》均属于此类。

国别体以国（诸侯国）为线索编排相关历史事件，最早的一部国别体史书是相传左丘明所作的《国语》，汉代初期刘向编订的《战国策》也属于此类。

2. 秦始皇的功与过

秦始皇是第一位统一中国的君主。他建立了中国历史上第一个君主中央集权国家，开创了中国全新的历史，却备受争议。

嬴政 13 岁就继承王位，成为新任秦王，却直到 22 岁才得以亲政。作为一位年轻的君王，他面临着一系列内政外交问题。他继位之初，秦国已通过几代君主的努力，疆域得到了较大的拓展，但连年的征战带来的饥荒、蝗灾、瘟疫，韩、魏、赵、卫、楚等国的联合，都对他的亲政提出了不小的挑战。对内，相国吕不韦把持朝政形成的盘根错节的政治势力，弟弟长安君成蟜临阵投敌，“假父”嫪毐密谋叛乱，都考验着这位年轻的君王。在平定嫪毐叛乱的过程中，秦王嬴政开始了他对权力的真正掌握，并自此开启了他的霸业。

秦王嬴政采取李斯的建议广纳人才，励精图治，继续施行秦国已有的远交近攻的策略，用了短短十年左右的时间，灭掉了六国，结束了春秋战国以来长期的纷乱。秦王嬴政认为自己“德兼三皇，功过五帝”，于是取三皇之“皇”、五帝之“帝”，合为“皇帝”，自称“始皇帝”。之后，他进行了一系列的改革，继续推行郡县制，建立了一套相当完整的中央集权制度和政权机构，促进了行政效率的提升和中央对地方的管辖；在全国范围内推行小篆，保证行政命令及时传达，增进了不同地域文化的交融；统一度量衡和币制，方便了商品的交换和物资的交流，推动了经济的发展；统一全国的车辆形制和道路宽窄，有利于促进经济的交流发展。

但在辉煌的成绩背后，秦始皇的骄横残暴、滥用民力、横征暴敛、严刑酷法，也使得历史上对他的争议从未停息。

（四）思考探究

1. 对历史人物的评价是一个永恒的历史课题。秦始皇，有人说他是千古一帝，有人说他是残酷的暴君。对此，你有什么看法？请用史实说明你的观点。

2. 试分析《史记》被称为“史家之绝唱，无韵之离骚”的原因。

四、闾巷英豪　刺客列传

春秋战国时期，诸侯之间的争霸斗争日益激烈，在此背景下，一个特殊的职业群体——刺客，进入了人们的视野之中。关于这个特殊群体的记述，散见于《左传》《战国策》等史书中，并未有系统的记述。司马迁将已有的关于刺客的零散记载加以系统整理，以列传的形式保留在《史记》中。《刺客列传》记录了一批出身布衣，却心中怀有追求与抱负的刺客。对于曹沫、专诸、豫让、聂政、荆轲这些刺客而言，功名利禄并非他们与权贵倾心相交的初心，知遇之恩才是他们殒身而不恤的真正原因。这种“义不畏死，舍生取义”的侠义精神、“士为知己者死”的精神信念成为后世中国人侠义精神的核心元素。

（一）探寻人物踪迹

《刺客列传》位列《史记》列传第二十六，司马迁运用五千余字笔墨，以时间为线索，记述了春秋初叶至战国末年的五位刺客曹沫、专诸、豫让、聂政、荆轲的事迹。

春秋战国时期刺客众多，被司马迁记载的五位刺客无一不是反抗强暴、惩恶扬善、重义轻生的代表。相较于其他三位而言，豫让和聂政知名度略逊一筹，但他们同样秉持“士为知己者死”的人生信念，无一不体现了司马迁本人的精神追求与人生体验。

豫让（？—前425），春秋战国之际晋国著名刺客。春秋战国之际晋国有六位实力强大的卿大夫，豫让先后侍奉其中的范氏、中行氏，都不受重用，后为智伯（亦作荀瑶、智伯瑶）所赏识。智伯死后，豫让吞炭毁容为其报仇而亡。

聂政（？—前397），战国时韩国轵（今河南济源南）人。聂政为报严仲子知遇之恩，行刺韩相侠累而亡。相传中国古琴曲《广陵散》（又名《聂政刺韩王曲》）即改编自聂政刺韩的故事。

（二）品味经典佳作

豫让者，晋人也，故尝事范氏及中行氏，而无所知名。去而事智伯，智伯甚尊宠之。及智伯伐赵襄子，赵襄子与韩、魏合谋灭智伯，灭智伯之后而三分其地。赵襄子最怨智伯，漆其头以为饮器。豫让遁逃山中，曰：“嗟乎！士为知己者死，女为说己者容。今智伯知我，我必为报仇而死，以报智伯，则吾魂魄不愧矣。”乃变名姓为刑人，入宫涂厕，中挟匕首，欲以刺襄子。襄子如厕，心动，执问涂厕之刑人，则豫让，内持刀兵，曰：“欲为智伯报仇！”左右欲诛之。襄子曰：“彼义人也，吾谨避之耳。且智伯亡无后，而其臣欲为报仇，此天下之贤人也。”卒释去之。

居顷之，豫让又漆身为厉，吞炭为哑，使形状不可知，行乞于市。其妻不识也。行见其友，其友识之，曰："汝非豫让邪?"曰："我是也。"其友为泣曰："以子之才，委质而臣事襄子，襄子必近幸子。近幸子，乃为所欲，顾不易邪？何乃残身苦形，欲以求报襄子，不亦难乎!"豫让曰："既已委质臣事人，而求杀之，是怀二心以事其君也。且吾所为者极难耳！然所以为此者，将以愧天下后世之为人臣怀二心以事其君者也。"

既去，顷之，襄子当出，豫让伏于所当过之桥下。襄子至桥，马惊，襄子曰："此必是豫让也。"使人问之，果豫让也。于是襄子乃数豫让曰："子不尝事范、中行氏乎？智伯尽灭之，而子不为报仇，而反委质臣于智伯。智伯亦已死矣，而子独何以为之报仇之深也?"豫让曰："臣事范、中行氏，范、中行氏皆众人遇我，我故众人报之。至于智伯，国士遇我，我故国士报之。"襄子喟然叹息而泣曰："嗟乎豫子！子之为智伯，名既成矣，而寡人赦子，亦已足矣。子其自为计，寡人不复释子!"使兵围之。豫让曰："臣闻明主不掩人之美，而忠臣有死名之义。前君已宽赦臣，天下莫不称君之贤。今日之事，臣固伏诛，然愿请君之衣而击之。焉以致报仇之意，则虽死不恨。非所敢望也，敢布腹心!"于是襄子大义之，乃使使持衣与豫让。豫让拔剑三跃而击之，曰："吾可以下报智伯矣!"遂伏剑自杀。死之日，赵国志士闻之，皆为涕泣。

…………

聂政者，轵深井里人也。杀人避仇，与母、姊如齐，以屠为事。

久之，濮阳严仲子事韩哀侯，与韩相侠累有郤。严仲子恐诛，亡去，游求人可以报侠累者。至齐，齐人或言聂政勇敢士也，避仇隐于屠者之间。严仲子至门请，数反，然后具酒自畅聂政母前。酒酣，严仲子奉黄金百溢，前为聂政母寿。聂政惊怪其厚，固谢严仲子。严仲子固进，而聂政谢曰："臣幸有老母，家贫，客游以为狗屠，可以旦夕得甘毳以养亲。亲供养备，不敢当仲子之赐。"严仲子辟人，因为聂政言曰："臣有仇，而行游诸侯众矣；然至齐，窃闻足下义甚高，故进百金者，将用为大人粗粝之费，得以交足下之驩，岂敢以有求望邪！"聂政曰："臣所以降志辱身居市井屠者，徒幸以养老母；老母在，政身未敢以许人也。"严仲子固让，聂政竟不肯受也。然严仲子卒备宾主之礼而去。

久之，聂政母死。既已葬，除服，聂政曰："嗟乎！政乃市井之人，鼓刀以屠；而严仲子乃诸侯之卿相也，不远千里，枉车骑而交臣。臣之所以待之，至浅鲜矣，未有大功可以称者，而严仲子奉百金为亲寿，我虽不受，然是者徒深知政也。夫贤者以感忿睚眦之意而亲信穷僻之人，而政独安得嘿然而已乎！且前日要政，政徒以老母；老母今以天年终，政将为知己者用。"乃遂西至濮阳，见严仲子曰："前日所以不许仲子者，徒以亲在；今不幸而母以天年终。仲子所欲报仇者为谁？请得从事焉！"严仲子具告曰："臣之仇韩相侠累，侠累又韩君之季父也，宗族盛多，居处兵卫甚设，臣欲使人刺之，终莫能就。今足下幸而不弃，请益其车骑壮士可为足下辅翼者。"聂政曰："韩之与卫，相去中间不甚远，今杀人之相，相又国君之亲，此其势不可以多人，多人不能无生得失，生得失则语泄，语泄是韩举国而与仲子为仇，岂不殆哉！"遂谢车骑人徒。

聂政乃辞，独行杖剑至韩，韩相侠累方坐府上，持兵戟而卫侍者甚众。聂政直入，上阶刺杀侠累，左右大乱。聂政大呼，所击杀者数十人，因自皮面决眼，自屠出肠，遂以死。

韩取聂政尸暴于市，购问莫知谁子。于是韩县购之，有能言杀相侠累者予千金。久之莫知也。

政姊荣闻人有刺杀韩相者，贼不得，国不知其名姓，暴其尸而县之千金，乃于邑曰："其是吾弟与？嗟乎，严仲子知吾弟！"立起，如韩，之市，而死者果政也，伏尸哭，极哀，曰："是轵深井里所谓聂政者也。"市行者诸众人皆曰："此人暴虐吾国相，王县购其名姓千金，夫人不闻与？何敢来识之也？"荣应之曰："闻之。然政所以蒙污辱自弃于市贩之间者，为老母幸无恙，妾未嫁也。亲既以天年下世，妾已嫁夫，严仲子乃察举吾弟困污之中而交之，泽厚矣，可奈何！士固为知己者死，今乃以妾尚在之故，重自刑以绝从，妾其奈何畏殁身之诛，终灭贤弟之名！"大惊韩市人。乃大呼天者三，卒于邑悲哀而死政之旁。

晋、楚、齐、卫闻之，皆曰："非独政能也，乃其姊亦烈女也。乡使政诚知其姊无濡忍之志，不重暴骸之难，必绝险千里以列其名，姊弟俱僇于韩市者，亦未必敢以身许严仲子也。严仲子亦可谓知人能得士矣！"

1. 译文阐释

豫让，是晋国人，原来曾经侍奉过范氏及中行氏（均为晋国实力强大的卿大夫），却不为人所知。（他）离开（这两家）去侍奉智伯，智伯特别推崇、尊敬他。等到智伯攻打赵襄子时，赵襄子联合韩氏、魏氏以计诛灭了智伯，智伯被消灭后，（赵襄子、韩氏、魏氏）三家瓜分他的封地。赵襄子最怨恨智伯，他将智伯的头颅做成漆器用来饮酒。豫让逃到山里，说："唉！志士为了赏识自己的人献身，女子为了喜欢自己的人梳妆打扮。如今智伯是对我有知遇之恩的人，我一定不惜性命替他报仇，这样我在九泉之下，魂魄才不会再感到内疚。"于是，（豫让）改换姓名伪装成有罪受罚之人，进入赵襄子的宅邸修整厕所，（豫让）怀揣着匕首，想要用它行刺赵襄子。一日，赵襄子上厕所，忽然心悸发慌，令人捉拿审问修建厕所之人，才知道豫让身藏匕首，豫让却说："我要为智伯报仇！"近侍随从想要杀掉豫让，赵襄子说："这是一位义士，我小心避开他就行了。况且智伯没有后人，他的臣子却能为他报仇，说明这是天下德才兼备的人啊！"最终放走了（豫让）。

不久以后，豫让找来漆树的汁液涂满全身，皮肤肿胀溃烂得像是得了恶疮，他又吞下火炭烫哑了嗓子，使自己的身形容貌变得不可辨识，伪装成乞丐在街市上行乞。他的妻子都没有认出他来。路上遇见他的朋友，朋友认出他，说："你不是豫让吗？"（豫让）回答："是我。"朋友流着泪说："以你的才华，委身侍奉赵襄子，赵襄子必定亲近你。取得他的信任后，你再干你想要的事，这样不是更简单吗？何苦摧残身躯、丑化自己，用这样的方式报复赵襄子，不是更难吗？"豫让说："既然已决定委身事人，而后又杀掉侍奉之人，这是怀有异心侍奉人主。虽然我选择的报仇方法很艰难，但我之所以做出这样的选择，就是让天下后世那些怀有二心侍奉君主的臣子感到惭愧。”

豫让说完就离开了，没过多久，正赶上赵襄子外出，豫让埋伏在他要过的一座桥下。赵襄子来到桥上，马忽然受惊，赵襄子说：“这必定是豫让。”派人前去查问，果然是豫让，于是赵襄子责备豫让：“你不是曾经侍奉过范氏和中行氏吗？智伯把他们都消灭了，你为啥不替他们报仇，反而委身侍奉智伯？智伯已经死了，为何你单单如此急切地为他报仇呢？”豫让说：“我侍奉范氏和中行氏时，他们把我当成一般人，那我就以一般人的方式报答他们。而智伯却以国士之礼待我，因此我就要像国士一样报答他。”赵襄子喟然长叹，流着眼泪说：“哎呀！你这个豫让呀！前次你为智伯报过仇，天下人已闻君之名，而我饶恕了你，也足够了。你应该为自己考虑一下，我不能再放过你了！”（赵襄子）让士兵团团围住豫让。豫让说：“我听说明主会成全别人的美名，而忠臣有为君王尽忠而死的美名。之前您宽恕了我，天下人没有不称赞您贤德的。因为今天的事，我固当受死，然而恳请您把您的外袍赐给我，我刺上几剑。这样就达到了我报仇的意愿，我死而不悔。我不指望您能答应我的要求，但我还是冒昧地说出了我的心愿。”赵襄子十分欣赏他的义气，果真让士兵拿着自己的外袍给豫让。豫让拔剑多次跳起刺向外袍，说：“九泉之下，我可以报答智伯了。”于是拔剑自刎。他死的那天，赵国的仁人志士都为他而痛哭。

…………

聂政是轵深井里人。因为杀了人，为了躲避仇人，与母亲、姐姐来到齐国居住，以屠宰牲畜为生。

过了很久，濮阳有个叫严仲子的人侍奉韩哀侯，与韩国相国侠累结下了冤仇。严仲子害怕被侠累加害，就逃亡了，四处寻找能替他报复侠累的人。来到齐国时，齐国有人说聂政是一位勇士，因为要躲避仇敌，所以以屠户的身份隐藏在市井之地。严仲子到家里请他，数次无功而返，于是准备了酒宴，亲自为聂政的母亲敬酒。酒喝到正酣时，严仲子捧出黄金百镒，为聂政的母亲祝寿。聂政对（严仲子的）厚礼感到奇怪，坚决谢绝了严仲子。严仲子执意要送，聂政婉言谢绝："我幸有老母亲尚在，家中虽然贫寒，背井离乡以屠狗为业，但每日可买些甘脆的食物奉养高堂。高堂赡养尚且齐备，不敢接受仲子您的恩赐。"严仲子避过众人，对聂政说："我跟人结仇，因而被迫在诸侯国周游。当我游历到齐国，私下里听说您很重视义气，所以奉上百金，是为了给老夫人购置微薄衣食所用，顺便得以和您亲近，我哪敢有更过分的奢求呢？"聂政说："我之所以降低志向、辱没身份，隐居在市井之地当屠夫，只因为要赡养老母亲；老母亲尚在人世，我不敢轻易以性命承诺他人。"严仲子执意（以百金）相送，聂政最终也没有接受，但是严仲子做足了宾主之礼才离开。

很久以后，聂政的老母亲去世了。安葬完老母亲，等到守孝期满，脱去丧服后，聂政说："唉！聂政我不过是市井之人，拿刀屠宰为生；而严仲子是诸侯的卿相，却不远万里，屈驾前来与我交往。而我太慢待他了，我没有什么可以称道的功劳，严仲子却奉上百金，为我的老母亲祝寿，我虽然没有接受，可是通过这件事我也知道他是非常了解我的。贤德之人因为一点小的仇恨愤怒，而把我这个居住在穷乡僻壤的人视为亲信，我怎么能默不作声呢？况且从前（严仲子）邀请我，我只是因为上有老母亲，才没有答应；如今老母亲已经驾鹤西去，我也要为知己尽力了。”于是向西至濮阳，见到严仲子说：“之前没有答应严仲子您的请求，是因为有老母亲尚在；今不幸老母亲已经享尽天年。严仲子您想要报复的仇人是谁？请让我帮你报仇吧！”严仲子没有保留地告诉（聂政）：“我的仇人是韩国的相国侠累，侠累又是韩国国君的叔父，宗族旺盛，他住的地方士兵防卫严密，我想要派人刺杀他，始终没能成功。今日承蒙你没有嫌弃我，请让我增派车马壮士，为您辅助。”聂政说：“韩国距离卫国不太远，现今去刺杀他们的相国，又是国君的亲属，在这种形势下，不可以带很多人前去，人多必然会出现意外，出现意外必定会泄露消息，泄露消息后，韩国必然举国与您为敌，这不就更危险了吗？”于是谢绝了车马人等。

聂政辞别（严仲子），只身带着宝剑来到韩国，韩国相国侠累正好坐在堂上，众多侍卫手持兵器护卫。聂政径直走入大堂，走上台阶刺杀侠累，左右侍从大乱。聂政高呼，击杀了几十个人，而后自己把面容毁掉，剜出双眼，剖腹出肠而死。

韩国人把聂政暴尸于街市，悬赏重金却查不到（聂政）的身份。于是韩国发出悬赏，有能说出杀死相国侠累凶手的人，赐予千金。过了很久，还是不知道凶手是谁。

聂政的姐姐聂荣听说有人刺杀韩国相国，却查不到凶手的真实身份，全韩国人都不知道他的名字，凶手被暴尸于街市悬赏千金，她哽咽着说：“这大概是我弟弟吧？唉，严仲子了解我弟弟！”于是（聂荣）立刻动身，来到韩国（悬赏凶手的）街市上，死者果然是聂政，（聂荣）趴在弟弟的尸体上痛哭流涕，说："这是轵深井里的聂政呀！"街市上的人都说："这个人残忍地杀害了我国的国相，韩王悬赏千金要找出他的名字，夫人你没有听说过吗？怎么还敢来辨认他？"聂荣回答："我听说过。但聂政之所以承受羞辱自我放弃混迹在市井商贩中，是因为有老母亲健在，我还未出嫁。母亲已经享尽天年离世而去，我也已经嫁人，严仲子觉察到我弟弟困于尘世污秽之中，而和他结交，面对这份深厚的恩泽，我弟弟还能怎么办呢？况且志士本来就应该为赏识自己的人献身，今日因为我还活着，他才会重重地毁坏自己的容貌，怕牵连到身边的人，我又怎么能因为害怕惹上杀身之祸，埋没弟弟的声名呢？"街市上的韩国人大感震惊。（聂荣）于是大呼三声"天啊"，最终因过度悲伤死在了聂政身边。

晋、楚、齐、卫等国之人听说这个消息，都说："不单单聂政如此，他姐姐也是位烈性女子。假使聂政知道他姐姐没有坚韧的性格，不怕暴尸于外的苦难，不顾千里路途的艰难险阻，一心想彰显弟弟聂政的美名，以至于姐弟两人一同死在韩国的街市上，那他未必敢轻易托身于严仲子。严仲子也可以说是能识人，才能得到名士啊！"

2. 深层解读

《史记》不同于其他史书的一大特点，就是闾巷之人皆可入传，如同你我身边的普通之人都可以成为司马迁记述的对象，司马迁曾在《史记·游侠列传》中揭示过其中原因，他认为生活在小街陋巷的侠义之士，虽然品德高尚，在当时扬名天下，却为主流学术界诸如儒家、墨家所排斥而不加以记录，因此，许多侠义之士均被埋没而不见于史籍，司马迁深以为憾。正是因为看到了这些普通的侠义之士的气节和忠义，以及他们愿意为知己牺牲的处事原则和人生价值观，害怕他们会被遗忘在漫漫的历史长河中，司马迁才选择用自己手中的笔，记录下这些平凡人不平凡的一面。

（三）知识拓展

1. 中国人的侠义情结

在中国，侠义不仅仅是一种扶弱拯危、不畏强暴的精神，更是一种在中国博大精深的文化下酝酿出的心理情结。《史记·刺客列传》所记录的五位刺客事迹并不相同，他们行侠的目的也因人而异，但共通的是“舍生取义”的精神内核，司马迁也盛赞其“立意较然，不欺其志，名垂后世”。刺客从此成为行侠仗义、担负民族大义的社会符号，侠之大者，为国为民，侠义精神也成了只有中国人才能读懂的文化心理底色，它可以被解读为多种含义，或是兼济天下的雄心，或是苟利国家生死以的决心。而这种侠义精神在中华民族多灾多难的历史中，更显得可贵。时至今日，跨越时光，侠义作为一种情结，依旧深刻印刻在中国人的内心中，并没有随着时光的流逝而消失。当疫情袭来时，无数次的逆行、无数次的驰援、无数次的坚守，无一不是对侠义精神的最好诠释，难怪美国前国务卿基辛格说道：“中国人总是被他们之中最勇敢的人保护得很好。”

2. 晚唐传奇与武侠小说

中国武侠小说的发展与《史记》有着千丝万缕的关系，《史记·游侠列传》《史记·刺客列传》中已较为详细地记述了朱家、剧孟、郭解等豪侠，曹沫、专诸、聂政等刺客，塑造了一系列精彩纷呈的侠客形象，是中国武侠小说的先声。但《史记》受限于史学严谨性的要求，不可能过度渲染故事情节，因而文学性受到一定影响。唐代晚期，出现了众多表现豪士侠客、女性刺客的作品，其故事情节和文风对《史记》有所借鉴，如袁郊的《红线传》，裴铏的《聂隐娘》《昆仑奴传》，无名氏的《虬髯客传》，塑造了一个个鲜活的武侠形象，演绎出一段段侠情故事。可以说，《史记》是中国武侠小说的鼻祖。至此，中国武侠小说一直延续至今。

（四）思考探究

1. 结合《史记·刺客列传》谈谈战国时刺客的精神特征。

2. 思考侠义精神在当代传承的价值意义。

第二章
知人论世　资治通鉴

中国的正史因循着《史记》以来的纪传体，到唐代的《五代史》已有十七部之多。北宋时期，历史学家、政治家司马光有感于纪传体典籍卷帙繁重，又因分为纪、传、表、志等多部分，导致“同为一事，分在数篇”“编次同类，不求年月”，所以决定编制一部简明扼要、贯通古今的编年体通史。从宋英宗治平三年（1066年）起，司马光开始编撰《资治通鉴》，至元丰七年（1084年），历时十九年，《资治通鉴》终于成书。《资治通鉴》以时间为纲，以事件为目，将周威烈王二十三年（公元前403年）至后周世宗显德六年（959年），共1362年的历史记为一书，全书规模宏大却不烦琐，按朝代分为《周纪》《秦纪》《汉纪》《魏纪》《晋纪》《宋纪》《齐纪》《梁纪》《陈纪》《隋纪》《唐纪》《后梁纪》《后唐纪》《后晋纪》《后汉纪》《后周纪》，共十六纪，内容涉及政治、军事、民族、经济、文化等诸多方面。宋神宗阅罢司马光呈送的这部史册后，不由感慨道：“鉴于往事，以资于治道。”因此赐名《资治通鉴》，并亲自为此书作序。

一、励精图治　商鞅变法

司马光曾明确表示，他编纂《资治通鉴》的目的是“鉴前世之兴衰，考当今之得失”，因此在编制时，采用了“长编”的方法，先由他的助手刘攽、刘恕、范祖禹整理汇编众多详备史料，然后由司马光一人对史料删繁取要、润色评论。在对资料的取舍上，贯彻了他修史的目的，有资于政事者皆是他记述的重点。商鞅变法，这场影响了中国两千多年的变革，司马光就浓墨重彩地记录了一笔。

（一）探寻人物踪迹

商鞅（公元前 390—前 338），姬姓，名鞅，战国中期卫国（今属河南）人，法家重要代表人物。商鞅出生于一个没落的贵族之家，父亲是卫国国君庶子的后代，家境寒微。商鞅自幼喜爱刑名之学，尤其喜欢李悝的学说与政治主张，与同时代先秦诸子百家之一尸佼亦师亦友。

弱冠之年的商鞅目睹卫国因国小力弱而受大国凌辱，苦于无报国之门，只好远走他乡，去往国力相对比较强盛的魏国，成为魏相公叔痤的门客，公叔痤推行李悝、吴起的法家政治，魏国在诸国中实力不容小觑。然而年轻的商鞅并没有得到魏惠王的认可和看重。郁郁不得志的商鞅只好投奔秦国，在秦孝公的支持下，坚决实行变法，沉重打击了主张“法古”“巡礼”的秦国贵族势力，使秦国一跃成为当时最富强的国家，这就是历史上著名的“商鞅变法”。因为变法运动触及了秦国贵族的根本利益，遭到他们的反对，秦孝公死后，秦惠公下令逮捕商鞅，商鞅战败而死，尸身被带回咸阳，车裂后示众。

（二）品味经典佳作

显王八年（庚申，前三六一）

孝公下令国中曰："昔我穆公，自岐、雍之间修德行武，东平晋乱，以河为界，西霸戎翟，广地千里，天子致伯，诸侯毕贺，为后世开业甚光美。会往者厉、躁、简公、出子之不宁，国家内忧，未遑外事。三晋攻夺我先君河西地，丑莫大焉。献公即位，镇抚边境，徙治栎阳，且欲东伐，复穆公之故地，修穆公之政令。寡人思念先君之意，常痛于心。宾客群臣有能出奇计强秦者，吾且尊官，与之分土。"于是卫公孙鞅闻是令下，乃西入秦。

公孙鞅者，卫之庶孙也，好刑名之学。事魏相公叔痤，痤知其贤，未及进。会病，魏惠王往问之曰："公叔病如有不可讳，将奈社稷何？"公叔曰："痤之中庶子卫鞅，年虽少，有奇才，愿君举国而听之！"王嘿然。公叔曰："君即不听用鞅，必杀之，无令出境！"王许诺而去。公叔召鞅谢曰："吾先君而后臣，故先为君谋，后以告子。子必速行矣！"鞅曰："君不能用子之言任臣，又安能用子之言杀臣乎？"卒不去。王出，谓左右曰："公叔病甚，悲乎！欲令寡人以国听卫鞅也，既又劝寡人杀之，岂不悖哉！"卫鞅既至秦，因嬖臣景监以求见孝公，说以富国强兵之术；公大悦，与议国事。

显王十年（壬戌，前三五九）

卫鞅欲变法，秦人不悦。卫鞅言于秦孝公曰："夫民不可与虑始，而可与乐成。论至德者不和于俗，成大功者不谋于众。是以圣人苟可以强国，不法其故。”甘龙曰：“不然，缘法而治者，吏习而民安之。”卫鞅曰：“常人安于故俗，学者溺于所闻，以此两者，居官守法可也，非所与论于法之外也。智者作法，愚者制焉；贤者更礼，不肖者拘焉。”公曰：“善。”以卫鞅为左庶长。卒定变法之令。令民为什伍而相收司、连坐，告奸者与斩敌首同赏，不告奸者与降敌同罚。有军功者，各以率受上爵；为私斗者，各以轻重被刑大小。僇力本业，耕织致粟帛多者，复其身；事末利及怠而贫者，举以为收孥。宗室非有军功论，不得为属籍。明尊卑爵秩等级，各以差次名田宅、臣妾、衣服。有功者显荣，无功者虽富无所芬华。

令既具未布，恐民之不信，乃立三丈之木于国都市南门，募民有能徙置北门者予十金。民怪之，莫敢徙。复曰：“能徙者予五十金！”有一人徙之，辄予五十金。乃下令。

令行期年，秦民之国都言新令之不便者以千数。于是太子犯法。卫鞅曰：“法之不行，自上犯之。”太子，君嗣也，不可施刑，刑其傅公子虔，黥其师公孙贾。明日，秦人皆趋令。行之十年，秦国道不拾遗，山无盗贼，民勇于公战，怯于私斗，乡邑大治。秦民初言令不便者，有来言令便。卫鞅曰：“此皆乱法之民也！”尽迁之于边。其后民莫敢议令。

1. 译文阐释

周显王八年（庚申，公元前 361 年）

秦孝公在全国发布命令：“当年我国先君秦穆公，起家于岐、雍之地,修养德行,扩大军事实力,平定了东方的晋国之乱,划定黄河为界限,向西称霸于戎狄等西北少数民族,国土之广达千里,天子委以方伯之任,众多诸侯都前来祝贺,为后世开辟了光辉的基业。然而却遇到了厉公、躁公、简公及出子等时期的不安定,国内动乱不宁,没有闲暇顾及外事。韩、赵、魏三国攻占了先王开拓的河西之地,没有比这个更耻辱的。(秦)献公即位后,平定安抚边境,迁都到栎阳,想要向东征讨,收复(秦)穆公打下的江山,恢复(秦)穆公时期颁布的政令。每当想到历代君王的未竟之志,我常常痛心疾首。众位宾客、诸位爱卿有谁能献上奇计,使秦国强大,我一定为他加官晋爵,奉上土地。"卫国人公孙鞅听说了这条政令,因此一路向西来到秦国。

公孙鞅,是卫国宗族庶出的子孙,喜爱法家刑名之学。跟着魏国国相公叔痤做事,公叔痤知道公孙鞅的才干,还没来得及推荐他,就病倒了。魏惠王前往探病,问他:"万一您重病不治,我能把社稷江山托付给哪位大臣呢?"公叔痤说:"我门下有一个庶出的年轻人,叫卫鞅,年龄不大,却有奇才,请君王您将国事全部交付给他。"魏惠王默不作声。公叔痤说:"如果您不想听从我的建议重用卫鞅,请一定要杀了他,不要让他离开魏国。"魏惠王许诺后离开了。公叔痤急忙叫来卫鞅,道歉说:"我要先尽忠于君,才能照顾臣下,所以先帮君王谋划,然后才告诉你要杀你的事情。你快逃跑吧!"卫鞅说:"国君不能听从你的建议重用我,又怎会听从你的建议杀我呢?"(卫鞅)最终还是没有逃走。魏惠王从(公叔痤)家里出来,告诉手下:"公叔痤病重不治,太让人痛心了!他想要我把国事交托给卫鞅,又劝我杀掉卫鞅,这不是病糊涂了吗?”卫鞅来到秦国,借助宠臣景监之力见到了秦孝公,介绍了使秦国国富兵强的方法,秦孝公大喜,和他谈论国家大事。

周显王十年(壬戌,公元前 359 年)

卫鞅想要变法,秦国人不高兴。卫鞅对秦孝公说:“对于普通百姓,不要与他们商量制定强国之策,但可以和他们分享成功的果实。讲论至德之人不会与凡夫俗子一起随波逐流,有心建功立业之人也不会与庸庸众人谋划。圣贤之人可以强国,是因为他不拘泥于常规。”甘龙说:“你说得不对。按照法规章程治理国家,官吏熟悉条文规矩,民众才能安定不乱。”卫鞅说:“普通人满足于旧俗,有学问的人被自己以往的知识所限制,所以这两类人,让他们做官守法就行了,不能与他们讨论变法之事。聪明人制定法条,愚昧的人被法条所制。贤能的人变更礼法,无能的人墨守成规。”秦孝公说:“讲得不错!”于是任命卫鞅为左庶长,最终下达了变法的命令。法令规定百姓五家为一伍,十家为一什,互相监督,犯法连坐。举报罪犯之人与上阵杀敌者获得同等赏赐,隐匿不报之人与战场上投降者同等受罚。立下军功的人,按照不同的标准获得上等爵位;私自斗殴的人,按照轻重程度处以不同刑罚。尽力从事农事本业,耕田获粮多的人、纺织产布多的人,免除他们的徭役;贩货得利不务正业的人,因懒惰而贫穷的人,将他的全家人收为官奴。宗室子弟没有取得军功的,不得记入宗室名册之中。明确高低爵位和俸禄等级,分别规定相应分配的田地房产、官奴侍女、衣饰器物。有战功的人,显赫尊荣;无战功的人,即使富有也无法显耀。

法令已经制定但尚未公布，卫鞅怕百姓不相信，于是在国都集市南门立起了一根三丈长的木头，招募百姓，有能（把木头）搬到北门的人，赏给十金。百姓们感到很奇怪，却没有人去搬。卫鞅又下令："能搬走（木头）的人，赏给五十金。"有一个人搬走了木头，立刻被赏赐了五十金。这时，卫鞅才下令颁布变法法令。

法令实施了一年，数以千计的秦国百姓来到国都控诉新法带来的不便。这时太子也触犯了新法，卫鞅说："法令无法推行，是因为上面的人带头触犯法令。"太子是储君，不可以施加刑罚，便割掉负责他德行教育的公子虔的鼻子，在负责教他知识的公孙贾脸上刺字。第二天，秦国百姓都开始遵从法令。法令推行了十年，秦国境内路不拾遗，山中没有盗贼，百姓打仗勇猛却不敢私斗，乡村城镇安定繁荣。当初说新法不便的秦国人，有些又来说新法好。卫鞅说："这些都是扰乱法令的刁民！"于是把他们都迁到了边陲之地。此后，秦国百姓就再没有人敢非议新法了。

2. 深层解读

商鞅，秦国变法第一人。他不畏强权、锐意进取，敢于开罪甘龙、杜挚等保守势力，在秦孝公的支持下，在秦国进行了全方位的变革。为了取得民众的信任，商鞅秉持求实务本的作风，采取"立木建信"的方式，推行法令。法既明、令即行，变法使得秦国确立了土地私有的制度，提高了农民劳作的积极性，同时中央集权制度得以加强，秦军的战斗力也有了质的提高，秦国成为兵革大强、诸侯畏惧的大国，并迅速跻身于强国之列，最终促成了秦对六国的统一。

（三）知识拓展

1. 商鞅、卫鞅、公孙鞅

公元前221年，秦王嬴政统一了六国，中国第一个统一的封建王朝由此诞生。秦始皇奋六世之余烈建立的秦朝，离不开秦国历代先祖的励精图治，也与商鞅变法有着莫大关系。从商鞅被求贤令吸引入秦，说服秦孝公变法强国，至秦孝公死后，被公子虔等贵族势力诬害，兵败战死，尸身遭受车裂，商鞅在秦国执掌大权二十余年，在他的治理下，秦国由一个边境小国，一步步崛起成为新兴的东方帝国。然而众多典籍中对商鞅的称呼，却不尽相同，《史记》中记载他为商君，李斯在《谏逐客书》称呼他为卫鞅，《资治通鉴》中称呼他为公孙鞅。

《资治通鉴》记载："公孙鞅者，卫之庶孙也。"卫国第一代国君是周文王第九个儿子，周武王姬发同母弟弟，姬姓，名封，又名康叔，被封在卫地，以国为氏，称卫氏。商鞅，本为卫国之后，因此称为卫鞅。

《广韵》记载："封公之后，皆自称公孙。"春秋时期，许多诸侯国君的儿子被称为公子某某，如齐桓公早年被称为公子小白，魏惠王之弟魏昂被称为公子卬，这些"公子"的儿子，被称为公孙某某，因此，公孙既不是商鞅的姓，也不是他的氏，只是说明了他有卫国国君的血统，所以在被封赏之前，商鞅应该叫作公孙鞅或卫鞅。

《史记·商君列传》记载："卫鞅既破魏还，秦封之於、商十五邑，号为商君。”公元前340年，卫鞅打败魏军，作为奖励，秦孝公把於、商两地十五个邑赏赐给卫鞅，封号为商君，因此卫鞅又被称为商鞅。

2. 信任与国本

在《资治通鉴》中，司马光是这样评论商鞅变法成功的原因的：“夫信者，人君之大宝也。国保于民，民保于信。非信无以使民，非民无以守国。”他很清楚地意识到商鞅之所以能推动新法在秦国施行，关键在于在底层百姓中构建了信任体系。而这对于大多数执政者来说是最难的。昔日孟尝君回到自己的封地薛国，属地百姓扶老携幼、百里相迎，就体现了这种来自基层的信任。

诚信，是一个国家的立国之本，古往今来莫不如是。变法之初的秦国，地处偏僻的西北，是战国七雄中实力最弱小的，无论从经济实力还是政治制度水平，都逊色于其他六国，要想在弱肉强食的战国时代生存下来不被兼并，并不容易，变革是唯一的出路。对于商鞅和秦孝公而言，制定一套变革法令的难度远远小于推行这套法令。推行法令关键在于信任，在城门口立木悬金，看起来是一件十分荒唐可笑的事情，却是建立信任关系最有效的方式。重赏之下必有勇夫，一人应募得赏，他人从之，“羊群效应”立现，“令出必行”的信任关系由此开始建立，商鞅和他要推行的新法在底层百姓中很快树立起威信，新法得以顺利实施。太子触犯新法，商鞅处罚了教育太子的公子虔和公孙贾，杀一儆百、以儆效尤，进一步遏制住了反对新法的苗头，更强化了信任这层关系。

（四）思考探究

1. 秦国能完成霸业绝非一朝一夕，试论述商鞅变法在秦国壮大过程中的作用。

2. 人无信不立，业无信不兴，国无信则衰，试分析诚信在现代社会的意义。

二、持节云中　苏武牧羊

翻开中华民族厚重的历史图卷，五千多年来，前辈先贤以"富贵不能淫、贫贱不能移、威武不能屈"的信念意志，铸就了中华民族的铮铮铁骨，撑起了中华民族不屈的脊梁，赋予了中华民族薪火相传的坚强意志。苏武牧羊的故事在中国家喻户晓，在中国古代的诗词歌赋、戏曲小说里多次出现，时至今日其形象仍活跃于各大艺术舞台上。苏武持节牧羊，用坚守与执着书写了一首流传千古的壮歌，他所表现出来的伟大坚守、民族气节、矢志不渝的爱国意志，至今仍感动着无数的中国人。

（一）探寻人物踪迹

苏武（？—前 60），字子卿，杜陵（今陕西西安东南）人，汉代杰出的外交家。其父为代郡太守苏建，曾跟随汉代大将军卫青出征匈奴。长兄苏嘉官拜奉车都尉，因失误折断汉武帝的车辕，被定为大不敬之罪，最终自杀。弟弟苏贤因缉拿要犯无果，忧虑害怕，也饮药自尽。苏武年轻时因家族之势，拜为中郎将，后出使匈奴，被匈奴扣留十九年，滞留期间匈奴单于多次威逼利诱，仍持节不屈。

汉昭帝时，苏武被释放回国，拜典属国。汉宣帝时，受封关内侯。苏武以其忠贞不屈的爱国之情，成为后世尊崇的典范。

（二）品味经典佳作

世宗孝武皇帝下之上天汉元年（辛巳，前一〇〇年）

上嘉匈奴单于之义，遣中郎将苏武送匈奴使留在汉者，因厚赂单于，答其善意。武与副中郎将张胜与假吏常惠等俱，既至匈奴，置币遗单于。单于益骄，非汉所望也。

会缑王与长水虞常等及卫律所将降者，阴相与谋劫单于母阏氏归汉。卫律者，父故长水胡人，律善协律都尉李延年，延年荐言律使于匈奴，使还，闻延年家收，遂亡降匈奴。单于爱之，与谋国事，立为丁灵王。虞常在汉时素与副张胜相知，私候胜曰："闻汉天子甚怨卫律，常能为汉伏弩射杀之。吾母、弟在汉，幸蒙其赏赐。"张胜许之，以货物与常。后月余，单于出猎，独阏氏、子弟在，虞常等七十余人欲发，其一人夜亡告之。单于子弟发兵与战，缑王等皆死，虞常生得。

单于使卫律治其事。张胜闻之，恐前语发，以状与武。武曰："事如此，此必及我，见犯乃死，重负国。"欲自杀。胜、惠共止之。虞常果引张胜。单于怒，召诸贵人议，欲杀汉使者。左伊秩訾曰："即谋单于，何以复加！宜皆降之。"单于使卫律召武受辞。武谓惠等："屈节辱命，虽生，何面目以归汉！"引佩刀自刺。卫律惊，自抱持武，驰召医，凿地为坎，置煴火，覆武其上，蹈其背以出血。武气绝，半日复息。惠等哭，舆归营。单于壮其节，朝夕遣人候问武，而收系张胜。

武益愈，单于使使晓武，欲降之，会论虞常，欲因此时降武；剑斩虞常已，律曰：“汉使张胜谋杀单于近臣，当死，单于募降者赦罪。”举剑欲击之，胜请降。律谓武曰：“副有罪，当相坐。”武曰：“本无谋，又非亲属，何谓相坐！”复举剑拟之，武不动。律曰：“苏君！律前负汉归匈奴，幸蒙大恩赐号称王，拥众数万，马畜弥山，富贵如此！苏君今日降，明日复然；空以身膏草野，谁复知之！”武不应。律曰：“君因我降，与君为兄弟；今不听吾计，后虽欲复见我，尚可得乎！”武骂律曰：“汝为人臣子，不顾恩义，畔主背亲，为降虏于蛮夷，何以汝为见！且单于信汝，使决人死生，不平心持正，反欲斗两主，观祸败。南越杀汉使者，屠为九郡；宛王杀汉使者，头县北阙；朝鲜杀汉使者，即时诛灭；独匈奴未耳。若知我不降明，欲令两国相攻，匈奴之祸从我始矣。”律知武终不可胁，白单于，单于愈益欲降之。乃幽武置大窖中，绝不饮食；天雨雪，武卧，啮雪与旃毛并咽之，数日不死。匈奴以为神，乃徙武北海上无人处，使牧羝，曰：“羝乳乃得归。”别其官属常惠等，各置他所。

…………

孝昭皇帝上始元六年（庚子，前八一）

初，苏武既徙北海上，禀食不至，掘野鼠、去草实而食之。杖汉节牧羊，卧起操持，节旄尽落。武在汉，与李陵俱为侍中；陵降匈奴，不敢求武。久之，单于使陵至海上，为武置酒设乐，因谓武曰：“单于闻陵与子卿素厚，故使来说足下，虚心欲相待，终不得归汉，空自苦；亡人之地，信义安所见乎！足下兄弟二人，前皆坐事自杀；来时，太夫人已不幸；子卿妇年少，闻已更嫁矣；独有女弟二人、两女、一男，今复十余年，存亡不可知。人生如朝露，何久自苦如此！陵始降时，忽忽如狂，自痛负汉，加以老母系保宫。子卿不欲降，何以过陵！且陛下春秋高，法令无常，大臣无罪夷灭者数十家。安危不可知，子卿尚复谁为乎！”武曰：“武父子无功德，皆为陛下所成就，位列将，爵通侯，兄弟亲近，常愿肝脑涂地。今得杀身自效，虽斧钺、汤镬，诚甘乐之！臣事君，犹子事父也；子为父死，无所恨。愿勿复再言！”陵与武饮数日，复曰：“子卿壹听陵言！”武曰：“自分已死久矣，王必欲降武，请毕今日之欢，效死于前！”陵见其至诚，喟然叹曰：“嗟乎，义士！陵与卫律之罪上通于天！”因泣下沾衿，与武决去。赐武牛羊数十头。

后陵复至北海上，语武以武帝崩。武南乡号哭欧血，旦夕临，数月。及壶衍鞮单于立，母阏氏不正，国内乖离，常恐汉兵袭之，于是卫律为单于谋，与汉和亲。汉使至，求苏武等，匈奴诡言武死。后汉使复至匈奴，常惠私见汉使，教使者谓单于，言：“天子射上林中，得雁，足有系帛书，言武等在某泽中。”使者大喜，如惠语以让单于。单于视左右而惊，谢汉使曰：“武等实在。”乃归武及马宏等。马宏者，前副光禄大夫王忠使西国，为匈奴所遮；忠战死，马宏生得，亦不肯降。故匈奴归此二人，欲以通善意。于是李陵置酒贺武曰：“今足下还归，扬名于匈奴，功显于汉室，虽古竹帛所载，丹青所画，何以过子卿！陵虽驽怯，令汉贳陵罪，全其老母，使得奋大辱之积志，庶几乎曹柯之盟，此陵宿昔之所不忘也。收族陵家，为世大戮，陵尚复何顾乎！已矣，令子卿知吾心耳！”陵泣下数行，因与武决。

单于召会武官属，前已降及物故，凡随武还者九人。既至京师，诏武奉一太牢谒武帝园庙，拜为典属国，秩中二千石，赐钱二百万，公田二顷，宅一区。武留匈奴凡十九岁，始以强壮出，及还，须发尽白。霍光、上官桀与李陵素善，遣陵故人陇西任立政等三人俱至匈奴招之。陵曰："归易耳，丈夫不能再辱！"遂死于匈奴。

1. 译文阐释

世宗孝武皇帝天汉元年（辛巳，公元前100年）

汉武帝赞许匈奴单于的义气，派遣中郎将苏武将滞留在汉朝的匈奴使者送回匈奴，顺便带了丰厚的礼物送给单于，以答谢他的善意。苏武和副中郎将张胜以及临时加入使团的常惠一同前往。到了匈奴之地，（使团）将礼物交给单于，单于更加骄傲了，这可不是汉朝所期望看到的。

就在此时，（曾经归降过汉朝的）缑王、长水人虞常，以及卫律手下投降匈奴的汉朝人，密谋劫持单于母亲阏氏作为人质，回到汉朝。卫律的父亲是长水地区的匈奴人，卫律与汉朝协律都尉李延年亲善，李延年推荐他出使匈奴。卫律从匈奴回来，听闻李延年全家被捕，就逃亡到匈奴投降。单于很喜欢他，和他商量国事，封他为丁灵王。虞常在汉朝时，平素与副使张胜相熟，私下拜会张胜说："听说大汉天子非常怨恨卫律，我可以埋伏弓箭手为大汉射杀他。我的母亲、弟弟在汉朝，希望能赏赐他们。"张胜答应了他，并送给了虞常很多财物。一个多月以后，单于外出打猎，只剩下母亲阏氏、子侄小辈在家，虞常等七十多人准备发作（劫持人质），有一个人却连夜逃跑告发了虞常等人。单于子弟出兵作战,缑王等人战死,虞常被活捉。

单于让卫律处理这件事。张胜听说了,害怕之前和虞常约定之事败露,便将此事告诉苏武。苏武说:"事已至此,一定会牵涉到我,如我受到侵犯而死,必定有负于国家尊严。"于是(苏武)想要自杀。张胜、常惠都来阻止他。虞常果然供出张胜,单于大怒,召集匈奴中地位高的人前来商议,想要杀汉朝使者。左伊秩訾说:"(谋杀卫律就要处死)如果谋害单于,还能置什么重罪呢?应该让他们都归降匈奴。"单于让卫律传话给苏武。苏武对常惠等人说:"如果卑躬屈膝、有辱使命地活着,我还有何面目回到大汉呢?"说完拔出佩刀刺向自己。卫律大惊失色,抱住苏武,急忙传唤医生(医治苏武),在地上挖坑,坑中点上小火,把苏武脸朝下放在坑上,轻踩他的背部,引出瘀血。苏武气息微弱,半天才平复。常惠等人痛哭着,把(苏武)抬回了营地。单于很佩服苏武的节气,早晚都派人问候苏武,而后将张胜逮捕。

苏武逐渐康复了,单于派人劝解苏武,想要他归降,此时正要处决虞常,(单于)想要以此威吓劝降苏武。用剑斩杀虞常之后,卫律说:"汉朝使者密谋杀害单于的亲信大臣,按罪当死,单于招募归降之人,免除罪责。"说完举剑要砍,张胜请求投降。卫律对苏武说:"副使有罪,你应当连坐。"苏武说:"我本来就没有参与谋划,又和张胜没有亲属关系,为何要连坐?"(卫律)说完举剑要刺张胜,苏武丝毫不为所动。卫律说:"苏先生,我之前背叛汉朝归顺匈奴,幸蒙单于降恩,赐号封王,坐拥数万人和漫山遍野的马匹牲畜,如此富贵！苏先生你今日投降，明天就和我一样。否则，白白葬身荒草丛生之地，又有谁理解你呢？”苏武闭口不应。卫律说：“您听从我的话归降匈奴，我与您亲如兄弟；今天不听我的建议，以后想要再见到我，又怎么可能呢？”苏武回骂卫律道：“你作为大汉的臣子，不顾以往的恩情义气，背叛君主，辜负亲人，投降蛮夷做了俘虏，我为什么要求见你？况且单于相信你，让你决断人的生死，你不但不公平处理，反而想要两国主君相斗，坐观成败。南越因诛杀汉朝使者，被汉朝灭国改设为九郡；大宛王杀死汉朝使者，其人头被悬挂在宫殿的门楼上；朝鲜杀害汉朝使者，招来了灭国之祸；只有匈奴还没干过杀死汉使的事。你知道我不会投降，想要挑起两国之间的战争，匈奴的祸端将从我开始。”卫律知道苏武终究不会屈服于他的胁迫，只好禀告单于，单于更加想要苏武投降。于是(单于)将苏武囚禁在一个大地窖里，断绝他的饮食；天上正下着雨雪，苏武躺在地上，混着雪水吞食毛毡，几天后竟然没有死去。匈奴人以为他有神灵庇护，于是把苏武流放到北海荒无人烟的地方，让他放公羊，并说：“等到公羊产奶的时候，你就可以回国了。”把常惠等汉朝使团的其他人员分散开，羁押在不同的地方。

…………

孝昭皇帝上始元六年(庚子，公元前81年)

最初，苏武被流放到北海，(匈奴)不给他粮食，他只好挖开野鼠洞，寻找鼠洞中的存粮充饥。(苏武)手持汉朝使者信物符节牧羊，无论睡觉还是起床都随身带着它，符节上的毛穗子都掉光了。苏武在汉朝时与李陵同为侍中，李陵投降匈奴后，不敢求见苏武。

过了很久，单于让李陵来到北海，为苏武设下酒宴，演奏音乐（款待他），李陵对苏武说："单于听说我与你向来感情深厚，所以派我来劝说你，单于对你虚心相待，你最终也是无法回到汉朝的，何苦白白受苦呢？在这渺无人烟的地方，你的信义节操谁又看得见呢？你的两个兄弟，已经因罪自杀；我来匈奴之时，你的母亲也已经不幸去世；你的妻子很年轻，听说已经改嫁他人了；只留下两个妹妹、两个女儿、一个儿子，如今又过去了十年，不知道他们是否还活着。人生短暂犹如早上的露水，何必如此这样长久地委屈自己呢？我刚投降时，神情恍惚，好像要发疯一样，痛恨自己辜负大汉，加之连累老母入狱。你不想归降匈奴的心情，怎么会超过我？况且陛下年事已高，法令变化无常，无罪却被满门诛杀的大臣有数十家之多。自己的安全尚且无法保证，你这是为了谁而守节呢？"苏武说："我们父子无功无德，全靠皇帝成全，才得以身居高官，位同诸侯，我们兄弟得以亲近皇帝，所以我常常希望能肝脑涂地报答皇帝。今天得以杀身成仁报效皇帝，即便斧钺加身，汤锅烹煮，我也甘之如饴。臣子侍奉君王，犹如儿子侍奉父亲；儿子替父亲而死，没有什么遗憾。希望不要再说了。"李陵与苏武饮酒数日，李陵又说："你听我一句话吧！"苏武说："我觉得我必死无疑了，如果单于一定要劝降我，请结束今天的欢宴，我立刻死在你的面前！"李陵见苏武一片忠诚之心，感慨地叹息道："唉，真是义士啊！我和卫律的罪行上通于天！"（李陵）痛哭流涕，泪水打湿了他的衣襟，随后告别苏武而去，（临走前）送给苏武牛羊数十头。

后来，李陵又来到北海，告诉苏武汉武帝已经驾崩的消息。苏武面向南方号啕痛哭，甚至呕出鲜血，一连数月，早晚如此。壶衍鞮单于即位后，他的母亲行为不端，国内离心离德，（壶衍鞮单于）常常害怕汉兵袭击匈奴，于是卫律为单于谋划，想要与汉朝和亲。汉朝使者来到匈奴，寻求苏武等人，匈奴谎称苏武已死。后来汉朝使者再次来到匈奴，常惠偷偷去见使者，教使者对单于说："大汉天子在上林苑中狩猎，射落一只大雁，大雁脚上系着一块锦缎，上面写着苏武在某地湖泽之中。"使者大喜过望，用常惠教他的话责问单于。单于环视左右大惊失色，向汉使道歉说："苏武的确还活着。"于是将苏武和马宏等人放还。马宏是光禄大夫王忠的副使，先前和王忠一起被派往西域，被匈奴拦截。王忠战死，马宏被活捉，也不肯投降。所以匈奴归还两人，想要以此表达善意。于是李陵置办酒席为苏武祝贺："如今你得以回归故国，名声传遍匈奴，功绩显耀于大汉，即便是史书所记载，丹青所描绘的人物，也没有能与你相比的！我虽然驽钝胆怯，但假若当年大汉能赦免我的罪责，保全我的老母亲，使我能忍辱负重，做出曹刿劫持齐桓公于柯这样的壮举，也是我念念不敢忘记的。然而（大汉）灭我满门，遭受如此杀戮，我还有什么退路呢！都已经是往事了，我就是想让你知道我的心里话罢了！"李陵泪流满面，与苏武告别。

单于召集了当年与苏武一起去匈奴的使团成员，除去已经归顺匈奴和亡故的，跟随苏武回国的有九人。（苏武一行人）到了国都长安，（汉昭帝）命苏武供养牛、羊、猪各一，拜谒汉武帝的陵庙，然后封（苏武）为典属国，俸禄为二千石，赏赐他钱二百万、公家之田二顷、住宅一所。苏武滞留匈奴十九年，去的时候正值壮年，回来时,头发、胡子都白了。霍光、上官桀和李陵素来关系很好,派遣李陵的老友陇西人任立政等三人一起前往匈奴劝他回国,李陵说:"回去容易,但大丈夫不能再次受辱!"于是李陵在匈奴终老一生。

2. 深层解读

爱国是什么?不同的人会有不同的答案。或许是国家灭亡之际的绝不投降,或许是敢于直面敌人的尖刀,而苏武的答案却是独抱节杖,吞雪啮毡,望断南归雁,以满头的白发诠释大汉帝国的尊严,以大无畏的气概书写一曲"富贵不能淫,贫贱不能移,威武不能屈"的壮歌。漫长的等待,没有凉了他思乡的热血;凛冽的寒风,没有冻僵他爱国的热肠。其爱国之志,可晓天地、动千古,光耀中华子孙。

(三)知识拓展

1. 苏武与常惠

公元前 81 年,在匈奴滞留了十九年的苏武终于回到汉朝,获得了无上的荣耀,汉昭帝特许苏武拜谒武帝园庙,加封典属国一职,俸禄二千石,赐钱二百万、官田二顷、住宅一处。然而好景不长,归国的第二年,苏武就被卷入政治斗争的旋涡中。昭帝始元七年(公元前 80 年),左将军上官桀父子、御史大夫桑弘羊、燕王刘旦联合鄂邑公主谋反,苏武留在大汉唯一的儿子苏元参与其中,苏武受牵连被免官,儿子苏元被处死,苏武白发人送黑发人。直到汉宣帝即位后,苏武重新被赐爵关内侯,并受皇恩,接回了他与匈奴女子所生的儿子苏通国。宣帝甘露三年(公元前 51 年),汉宣帝在麒麟阁为十一位功臣留像，苏武位列其中。

晚年的苏武名扬誉满、寿终正寝，然而真正承继苏武精神和事业的，并非他的儿子，而是和他一起被扣留在匈奴十九年的常惠。

《资治通鉴》中写到苏武坚决不归降匈奴，在卫律面前自杀未果时，常惠等人失声痛哭，此时常惠等人的哭泣并非因为恐惧，而是被苏武的刚烈之气感染，这也是包括常惠在内的使团成员，能够和苏武一起在匈奴坚持十九年的直接原因。

常惠还是苏武归汉的关键人物，正是他抓住时机见到了出使的汉使，说出了苏武未死的真相，并教授汉使解救苏武之计，苏武才得以回到汉朝。

随苏武回国后，常惠被拜为光禄大夫，开始了自己精彩的外交人生。此时的常惠，已经不再是一个血气方刚的年轻人，近二十年作为人质被扣押在匈奴的岁月锻炼了他的胆识，坚定了他的意志。宣帝本始二年（公元前 72 年），与乌孙和亲的公主刘解忧向汉朝求救。汉宣帝派常惠前往支援，联合乌孙攻打匈奴，一举俘获了匈奴单于的父辈、嫂嫂、公主、名王、骑将等共四万人，缴获马、牛、羊、驴、骆驼七十余万头，常惠也因此战之功被宣帝封为长罗侯。常惠又团结乌孙、莎车、疏勒，共同打败了勾结匈奴的龟兹。此后，常惠代苏武任典属国，成为大汉帝国少数民族事务的主要负责人。他曾先后六次持节出使西域，在此期间，汉朝逐步掌控了对西域的主动权，并在龟兹东重镇乌垒城（今新疆轮台东）设立了西域都护府，大汉帝国百姓与西域各国人民可以安心劳作生产，丝绸之路的畅通也使得中西商旅往来不绝。

2. 苏武与李陵

“良时不再至，离别在须臾。屏营衢路侧，执手野踟蹰。仰视浮云驰，奄忽互相逾。风波一失所，各在天一隅。长当从此别，且复立斯须。欲因晨风发，送子以贱躯。”

这是一首送别诗，相传是李陵送别苏武时写下的。但关于这点争议历来很大，有人认为此诗是后人假托李陵之名而作，也有人认同作者确为李陵。抛去真伪之辩，就诗歌本身而言，它之所以能打动我们，是因为它蕴含着一对历尽沧桑的知己依依惜别的情谊。

李陵与苏武曾经一同担任过侍中，苏、李两家又是世交，然而他们不同的人生选择，造就了不同的人生际遇。苏武被匈奴扣留后的第二年，汉武帝天汉二年（公元前 99 年），李陵奉帝命出征匈奴，他率五千汉军步兵与数倍于已的匈奴主力作战，终因寡不敌众兵败被俘。至于李陵兵败被俘是真降还是诈降，现今已无法考证，但据《资治通鉴》所载，在家人还未遭屠戮之时，李陵确实有效仿曹刿劫持齐桓公、刺杀匈奴单于之心。而此时此刻，他被流放的好友苏武正在北海（今贝加尔湖）牧羊。

然而公孙敖的出现，让李陵走投无路。经历过最初听闻汉军失利的震怒后，汉武帝开始后悔没有为李陵提供援兵，导致他孤军深入，最终全军覆没。汉武帝甚至开始慰问兵败逃回边关的士兵，还派公孙敖率兵伺机营救李陵。公孙敖不敢深入匈奴腹地，只在边境徘徊了一段时间，就无功而返。为了推卸责任，公孙敖诬陷李陵变节之后替匈奴练兵，盛怒之下的汉武帝诛杀了李陵全家老小。

悲愤的李陵杀掉了帮助匈奴人练兵的汉朝降将李绪，最终归顺了匈奴。作为昔日的对手，且鞮侯单于非常赏识英勇的李陵，以女相嫁。

李陵刚来匈奴时，一直不敢去见苏武。单于得知李陵和苏武交情深厚后，便派李陵前往劝降。但昔日的老友从未改变过心志，李陵明白自己无法说服对方后，便彻底打消了劝降的念头。

在用信念支撑自己了十多年后，苏武终于得到了回家的机会，并因此名垂青史，李陵却毕生生活在叛国的羞愧和被灭门的痛苦之中。

苏武与李陵是一对值得沉思的历史人物，他们不同的人生命运让人唏嘘不已。

（四）思考探究

1. 苏武作为一位深入人心的爱国主义楷模，具备中华民族优秀的传统美德。试列举我国还有哪些爱国者。

2. 试论述卫律、李陵、苏武的人生价值选择。

三、名相尽忠　魏征直谏

《史记》和《资治通鉴》并称我国古代的“史学双璧”，在中国史学界有着极高的评价，也代表着中国古代史学的最高成就，但两者有着明显的区别。《史记》的初衷是为了记录历史，司马迁运用文学手法写就文人眼中的历史。《资治通鉴》的本意则是为了回答北宋政治变革何去何从的问题，是司马光以政治家的眼光获取治国之方的探索。

司马光汇总各种史学资料，从辅政治国的角度出发，重新进行拣选、阐释，提炼出许多治国理政的经验教训。书中记录了许多由“大乱”到“大治”的历史阶段，初唐就很有代表性。唐太宗李世民年轻时跟随父亲李渊多次出征，马上打天下，为“开拓之祖”；政变即位后治理天下，又为“守成之宗”。李世民揭开了中国封建社会最辉煌灿烂的一页，开创了“贞观之治”的局面，他在位期间，选拔贤能之士，贞观一朝人才盛极一时，同时他广开言路，直谏之风盛行，其中谏议大夫魏征便以敢于犯颜直谏而为后人所称道。

（一）探寻人物踪迹

魏征（580—643），字玄成。父魏长贤，以博通经史、文才出众闻名，北齐时任著作佐郎，掌管编纂国史，为人耿直，后因上呈奏疏讥刺时政而被贬官。魏征正是继承了父亲敢于谏言的胆识。

魏征一生历经了隋末的丧乱、唐初的大治。他早年潜心读书，隋末为了避世，出家当了道士。因深感怀才不遇，投身李密率领的瓦岗军，最终归附唐军，受到了太子李建成的赏识，任太子洗马。玄武门之变后，唐太宗李世民并未对太子李建成和齐王李元吉的旧部进行大清洗，而是全部赦免留任。唐太宗十分赏识魏征的才华，任命他为东宫詹事主簿，此后，魏征先后任谏议大夫、左光禄大夫等职。魏征敢于犯颜直谏，面折廷争，他曾多次规劝唐太宗吸取隋亡的教训，勤于政事、居安思危、戒奢以俭，薄赋敛、轻租税，宽仁治天下。据不完全统计，从贞观元年（627 年）到贞观十七年（643

年)，短短十余年间，魏征进谏达二百余次，不愧是中国历史上最负盛名的谏臣。他的谏言为唐太宗开创“贞观之治”、巩固唐王朝的统治做出了巨大贡献。

（二）品味经典佳作

贞观二年(戊子，六二八)

征状貌不逾中人，而有胆略，善回人主意，每犯颜苦谏；或逢上怒甚，征神色不移，上亦为之霁威。尝谒告上冢，还，言于上曰：“人言陛下欲幸南山，外皆严装已毕，而竟不行，何也?”上笑曰：“初实有此心，畏卿嗔，故中辍耳。”上尝得佳鹞，自臂之，望见征来，匿怀中；征奏事固久不已，鹞竟死怀中。

…………

贞观六年(壬辰，六三二)

长乐公主将出降，上以公主，皇后所生，特爱之，敕有司资送倍于永嘉长公主。魏征谏曰：“昔汉明帝欲封皇子，曰：‘我子岂得与先帝子比!’皆令半楚、淮阳。今资送公主，倍于长主，得无异于明帝之意乎!”上然其言，入告皇后。后叹曰：“妾亟闻陛下称重魏征，不知其故，今观其引礼义以抑人主之情，乃知真社稷之臣也！妾与陛下结发为夫妇，曲承恩礼，每言必先候颜色，不敢轻犯威严；况以人臣之疏远，乃能抗言如是，陛下不可不从。”因请遣中使赍钱四百缗、绢四百匹以赐征，且语之曰：“闻公正直，乃今见之，故以相赏。公宜常秉此心，勿转移也。”上尝罢朝，怒曰：“会须杀此田舍翁。”后问为谁，上曰：“魏征每廷辱我。”后退，具朝服立于庭，上惊问其故。后曰:“妾闻主明臣直;今魏征直,由陛下之明故也,妾敢不贺!”上乃悦。

…………

贞观十年(丙申,六三六)

魏王泰有宠于上,或言三品以上多轻魏王。上怒,引三品以上,作色让之曰:“隋文帝时,一品以下皆为诸王所颠踬,彼岂非天子儿邪!朕但不听诸子纵横耳,闻三品以上皆轻之,我若纵之,岂不能折辱公辈乎!”房玄龄等皆惶惧流汗拜谢。魏征独正色曰:“臣窃计当今群臣,心无敢轻魏王者。在礼,臣、子一也。《春秋》,王人虽微,序于诸侯之上。三品以上皆公卿,陛下所尊礼。若纪纲大坏,固所不论;圣明在上,魏王必无顿辱群臣之理。隋文帝骄其诸子,使多行无礼,卒皆夷灭,又足法乎!”上悦曰:“理到之语,不得不服。朕以私爱忘公义,曏者之忿,自谓不疑,及闻征言,方知理屈。人主发言何得容易乎!”

…………

贞观十七年(癸卯,六四三)

郑文贞公魏征寝疾,上遣使者问讯,赐以药饵,相望于道。又遣中郎将李安俨宿其第,动静以闻。上复与太子同至其第,指衡山公主欲以妻其子叔玉。戊辰,征薨,命百官九品以上皆赴丧,给羽葆鼓吹,陪葬昭陵。其妻裴氏曰:“征平生俭素,今葬以一品羽仪,非亡者之志。”悉辞不受,以布车载柩而葬。上登苑西楼,望哭尽哀。上自制碑文,并为书石。上思征不已,谓侍臣曰:“人以铜为镜,可以正衣冠,以古为镜,可以见兴替,以人为镜,可以知得失;魏征没,朕亡一镜矣!”

1. 译文阐释

（唐太宗）贞观二年（戊子，628 年）

魏征容貌不过常人，却颇有胆识，擅长劝人改变想法，常常冒犯君主龙颜苦心劝谏；有时候碰见皇上恼怒至极，魏征却神色不变，皇上也只好收敛怒容。（魏征）有一次告假，去祭拜先人的坟陵，回来告诉皇上："有人说陛下您想要巡幸南山，外面都整饬完毕（严阵以待），而您却没来，为什么？"皇上笑着说："起初，我的确有巡幸之意，可又害怕爱卿你又唠叨我，所以中途就放弃了。"皇上曾经得到过一只上好的鹞鹰，亲自用胳膊架着（玩赏），看见魏征来了，偷偷藏在怀里；魏征故意奏事不停，鹞鹰竟然被闷死在（皇上）怀中。

…………

（唐太宗）贞观六年（壬辰，632 年）

长乐公主要出阁下嫁，皇上因为公主是皇后所生，特别喜爱，下令相关部门准备比永嘉长公主出嫁时多一倍的嫁妆。魏征劝谏道："当年汉明帝想要分封诸位皇子，说：'我的儿子怎么能与先帝的儿子相比！'于是下令只给自己的儿子分封了相当于（先帝之子）楚王、淮阳王一半的封地。如今为长乐公主准备的陪嫁物资，比长公主多一倍，岂不是与汉明帝的想法差了很多吗？"皇上赞同他的话，回到后宫告诉了皇后。（长孙）皇后感叹道："我总是听陛下您称赞魏征，一直不解其因，今天见到他引用礼法抑制君主的私情，才明白这才是真正辅佐社稷江山的栋梁之臣！我与陛下结为夫妻以来，多受恩宠礼遇，即便如此每次进言之前，还要先察言观色，不敢轻易冒犯您的威严；但是（魏征）作为人臣，与您的关系相对疏远，却能够如此直言，陛下不能不听从他的意见。”于是派宫中使者带着四百缗钱、四百匹绢赏赐魏征，并且对他说：“听说您非常正直，今天才得以见识，因此来赏赐您。希望您常常秉持这份忠心，不要改变。”皇上曾经上朝回来，大怒：“我一定要杀了这个乡巴佬！”皇后问是谁，皇上说：“魏征总是在朝堂上侮辱我。”皇后退下，穿戴好朝服站在朝堂之中，皇上惊奇地问她原因。皇后说：“我听说君主贤明，臣子才会正直；如今魏征正直，正是因为陛下贤明，我岂敢不向陛下道贺？”皇上才高兴起来。

…………

（唐太宗）贞观十年（丙申，636 年）

魏王李泰很受皇上宠爱，有人说许多三品以上的官员轻视魏王。皇上大怒，把三品以上的官员全部召集起来，面带怒色地斥责道：“隋文帝时，一品以下的官员都会被亲王们羞辱，（魏王）他难道不是皇上的儿子？我只是不愿放纵皇子任凭他们横行罢了。听说三品以上的大臣都敢轻视他们，我若是放纵他们，难道他们不会羞辱你们吗？”房玄龄等人都惶恐得冷汗淋漓拜倒谢罪。唯独魏征面色不变：“我估量当今的这些大臣，没有人敢轻视魏王。在遵守礼仪上，大臣和皇子是一视同仁的。《春秋》记载，周天子虽然现在衰微不得势了，位列也在诸侯之上。三品以上都是公卿大臣，受到陛下的尊重和礼遇。假若现在国家纲纪崩坏，姑且不说；可如今有贤明的陛下尚在，魏王没有无端羞辱群臣的理由。隋文帝骄纵自己的皇子，使得他们做出许多无礼之事，最终被诛灭，怎会值得去效仿呢?”皇上龙心大悦:“说得条条在理，让人不得不服。朕因为私情溺爱皇子，却忘记了公义，先前生气时，自己还觉得自己很有理，等听了魏征的话，才知道理亏。人主的言语可不能草率啊!”

…………

(唐太宗)贞观十七年(癸卯，643年)

郑文贞公魏征病重不起，皇上派使者询问病情，又赐给他药物，送药的人往来不绝。(皇上)又派中郎将李安俨留宿在魏征家中，一有动静就立刻报告。皇上与太子一起来到魏征家，指名衡山公主，要把她嫁给魏征的儿子叔玉。戊辰日，魏征逝世，皇上命令百官中九品以上的官员都要前来奔丧，赐予以鸟羽装饰华盖的高规格仪仗队和鼓吹乐队，陪葬在昭陵。魏征的妻子裴氏说:“魏征平时生活简朴，如今以一品的礼仪规格安葬他，这不符合他的遗愿。”于是全部推辞掉，不肯接受，仅用布罩着的车子载着灵柩，安葬了魏征。皇上登上宫苑西面的城楼，望着魏征的灵车痛哭，非常悲伤。皇上还亲自拟写碑文，并书写在墓碑上。皇上思念魏征不已，对身边的侍者说:“人用铜做镜子，可以整理衣冠;用历史做镜子，可以观察朝代更替兴衰;用人做镜子，可以发现自己的对错。魏征去世了，朕失去了一面镜子!”

2. 深层解读

良药苦口、忠言逆耳，是人人皆知的道理，想要君主接受谏言就需要技巧，而魏征就是这方面的专家。魏征性格耿直，喜欢据理力争，但他的直言也并不是完全不讲究方法。魏征善用类比，关于准备长乐公主陪嫁物品的问题，他并没有直接劝谏唐太宗削减长乐公主的嫁妆，而是将长乐公主与长公主相比，将唐太宗与一代明君汉明帝相比，既维护了唐太宗作为君主的尊严，又合理化地减少了公主陪嫁的开支。魏征进言时不卑不亢，当唐太宗因误会魏王李泰受辱而勃然大怒时，他仍能面不改色地陈述事实，镇定自若地举出隋文帝的反面例子。魏征不愧是一位出色的政治家，他强烈的责任心、惊人的洞察力和预见性，以及坚定的原则性，为初唐的发展做出了重要的贡献，并影响至今。

（三）知识拓展

1. 历史功勋

赢得生前身后名，是中国古人至高的追求。对于古人而言，生前的声名十分重要，死后之名同样重要。行出于己、名生于人，谥号就是对生前功过是非的盖棺定论。对于古代臣子而言，谥号更是对其为政一生的全面审核，能加封谥号“文正”是对中国文臣的最高赞誉，谥号“忠武”则是对武将的极美之谥。司马光认为道德博闻曰文，靖共其位曰正，“文正”是谥之至美，无以复加，因此古往今来，能在死后谥为“文正”成为文臣一生的执念。“文正”最早来源于“文贞”，后世宋代仁宗名祯，为了避讳，改文贞为文正。千古谏臣典范魏征死后即谥为“文贞”，有唐一代，能获此殊荣的只有魏征、陆象先、宋璟、张说四人。

魏征为人们所熟悉的是他的直言进谏，然而他在治国理政和编修史书等方面也有突出贡献。魏征提出抚民以静的治国方针,他将隋朝和唐贞观时期相较,认为隋初的物资储备、人口数量、军事势力都强于当朝,然而隋炀帝的暴虐加速了隋的瓦解,因此唐贞观时期治国要以“静”为主,即让百姓休养生息,具体以实行轻徭薄赋、劝农务本的方式实现。同时,他还提出要想天下大治,帝王就要实行王道、实施仁政,对百姓进行教化。魏征还提出“兴文”主张,奏请唐太宗组织儒生整理散佚的图书,并亲自将汉朝戴圣的《礼记》重新进行整理注解为《类礼》二十卷,与虞世南、褚遂良一起辑录前人谏言著《群书治要》一书,主持了诸多史书的编撰工作,写有《隋书》序论,《梁书》《陈书》《北齐书》总论。

2.《谏太宗十思疏》《十渐不克终疏》

《谏太宗十思疏》《十渐不克终疏》是魏征在贞观年间写给唐太宗的奏章,有着“千古金鉴”的美誉。贞观初年,刚刚即位的唐太宗,历经隋朝末年的动荡,深刻地认识到隋炀帝骄奢淫逸以致亡国的道理。因此,他吸取隋朝覆亡的教训,勤俭节约,同时减轻赋税、减少徭役,推行休养生息的政策,经过十多年的治理,唐朝社会安定,经济发展,对外无战事,百姓也逐步富裕起来。然而,唐太宗后来逐渐忘记了励精图治的初衷,开始耽于骄奢之事,大兴土木、广求珍宝、四处巡游,在处理政务时独断专行,纳谏也变得流于形式。面对这种情况,魏征极为忧虑,他清醒地看到了“贞观之治”背后隐藏的危机。贞观十一年(637 年),魏征连上四疏,力陈得失,其中最具影响力的奏疏是第二疏——《谏太宗十思疏》。魏征所谏“十思”，以居安思危为总纲，阐述了“思知足以自戒”“思知止以安人”“思谦冲而自牧”“思江海下百川”“思三驱以为度”“思慎始而敬终”“思虚心以纳下”“思正身以黜恶”“思无因喜以谬赏”“思无以怒而滥刑”，以此规劝唐太宗若想国家长治久安，君王必须努力积聚德义，戒奢以俭，虚心纳谏，慎用刑赏。唐太宗看后幡然醒悟，写下了《答魏征手诏》，承认过错，并表示要将这封奏疏放在书案旁，时刻警示自己。贞观十三年（639 年），魏征担心唐太宗不能善始善终，又写了《十渐不克终疏》，以此提醒唐太宗继续保持贞观初年节俭谨慎的作风，唐太宗深以为然，把此奏疏写在屏风上，朝夕阅读。

（四）思考探究

1.“人以铜为镜，可以正衣冠，以古为镜，可以见兴替，以人为镜，可以知得失”，谈谈你对这句话的认识。

2. 从民意中汲取执政的智慧是古代统治者的智慧，结合魏征直谏的例子，谈谈对你有何启示。

四、以奇制胜　李愬夜袭

《孙子兵法 · 兵势篇》有云：“以正合，以奇胜。”古代有许多出奇制胜的突袭战，其中最具代表性的莫过于李愬雪夜奔袭蔡州，《新唐书》称其“功名之奇，近世所未有”。关于李愬袭取蔡州，《旧唐书 · 李愬传》《唐宪宗实录》《凉国公平蔡录》等多部文献中有所记述，但或受制于体例，或碍于已佚，对此场战役的记述难见全貌。《资治通鉴》以上述史料为基础，运用简洁的文笔，以时间为序，将这场战事记述得真实又生动，同时也塑造出了一个英勇果决、运筹帷幄的武将形象。

（一）探寻人物踪迹

李愬（773—821），字元直，唐代中期武将，洮州临潭（今甘肃临潭东）人，其父为西平郡王李晟。李晟骁勇善战，有“万人敌”之称，在驻守边陲及平叛之时屡立战功。李愬托庇祖荫，先后担任太常寺协律郎、卫尉少卿等职，李愬本人非常擅长治军，宋代张预《十七史百将传》中载其“有筹略，善骑射”。

唐宪宗即位后，各地藩镇割据势力称霸一方，唐宪宗决心削藩，但平定各地藩镇割据的行动屡次受挫。元和十一年（816 年），李愬上书唐宪宗，愿于军前效力，时任宰相李逢吉非常欣赏李愬并大力推荐，于是唐宪宗准奏，李愬遂“充随唐邓节度使”（《新唐书·李愬传》），参与征讨吴元济。次年（817 年）李愬雪夜袭蔡州，以奇谋生擒吴元济，平定了淮西方镇。李愬也因为此役被封为凉国公。后又奉命征讨平卢节度使李师道，十一战连胜。长庆元年（821 年）十月，李愬病卒，谥号武，追赠太尉。

（二）品味经典佳作

元和十二年（丁酉，八一七）

辛未，李愬命马步都虞候、随州刺史史旻留镇文城，命李祐、李忠义帅突将三千为前驱，自与监军将三千人为中军，命李进诚将三千人殿其后。军出，不知所之；愬曰：“但东行！”行六十里，夜，至张柴村，尽杀其戍卒及烽子。据其栅，命士少休食干糒，整羁靮，留义戍军五百人镇之，以断洄曲及诸道桥梁，复夜引兵出门；诸将请所之，愬曰："入蔡州取吴元济！"诸将皆失色。监军哭曰："果落李祐奸计！"时大风雪，旌旗裂，人马冻死者相望。天阴黑，自张柴村以东道路，皆官军所未尝行，人人自以为必死，然畏愬，莫敢违。夜半，雪愈甚，行七十里，至州城；近城有鹅鸭池，愬令击之以混军声。

自吴少诚拒命，官军不至蔡州城下三十余年，故蔡人不为备。壬申，四鼓，愬至城下，无一人知者。李祐、李忠义镢其城，为坎以先登，壮士从之；守门卒方熟寐，尽杀之，而留击柝者，使击柝如故。遂开门纳众，及里城，亦然，城中皆不之觉。鸡鸣，雪止，愬入居元济外宅。或告元济曰："官军至矣！"元济尚寝，笑曰："俘囚为盗耳！晓当尽戮之。"又有告者曰："城陷矣！"元济曰："此必洄曲子弟就吾求寒衣也。"起，听于廷，闻愬军号令曰："常侍传语。"应者近万人。元济始惧，曰："何等常侍，能至于此！"乃帅左右登牙城拒战。

时董重质拥精兵万余人据洄曲。愬曰："元济所望者，重质之救耳！"乃访重质家，厚抚之，遣其子传道持书谕重质；重质遂单骑诣愬降。

愬遣李进诚攻牙城，毁其外门，得甲库，取器械。癸酉，复攻之，烧其南门，民争负薪刍助之，城上矢如猬毛。晡时，门坏，元济于城上请罪，进诚梯而下之。甲戌，愬以槛车送元济诣京师，且告于裴度。是日，申、光二州及诸镇兵二万余人相继来降。

自元济就擒，愬不戮一人，凡元济官吏、帐下、厨厩之卒，皆复其职，使之不疑，然后屯于鞠场以待裴度。

…………

李愬还军文城，诸将请曰："始公败于朗山而不忧，胜于吴房而不取，冒大风甚雪而不止，孤军深入而不惧，然卒以成功，皆众人所不谕也，敢问其故？"愬曰："朗山不利，则贼轻我而不为备矣。取吴房，则其众奔蔡，并力固守，故存之以分其兵。风雪阴晦，则烽火不接，不知吾至。孤军深入，则人皆致死，战自倍矣。夫视远者不顾近，虑大者不详细，若矜小胜，恤小败，先自挠矣，何暇立功乎！"众皆服。愬俭于奉己而丰于待士，知贤不疑，见可能断，此其所以成功也。

1. 译文阐释

（唐宪宗）元和十二年（丁酉，817年）

（十月）十五日，李愬下令马步都虞候、随州刺史史旻留镇文城，命令李祐、李忠义率领三千勇士为前锋，自己与监军（梁守谦）率领士兵作为中军，命令李进诚率领三千人兵马押后。军队出发了，将士们不知道往哪里去，李愬说："一直向前行军！"走了六十里，晚上到了张柴村，将这里的守卫和瞭望烽火的士兵全部杀掉。占领了营寨，（李愬）下令士兵稍事休息，吃些干粮，整理一下马具，留下五百名义成军的士兵镇守这里，以切断洄曲和其他各条通往（蔡州）道路上的桥梁，李愬连夜带着士兵又外出了。诸位将领都询问去哪里，李愬说："去蔡州捉拿吴元济！"将领们大惊失色。监军哭道："我们果然中了李祐的奸计！"当时正刮着大风，下着大雪，军旗都被风撕裂了，冻死的人、马随处皆是。天气阴沉漆黑，从张柴村往东的路，官兵们从来没有走过，人人都觉得必死无疑了。然而因为害怕李愬，没人敢违抗。半夜，雪下得更大了，走了七十里，到了蔡州城。靠近蔡州城边，有一个满是鹅鸭的池塘，李愬令人故意惊扰鹅鸭，以掩盖行军的声音。

自从吴少诚抗拒皇命以来，官军已经有三十余年没来过蔡州城下了，所以蔡州人没有防备。十六日，四更天时分，李愬（的军队）来到蔡州城下，没有一个人知道。李祐、李忠义用锄头挖掘城墙，挖成土坎登上城楼，勇敢的士兵紧随其后；守卫蔡州城门的士兵们刚睡熟，就全被杀光了，只留下打更的人让他继续打更。（李祐、李忠义）打开城门，把军队放进城来，军队到了里城也如此，城中没有一个人察觉。鸡叫的时候，雪停止了，李愬进入吴元济的外宅。有人告诉吴元济："朝廷的军队来了！"吴元济还在睡觉，笑道："不过是那些俘虏们在偷东西。明早一定把他们全杀了。"又有人前来报告："蔡州陷落了！"吴元济说："这一定是洄曲的士兵来我这儿要冬装棉衣的。"（吴元济）起床，在院子里细听，听到李愬的军队在传达军令："常侍传话。"响应的有近万人。吴元济开始害怕："这是哪个常侍，竟然能来到这里！"于是（吴元济）率领左右随从登上城墙开始抵抗。

当时，董重质率领着一万多精兵占据着洄曲地区。李愬说："吴元济盼望是董重质的救兵！"于是拜访了董重质的家人，优厚地安抚了他的家人，派他的儿子董传道带着书信劝说董重质，董重质于是单枪匹马前来向李愬投降。

李愬派遣李进城攻打城墙，毁掉了城墙的外门，占领了兵器库，取走了兵器。十七日，再次攻打，烧毁了南城门，民众争着背负柴草帮助官军（火烧城门），城头上插的箭像刺猬的刺一样密集。晡时（下午三点到五点），城门被攻陷，吴元济在城楼上投降，李进城架上梯子，把吴元济（从城楼上）接了下来。这一天，来自申州、光州以及其他方镇的士兵，有两万多人陆续前来投降。

自从吴元济被抓以后，李愬不再杀一人，并恢复了吴元济原来的官员、营下军士、厨师马夫的职事，让他们没有疑虑。然后就地驻扎在蹴鞠场上，等候裴度前来。

…………

李愬带着军队返回文城，各位将领都向他请教："刚开始时，您在朗山打了败仗却不忧虑，在吴房打了胜仗却不占领，冒着大风雪不停行军，孤军深入敌境却不害怕，然而最终却取得了胜利，这是我们都不理解的，请问您获胜的原因是什么？"李愬说："朗山战事失利，那么敌军就会轻视我军，不加防备。占领吴房，敌军的兵力会逃亡蔡州，（与蔡州军）合力共守蔡州城，所以留着（吴房）分化敌军兵力。风大雪大、天气阴沉，烽火就无法传递军情，敌人就不知道我军到来。孤军深入敌境，则人人都以为身陷险地，必定会拼死一战，战斗力自然倍增。看得远的人不顾虑近处，考虑大局的人不计较细节，如果一场小胜就骄傲自满，一场小败就忧心忡忡，先自乱阵脚，哪还有时间立功呢？"众人听完都很佩服。李愬自己生活节俭朴素，对待士兵却优厚体恤，用人唯贤却不怀疑，做事当机立断，这就是他能够成功的原因。

2. 深层解读

安史之乱后，唐代藩镇势力历经唐代宗、唐德宗两朝日趋兴起,地方势力的壮大严重威胁着中央的统治。唐宪宗即位后立刻着手削藩,尽管他任用主战派的宰相武元衡、御史中丞裴度,但平藩之路走得并不顺利,朝内保守势力的劝阻,各地将领的迁延观望,加之平藩过程中消耗了太多人力、物力,都使得平藩之路蒙上了一层阴影。在平藩之战中,最具有转折性的就是李愬雪夜袭蔡州一役,这也是中国古代战争史上教科书式以少胜多的战役,李愬通观全局,周密筹划,知人善用,因势利导,最终取得了胜利。而这一战也对各路藩镇产生了巨大的震慑效应,唐王朝获得了短暂的安定,才有了其后的“元和中兴”。

(三)知识拓展

1. 蔡州由来

“雪中行师等儿戏,夜取蔡州藏袖底。”清代诗人惠洪在《题李愬画像》一诗中盛赞了这场延续唐朝国祚的关键之战——蔡州之战。李愬夜袭蔡州是中国战争史上经典的奇袭战。要想了解这场战争,先要了解这场战争的发生地蔡州。唐宰相李吉甫所作《元和郡县图志》卷九《河南道五》记载:“蔡州,紧。汝南。”蔡州的位置在今河南省驻马店市汝南县,蔡州的定名经历了复杂的过程。

最早关于蔡州的记录,见于《禹贡》:“荆河惟豫州。”此时蔡州之地称为豫州,也就是今天河南的简称。汉代,豫州是汉十二州之一。南北朝时期,行政区域划分非常混乱。以豫州为例,南朝时期设有豫州、南豫州,北朝时期设有豫州、东豫州。隋朝统一全国以后,将重名的州进行了重新命名,仁寿四年(604 年)设豫州后,又改名溱州，大业二年（606 年）又将溱州改名为蔡州，大业三年（607 年）改蔡州为汝南郡。唐时，蔡州的名称更改更为频繁，唐武德四年（621 年）重新改为豫州，玄宗天宝元年（742 年）改为汝南郡，肃宗乾元元年（758 年）复称豫州，唐代宗宝应元年（762 年）为了避唐代宗李豫的讳，重改为蔡州，直到元代才改名为汝宁府。唐代，蔡州是藩镇割据的重镇之一，所管辖地区为中原腹地，大致相当于今河南省淮河以北、桐柏山以东、洪河上游以南的区域，此地是唐朝江南税赋转运的重要通路，有着重要的地理战略意义，因此是大唐王朝必争之地。

2. 夜袭蔡州

李愬雪夜攻打蔡州是一场奇袭，而这场奇袭却并不是偶然事件，李愬在此之前已经精心多方筹划。

唐代宗、唐德宗以来，藩镇割据势力发展壮大。淮西方镇勾结其他藩镇，成为唐王朝心腹大患。唐宪宗元和九年（814 年）闰八月，淮西节度使吴少阳卒，其子吴元济秘不发丧，擅自接管淮西军务，拥兵自立。一向有心削藩的唐宪宗，决定以此为契机，讨伐吴元济，平定淮西方镇。但因为平卢淄青节度使李师道、成德节度使王承宗暗中支持吴元济，偷偷烧毁朝廷储藏钱帛粮草的河阴转运院，派人刺杀了力主平藩伐乱的宰相武元衡，加之唐宪宗时期国库空虚，呈胶着状态的平叛战争使得中央财政吃紧，于是唐中央开始出现大量反对发兵的声音，然而唐宪宗坚持己见，力主削藩，此时只有新任宰相裴度支持唐宪宗。

元和十二年(817 年)是平西战事最关键的一年,裴度亲赴前线督战,李愬也开始登上历史舞台。身为散骑常侍的李愬,给裴度送来了一份作战计划,由李愬亲自率领一支人马深入淮西直取蔡州,擒贼先擒王,捉拿吴元济,这份作战计划得到了裴度的认可。

是年正月,李愬来到前线唐州(今河南泌阳),他并没有急于求成,而是做足了战前准备。他亲自看望受伤的士兵,安定军心,又刻意示弱,麻痹敌军,淮西军因此前屡次战胜唐军,本就轻敌,又见李愬行事卑微,就不再对唐军严加防范。

李愬一边上表请求朝廷增兵两千人,一边优待俘虏,争取淮西降将为己所用。他俘获淮西骁将丁士良后,力排众议,委以重任。丁士良知恩报德,献计擒获了文城栅(今河南遂平西南)吴秀琳的得力臣子陈光洽,吴秀琳只好无奈地率众投降。李愬厚待吴秀琳,经常和他商议攻占蔡州之事,吴秀琳提出要取得蔡州,李祐是关键人物。李愬设计生擒李祐,并以宾客之礼相待,李祐被李愬的信任和重用感动,为袭取蔡州出谋献策。李愬还废除窝藏敌方间谍者满门抄斩的法令,厚待敌方间谍,因此李愬很快掌握了淮西军的虚实。同时,李愬切断了蔡州与周边城邑的联系,将主力部队进驻距离蔡州 65 公里的文城栅。

九月,奇袭条件成熟,李愬遣人密报裴度准备奇袭,裴度盛赞奇谋,同意出兵。十月十五日,风雪之夜,一场扭转唐朝国运的战事悄然上演。

3. 一碑两文

淮西平定之后,各地割据的藩镇惶恐不安,纷纷尽忠上表,表示效忠朝廷，沧州、景州、幽州、德州、棣州、沂州、密州、海州、淄州、青州等地陆续收归中央，藩镇割据的局面暂告结束。朝廷沉浸在胜利的喜悦中，文武百官纷纷请求刻碑立传，以纪念这次胜利，于是唐宪宗命令时任行军司马的韩愈撰写碑文，历时七十天，韩愈才完成碑文的撰写，这就是平淮西碑。然而韩愈的这篇碑文引出了一场千年公案。韩愈所作碑文记述了藩镇割据的祸害，赞颂了唐宪宗平定淮西的英明之举，记述了李愬雪夜入蔡州的经过，突出了裴度督师、安抚蔡人的功绩，最后写唐宪宗封赏功臣、万民欢腾的场景。唐宪宗看后大喜，命人刊刻于石碑之上。但据《旧唐书·韩愈传》记载，韩愈所作碑文，言辞多记述裴度之功，对李愬却一笔带过，引发了李愬部下的不满。平淮西碑立好后不久，便被李愬的部将石忠孝以百尺长绳拽倒，用锤子砸断。李愬之妻魏国夫人韦氏（唐德宗嫡长女唐安公主之女），利用自由出入皇宫的便利，斥责韩愈所作碑文内容不实，唐宪宗听信了她的话，下令磨掉韩愈所写碑文，命翰林学士段文昌重新撰写，刻于其上，平淮西碑就由韩文碑变成了段文碑，平淮西碑一碑两文争论至今。

（四）思考探究

1. 李愬夜袭蔡州是中国古代突袭战的经典战例，你还知道哪些以奇制胜的战役？

2. 查找资料，分析为什么平淮之战只是暂时结束了唐朝藩镇割据的局面。

第三篇

诸子作品

中华文化历史悠远、博大精深，经典典籍更是汗牛充栋，本篇选取了大众所熟知的儒家、道家、墨家、法家的典籍文章。同时，诸子百家同一流派的思想并非完全统一，而是随着时间的变化在不断发展和完善，即使是我们所熟知的诸子书籍如《论语》《孟子》《老子》《墨子》等，也并非一人一时之作，但这并不妨碍我们从中获取智慧、滋养性情。人类历史上杰出的思想，也需要被时代赋予新的意义，与当下相结合获取新的发展动力。

第一章
群星闪烁　百家争鸣

春秋战国时期是中华民族历史上一个大分裂时期，也是中华文明史上学术繁荣、人才辈出的时期。诸侯之间连年攻战、民生凋敝，各国皆欲变法图强，问鼎中原、统一华夏也成为各国统治者的梦想。诸侯国之间的战争，也从春秋时期的争霸之战转变为战国时期的兼并之战。

政体上的分裂，却造就了文化上的繁荣。周王室日渐衰弱，各诸侯为增强自身实力，皆想笼络天下贤才。在学术上，“学在官府”日趋走向民间，部分寒苦庶民也可身居庙堂。同时，天下士人多有匡扶天下、济世救民的理想，他们游走于各诸侯国之间，或著书立说，或推行自己的政治主张，学术思想空前活跃，涌现出一大批杰出的思想家、政治家和军事家。如儒家的孔子、孟子、荀子，道家的老子、庄子，墨家的墨子，法家的商鞅、韩非等。

春秋战国时期的诸子争鸣，是我国文明史上闪耀的一环，与同一时期西方古希腊文明交相辉映，是人类文明史上两颗耀眼的明星。

一、民贵君轻　亚圣传道

孟子是继孔子之后儒家最具代表性的人物，与孔子并称“孔孟”，元朝时期被追封为“亚圣”，他是中国历史上最早提出“民贵君轻”思想的学者。“民本思想”是孟子学说的核心思想。在政治上，他主张君主实施“仁政”，重视教化的作用。孟子认为政治只有两种，即“王道”或“霸道”。“王道”就是仁政爱民，“民为贵，社稷次之，君为轻”，为政者不得滥用民力、压迫百姓。而“霸道”即通过武力发动战争，四处征伐，以力服人。孟子反对“霸道”，他的终极理想和孔子一致，就是建立一个天下为公、人民安康、衣食无忧的大同社会。

（一）探寻人物踪迹

孟子（约公元前 372—前 289），名轲，表字无传，战国邹（今山东邹城东南）人，战国时期著名的思想家、教育家和政治家。

孟子是鲁国贵族孟孙氏的后裔，但他出生时，家道已经衰落。据说他的父亲名激，在他很小的时候便已去世，他是被母亲抚养长大。孟子的母亲极其注重教育，从“孟母三迁”“孟母断织”等典故中便可窥知一二。因此，孟子在童年时期受到了良好的教育，这为他后来成为大儒奠定了一定的基础。中年时期的孟子和孔子一样，常带领弟子游说诸侯，先后到过齐、宋、邹、滕、魏、鲁诸国，由于他名声很大，在他二十多年的游说生涯中，各诸侯都以礼相待。但由于他的学说并不符合诸侯国君的利益，没有人愿意施行他的政治主张。晚年的孟子回归故里，著书立说，“得天下英才而教育之”，他和弟子整理了自己的学说，辑成《孟子》一书。

（二）品味经典佳作

1. 梁惠王上（节选）

孟子见梁惠王。王曰：“叟！不远千里而来，亦将有以利吾国乎？”

孟子对曰：“王！何必曰利？亦有仁义而已矣。王曰：‘何以利吾国？’大夫曰：‘何以利吾家？’士庶人曰：‘何以利吾身？’上下交征利，而国危矣！万乘之国，弑其君者必千乘之家；千乘之国，弑其君者必百乘之家。万取千焉，千取百焉，不为不多矣。苟为后义而先利，不夺不餍。未有仁而遗其亲者也，未有义而后其君者也。王亦曰仁义而已矣，何必曰利？”

（1）译文阐释

孟子见到梁惠王。梁惠王说：“老先生！您不辞劳苦历经千里，一定是来提供能给我国带来利益的政见吧？”

孟子答曰：“大王！为何一定要说利益呢？也要谈谈仁义呀。国君说：‘如何有利于我的国家？’大夫说：‘如何有利于我的封地？’士人平民说：‘如何有利于我个人？’从上至下都追逐利益，那么国家就危险了。在拥有一万辆战车的国家里，杀害君主的必定是拥有一千辆战车的大夫；在拥有一千辆战车的国家里，杀害君主的必定是拥有一百辆战车的大夫。一万辆战车拥有其中的一千辆，一千辆战车拥有其中的一百辆，不可谓不多了。但如果只把个人利益放前面，仁义道德抛之脑后，那么不抢夺完（剩余的）就不会满足。从来没有见过哪个心存仁爱的人会抛弃双亲，也没有见过哪个心存忠义的人会故意怠慢君主。因此，大王您只需要讲仁义就可以了，为何一定要说利益呢？”

（2）深层解读

这段选文是《孟子》一书的开篇之作。它简要阐述了孟子的政治理念，不管是治国还是为人，孟子提倡先义后利。孟子见到梁惠王后，梁惠王第一句便是询问孟子：“亦将有以利吾国乎？”可见梁惠王是一位利益至上者，见面曰利。而孟子答道：“苟为后义而先利，不夺不餍。”同时，提出讲仁之人不会抛弃自己的父母，讲义之人不会轻慢自己的君主，并希望大王不要只想利益而忽视了仁义。孟子直面君主不卑不亢，无谄媚之态，浩然之气盈身，可敬可佩。

2. 梁惠王上（节选）

梁惠王曰：“寡人之于国也，尽心焉耳矣。河内凶，则移其民于河东，移其粟于河内。河东凶亦然。察邻国之政，无如寡人之用心者。邻国之民不加少，寡人之民不加多，何也？”

孟子对曰：“王好战，请以战喻。填然鼓之，兵刃既接，弃甲曳兵而走，或百步而后止，或五十步而后止。以五十步笑百步，则何如？”

曰：“不可，直不百步耳，是亦走也。”

曰：“王如知此，则无望民之多于邻国也。不违农时，谷不可胜食也。数罟不入洿池，鱼鳖不可胜食也。斧斤以时入山林，材木不可胜用也。谷与鱼鳖不可胜食，材木不可胜用，是使民养生丧死无憾也。养生丧死无憾，王道之始也。五亩之宅，树之以桑，五十者可以衣帛矣。鸡豚狗彘之畜，无失其时，七十者可以食肉矣。百亩之田，勿夺其时，数口之家可以无饥矣。谨庠序之教，申之以孝悌之义，颁白者不负戴于道路矣。七十者衣帛食肉，黎民不饥不寒，然而不王者，未之有也。狗彘食人食而不知检，涂有饿莩而不知发；人死，则曰：'非我也，岁也。'是何异于刺人而杀之，曰：'非我也，兵也。'王无罪岁，斯天下之民至焉。"

(1)译文阐释

梁惠王说："我对自己的国家已经尽心尽力了。河内闹饥荒，就将民众转移到河东地区，将粮食运到河内地区。河东发生饥荒也是这么办。考察邻国的治理情况，并没有比我更用心。邻国的民众却并没有减少，我国的民众也没有增多，这是为什么呢？"

孟子回答说："大王崇尚战争，请让我用战争作比喻。战鼓敲得咚咚响，敌我双方短兵相接，此时有士兵丢弃盔甲、拖着兵器逃走，有的士兵逃了一百步停下来，有的士兵逃了五十步停下来。逃了五十步的人嘲笑逃了一百步的人，这可以吗？"

梁惠王说："不可以，只不过没有逃够一百步而已，这也是逃跑。"

孟子说："大王如果知道这个道理，就不要指望老百姓多于邻国了。不占用农作物耕种的时间，粮食就多得吃不完。不用细密的渔网在水塘里捕捞，鱼鳖就吃不完。按照适合的时节去砍伐树木，木材就取之不尽。粮食和鱼鳖食之不完，木材用之不竭，这就使得民众对生育抚养孩童、赡养安葬老人之事没有什么遗憾了。

民众对此没有不满与遗憾,就是王道的开始。占地五亩的宅子,在院内多种桑树,五十岁以上的人就能够穿上丝衣。鸡、猪、狗这类牲畜,不扰乱它们繁育的时节,七十岁以上的人就能够吃上肉。一百亩的田地,不扰乱农时,一家几口人就不会饿肚子了。认真兴办学校,教授(百姓)尊老爱幼的仁义之理,那么就不会有头发花白的老者背着、顶着重物在路上行走了。七十岁以上的人能够穿丝衣、吃上肉,普通民众没有饥寒交迫,做到了这般地步却还不能称王于天下的,这种情况就没有发生过。猪狗吃着人的食物而不知道制止,路上有人饿死却不发粮赈济;人死之后,就说:‘和我没有关系,这是今年收成不好。’这和用兵器刺死了人却说‘不是我杀的,是兵器杀的’,又有什么不同?大王您不把责任推给年景(而切实治理国家),这样天下的民众就会来投奔您了。”

(2)深层解读

战国时期,诸国混战。百姓无固定的国籍,他们会根据国家的适宜程度去选择定居之地。在农业社会,一个国家人口的多少决定了这个国家强盛与否。因此,梁惠王也期望自己的国家人口众多,国力昌盛。

首段,梁惠王开篇便询问孟子,为何自己国家的人口没有增多。孟子用了一个比喻作答,即“五十步笑百步”。同样是战场上逃跑的人,逃了五十步的人取笑逃了一百步的人是没有道理的。紧接着,孟子论述了增加人口的途径——实行仁政。不违背农时,努力发展生产,让人民衣食无忧,人口自然就增加了。最后,孟子又举了一个例子,狗和猪吃着人的粮食却不去制止,路上有人饿死却不发放仓库里的粮食,人死了便说是收成不好的缘故,这和刺死了人将责任推给兵器是一样的道理。孟子用比喻的形式暗讽了梁惠王推卸责任,没有实行仁政。

3. 告子上(节选)

孟子曰:"鱼,我所欲也,熊掌亦我所欲也。二者不可得兼,舍鱼而取熊掌者也。生亦我所欲也,义亦我所欲也。二者不可得兼,舍生而取义者也。生亦我所欲,所欲有甚于生者,故不为苟得也;死亦我所恶,所恶有甚于死者,故患有所不辟也。如使人之所欲莫甚于生,则凡可以得生者,何不用也?使人之所恶莫甚于死者,则凡可以辟患者,何不为也?由是则生而有不用也,由是则可以辟患而有不为也,是故所欲有甚于生者,所恶有甚于死者。非独贤者有是心也,人皆有之,贤者能勿丧耳。一箪食,一豆羹,得之则生,弗得则死,嘑尔而与之,行道之人弗受;蹴尔而与之,乞人不屑也。万钟则不辩礼义而受之。万钟于我何加焉?为宫室之美、妻妾之奉、所识穷乏者得我与?乡为身死而不受,今为宫室之美为之;乡为身死而不受,今为妻妾之奉为之;乡为身死而不受,今为所识穷乏者得我而为之,是亦不可以已乎?此之谓失其本心。"

(1)译文阐释

孟子说:"鱼,是我想要的,熊掌也是我想要的。这二者不能兼得时,我就会舍弃鱼而选取熊掌。活下来是我所希望的,道义是我想拥有的。这二者不能兼得时,我宁愿舍弃生命而选择道义。活下来是我所希望的,但(道义)比活下来更重要,因此我不会苟且偷生。死亡本来是我所嫌恶的,但当面临比死亡更让我嫌恶的境遇时,我不会因害怕而躲避灾祸(死亡)。如果人们想要的东西没有比生命更重要,那么所有能保全性命的手段,怎么会不采用呢?如果人们所厌恶的没有比死亡更讨厌,那么凡是可以避免死亡的方法,又怎么会不采用呢?由此可见,(有些人)能活命却不用保命的手段,明明可以躲避却选择直面灾祸(死亡),是因为在这些人心里有比生命看得更重的东西,有比死亡更厌恶的东西。不仅仅是贤者有这种心,人人都有,只不过贤者能够不放弃这种初心罢了。一碗饭,一碗汤,吃了就可以活下去,不吃就会死去。但如果(盛气凌人地)吆喝着喊人来吃,即使是饿着的路人也不会吃;将食物用脚踢给人,即便是乞丐也不会接受。不符合礼义而接受的高官厚禄,这样的高官厚禄对我有什么好处呢?是为了住华美的房屋、享受妻妾的侍奉和获得穷人的感激吗?从前(为了道义)就算是死也不愿接受,如今为了华美的房屋而接受了;从前(为了道义)就算是死也不愿接受的,如今为了妻妾的侍奉而接受了;从前(为了道义)就算是死也不愿接受的,如今为了让所认识的穷人感激我而接受了,这种行为难道不可以停下来吗?这就是所谓失去了初心。”

(2)深层解读

这段选文中,孟子论述了一个很重要的观点:义大于生,义重于利。在义利不能两全之时,要坚决选择义。孟子用我们所熟知的事物打了一个比方,将生命比作鱼,将熊掌比作义,认为义比生命更重要。孟子“舍生取义”的观点,对后世产生了极大的影响,比如南宋大臣文天祥,在被元军抓捕时,写下了“人生自古谁无死,留取丹心照汗青”的千古名句，面对元王朝的招降诱惑，文天祥选择了从容就义。抗日英雄吉鸿昌，在英勇就义之前说道：“我是共产党员，由于党的教育，我摆脱了旧军阀的生活，转到工农劳苦大众的阵营里头来。我能够加入革命的队伍，能够成为共产党的一员，能够为我们党的主义，为人类的解放而奋斗，这正是我毕生的最大光荣。我为抗日而死，死得光明正大！”

4. 告子下（节选）

孟子曰：“舜发于畎亩之中，傅说举于版筑之间，胶鬲举于鱼盐之中，管夷吾举于士，孙叔敖举于海，百里奚举于市。故天将降大任于是人也，必先苦其心志，劳其筋骨，饿其体肤，空乏其身，行拂乱其所为，所以动心忍性，曾益其所不能。人恒过，然后能改；困于心，衡于虑，而后作；征于色，发于声，而后喻。入则无法家拂士，出则无敌国外患者，国恒亡。然后知生于忧患而死于安乐也。”

（1）译文阐释

孟子说：“舜在田间耕作时被发掘，傅说在做砌墙的工活时被举荐，胶鬲贩卖鱼盐时被委以重用，管仲从监狱中被救出后得到任用，孙叔敖在海边隐居时被委用，百里奚在奴隶市场上赎回后被任用。因此，上天有重大任务交托给这个人时，一定会先让他内心苦恼、躯体劳累、忍受饥饿、行为错乱，所作所为皆不如意，以此来磨炼他的心性，重塑他的性格，增加他的能力。人只有常犯错误，才会改正；内心感到困惑，深思熟虑，才会有所作为。心中想法表现在神情上和言语中，别人才能够明白。国内没有恪守法度的大臣和辅佐的贤士，国外没有国力相当的敌国和其他外患，这样的国家经常会走向灭亡。如此才会明白有忧患意识才能让国家或个人生存，安逸享受则会让国家或个人灭亡。”

（2）深层解读

孟子通过列举历史上 6 位著名人物在显达之前的困境，引出了“生于忧患，死于安乐”的论点。人只有在艰苦的环境下才能够被造就，如果一生顺风顺水，就很难磨砺出坚强的意志。孟子还从人生引申到了国家层面，提出如果一个国家耽于享乐、生活奢靡，在内没有恪守职责的大臣，在外没有让其忧心的国家，那么这个国家是不会长久的。全文说理和事例相结合，论证严密，多用排比和对仗，增强了文章的说服力。

（三）知识拓展

1. 孟母三迁

孟子很小的时候，他的父亲就去世了。母亲没有改嫁，对孟子一直严格要求，极其重视他的教育，希望孟子有朝一日可以成为栋梁之材。起初，他们一家住在墓地旁边，孟子就和邻里小伙伴学着操办丧事的样子，边哭边跪拜。母亲看到后，心中不悦，认为长此以往，孩子会不学无术。于是他们搬到了市集，孟子和玩伴们又模仿起了商人，边吆喝边模拟售卖。孟子的母亲心中亦不悦，认为此地不适合孩子成长，必须再换住处。之后，他们搬到了屠宰场附近，孟子便学起了杀牛宰羊的事，孟子的母亲知道了心中还是不悦，认为此地依旧不适合自己的孩子成长。最后，他们再次搬家，这回搬到了学校附近。每月初一官员到文庙行礼跪拜，互相以礼相待，孟子也都一一模仿这些礼节。孟子的母亲知道后很满意，认为这才是适合自己的孩子长期居住的地方，于是便定居下来。

所谓“近朱者赤，近墨者黑”，小孩子在童年时期模仿能力很强，他们的成长需要良好的环境，身处健康的环境，才能让他们茁壮成长。后人便用“孟母三迁”的典故来诠释：要主动寻找良好的环境，接近优秀的人才，才能够更有利于个人的发展。

2. 孟母断织

孟子最初并不喜欢学习，慢慢出现了厌学的心理，经常心不在焉，有时还会逃课。孟子的母亲知道后非常生气，当着孟子的面，用剪刀剪断织好的布。孟子吓坏了，问母亲这样做的原因，母亲道：“学问就像织布机上的布，你的半途而废就像现在这匹废布。布是一梭一梭织成的，做学问也需要一步一个脚印。君子求学是为了增加智慧、造福苍生，而你现在如此懒惰，耽于游乐，将来不做强盗，也会沦为厮役。”孟子听后羞愧难当，自此勤奋学习，终于成为一代大儒。

3. 杀豚不欺子

孟子一家当时还住在集市，孟子问母亲别人杀猪做什么。孟母当时忙于劳务，随口言道：“煮肉给你吃！”孟子听到后很高兴，在家等着吃肉。孟母深知为人要诚实，不说空话，所谓“言必信，行必果”，为了不失信于儿子，还是凑足了钱到邻居家买了一块猪肉，煮给了孟子吃。

4. 孟子受教

孟子的妻子勤劳贤惠，有一天忙完后独自一人蹲在地上休息。此时孟子突然进屋，看到妻子如此窘态，就向母亲说："这个妇人没有礼节，我要休了她。"孟母问其原因，孟子言道："我一进屋，发现她蹲在地上。"孟母说："这是你不讲礼仪，不是你的妻子不讲礼仪。《礼记》上说进门需叩门，先要询问屋内是否有人；将要进入厅堂需高声传扬，让屋里的人听到；进屋之后，眼睛要往下看。这样做是为了不让人措手不及，尊重对方。而你到妻子休息的屋子里，非但没有敲门还破门而入，让妻子没有防备，这才让你看到了她蹲在地上的样子，这是你不讲礼仪，而不是妻子不讲礼仪。"孟子听完，意识到了自己的错误，再也不提休妻之事。

（四）思考探究

1. 孟子是华夏先贤，历来受文人墨客推崇。你所熟知的历史名人中有谁推崇孟子，他的人生又是如何发展的？

2. 孟子的"仁政""民本""王道"等思想，与当下的社会主义核心价值观有无相似之处？请简要说明。

二、辩证无为　道家始祖

老子是道家学派的创始人，中国古代著名的思想家。他与庄子并称"老庄"，是道家的主要代表人物。老子的思想深邃奥妙、博大精深，其主要范畴是"道"，"道"是看不见摸不着的，它不是一种具象的存在。老子推崇"自然无为"，尊重事物发展的规律，人力不要强行干涉。同时,他的著作《道德经》也充满了辩证的思想,认为事物美丑、有无、难易都是相互依存的,是一种对立统一的状态。

老子的思想是人类文明史上一笔伟大的精神财富,哲学、美学、文艺学、社会学、心理学、教育学、政治学、修辞学等多种学科受其影响,老子的思想在园林、养生、医药等领域也颇具影响。至元朝,研究老子的著作就已达三千余种,到 20 世纪四五十年代,西方就有超过六十种《道德经》译文。老子的思想早已突破国界,在人类精神文明史上熠熠生辉。

（一）探寻人物踪迹

老子,姓李名耳,字聃,春秋末期人。生卒年不详,籍贯也多有争议。有关老子的许多信息都难以考证,这也为他的一生赋予了神秘的色彩。

1. 年少时期

据《史记 · 老子韩非列传》所载,老子出生于楚国苦县,他出生时两耳又长又大,故起名为“聃”。出生时家道中落,但他聪颖好学,关心天下大事,有着很强的好奇心和求知欲。他师从商容,经常与老师辩论。商容博闻强识、诲人不倦,深受李家敬重。即便如此,李聃所提的一些问题,商容也不知如何回答。在教授李聃三年之后,商容辞行,同时建议李母送李聃去周都深造。

2. 青年时期

李聃辞家入周。在周都,天文地理无所不学,各种典籍无所不阅,三年后大有进步,擢升为看管守藏室的官吏。守藏室是周朝收录典籍的场所，集天下书籍于一室，李聃在这里如蛟龙入海，潜心遨游。他对知识的渴望，在此处得到了极大满足。三年后，又迁任守藏室之史。

3. 中年时期

老子虽博学多才，但毕竟出生卑寒，时常受到权贵的排挤。在被甘简公免除官职之后，他便出游鲁国，在鲁国遇到了孔子，此时孔子十七岁，问礼于老子，获益匪浅。几年之后，老子被甘平公召回周都，继续担任守藏室史。又过了几年，二十六岁的孔子来周都求学，拜访老子。

4. 老年时期

在周敬王四年（公元前 516 年），老子被罢免守藏室之史一职，回故里居住了一段时间以后，便打算出关（函谷关）云游。相传，他在函谷关留下了《道德经》之后，便归隐于老君山。

（二）品味经典佳作

1. 第一章

道可道，非常道；名可名，非常名。无名，万物之始；有名，万物之母。故常无欲，以观其妙；常有欲，以观其徼。此两者，同出而异名，同谓之玄，玄之又玄，众妙之门。

（1）译文阐释

道可以被认知，但并不是一成不变的；名可以被知晓，但也并非恒久不改。无名，是万物的开始；有名，是万物的开端。所以，经常保持清静无为的心态，才能够体会到其中的奥妙；保持追问的欲望，可以探知到道的功用。这两者出自一个根本而名称不同，都十分玄妙，玄妙而又玄妙，这是解开所有奥妙的途径。

(2)深层解读

本章是《道德经》的开篇之作，也是全书的总纲。道家在先秦时期之所以不同于其他学派，就是因为提出了物质的本原“道”，这是一个从“无欲”到“有欲”的过程。老子在开篇就列出这一系列概念，起到了纲领性的作用。

2. 第五章

天地不仁，以万物为刍狗；圣人不仁，以百姓为刍狗。天地之间，其犹橐籥乎？虚而不屈，动而愈出。多言数穷，不如守中。

(1)译文阐释

天地不以感情行事，客观公平地把万物都当作(祭祀时使用的)草扎成的狗一样看待。圣人也不以感情用事，对待百姓一视同仁。天与地之间，不就像一个巨大的风箱吗？内部中空却永无穷尽，鼓动的力量越大风量就越大。议论越多，越令人疑惑，不如持虚守静。

(2)深层解读

这里的“不仁”，不是不仁道的意思，而是天地对万物“一视同仁”，没有偏爱。“天地”“圣人”也在道的范畴，他们只是道的具体体现。此章表现出道家“万物为一”的理念。

3. 第八章

上善若水，水善利万物而不争。处众人之所恶，故几于道。居善地，心善渊，与善仁，言善信，正善治，事善能，动善时。夫唯不争，故无尤。

(1)译文阐释

这世间高贵品德就好像水一样，水有利于万物而不与万物相争。水经常处于人们所厌恶的低处，因此水最接近道。居住在地势低洼之处，内心似深渊无所不包，待人仁义，言而有信，为政善于治理，处理问题井然有序，行动善于把握时机。由于水不与万物相争，因此就不会有过失。

(2)深层解读

本章的前两句是其核心，夸赞了水的利他之处。紧接着，论述了为人和治国的哲理，要像水一样发挥所长。结尾总结，正是因为水不相争，所以才能避免发生错误。

老子运用了“比德”的艺术手法，即通过某一具体事物，将其抽象化、拟人化，赋予其具体形态和伦理性质。老子认为，水有利于万物而不与其他事物相争，它是最接近于道的，因为道是不与万物争利的。

4. 第九章

持而盈之，不如其已；揣而锐之，不可长保。金玉满堂，莫之能守；富贵而骄，自遗其咎。功遂身退，天之道也。

(1)译文阐释

过满就会溢出，要提早停止；器物敲打得过于锋利，不可长久保存。即使金银珠宝堆满房屋，也不可能长久守住；长期富贵而变得骄纵,就会面临灾祸。功成名就之时便退出,是符合天道的。

(2)深层解读

本章警醒世人做任何事都要把握“度”,过了这个“度”,事物就会向相反的方向发展。比如选文中所举的例子,水灌得太满就会溢出,器具打磨过于尖锐就不会保持太久,没有人能一直守住满屋的金银财宝,身居高位而骄横必有灾祸。功成名就之后要抽身离去,不然也会有灾祸发生。

老子认为,不管是做人还是治国都要符合“天道”,“天道”即客观规律。不按规律行事,便会受到自然的惩戒。因此做人要戒骄、戒躁、戒锋芒,将其内化为个人的品德,如此人生才会圆满。

5. 第十二章

五色令人目盲,五音令人耳聋,五味令人口爽,驰骋畋猎令人心发狂,难得之货令人行妨。是以圣人为腹不为目,故去彼取此。

(1)译文阐释

五彩缤纷的色彩看得人两眼昏花,繁杂的音乐让人双耳失聪,美味的佳肴让人胃口大损,喜欢游猎的人容易心躁发狂,稀有的珍宝让人行为不轨。因此,圣人只求吃饱饭而不追求声色犬马,摒弃奢侈的物欲才能使生活保持正常。

(2)深层解读

本章讲的是做事没有“度”的后果。五色,就是缤纷的色彩;五音,就是纷扰的旋律;五味,即美味的佳肴。这些事物若不加以防范,就会让我们眼花缭乱、两耳失聪、舌不知味。

面对春秋末期礼崩乐坏、物欲横流的局面，熟知王朝发展史的老子对当时的形势很是担忧，警告统治阶级的人要控制自己的欲望，一旦突破了事物的“度”，便会走向灭亡。这对当下的社会也很有警示作用。如果人们不正确地控制自身的欲望，虽然生活水平在不断提高，但幸福指数没有提升，甚至如果长期沉迷于酒色财气，迟早会伤及自身。

6. 第三十三章

知人者智，自知者明；胜人者有力，自胜者强。知足者富，强行者有志；不失其所者久，死而不亡者寿。

(1)译文阐释

善于了解别人是有智慧的，能够认识自己是内心通透的；能够战胜别人，证明自己是强有力的；能够克制自己，才是真正的强者。知足常乐的人精神是富有的，持之以恒的人是有志向的；不忘记本分的人能够长久，死后不被人忘记才是真正的长寿。

(2)深层解读

本章虽仅有八句，但句句皆是至理名言。其中“自胜”，就是克制自己，进而超越自己，这一项是不易做到的。“死而不亡者寿”，揭示了生命长寿的真正哲理，肉身的消逝并不是真正离去，人真正的逝去是被所有人遗忘。

7. 第四十二章

道生一，一生二，二生三，三生万物。万物负阴而抱阳，冲气以为和。人之所恶，唯孤、寡、不穀，而王公以为称。故物或损之而益，或益之而损。人之所教，亦我而教人：强梁者不得其死——吾将以为教父。

(1)译文阐释

道是一，有了一，才有二和三，才有世间万物。万物是由阴、阳两个方面组成的，阴阳之气相结合，达到了一种和谐的状态。人们最讨厌“孤”“寡”“不穀”这些语汇，但王公贵族常用来自称。因此，事物有减少就有增添，有盈余就会有亏损。别人用这些话来教导我，我也会用这些话去教导别人。过于强势的人是不会善终的，我把这句话当作人生宗旨。

(2)深层解读

本章阐述了万物是由少至多、由繁到简的，这个过程是和谐有序的。老子强调了阴阳调和的理论。阴和阳二者要处在一个和谐的状态，不能阴阳失调。做人要保持一个平和的心态，过于刚强容易伤及自身。

8. 第六十章

治大国，若烹小鲜。以道莅天下，其鬼不神；非其鬼不神，其神不伤人；非其神不伤人，圣人亦不伤人。夫两不相伤，故德交归焉。

(1)译文阐释

治理大国就像煎小鱼(一样不能随便翻转)。用“道”来治理天下，鬼神之说就不灵验了；不是鬼神之说不灵验了，而是鬼神之说无法影响人了；不仅鬼神不能伤害人，圣人也不会伤害人。既然二者都不会害人，人民就可以享受到德的益处了。

(2)深层解读

老子认为,治理大国就像煎小鱼一样,不能随便翻转它。多次翻转,鱼肉容易碎烂,因此应崇尚“无为”,顺其自然。为政简约,对百姓不乱加苛捐杂税,就不易察觉到受鬼怪之说影响,人鬼各安其处。这段话也隐含着老子“无神论”的思想,并督促统治者要关注现实世界,遵守客观规律。

9. 第七十三章

勇于敢者则杀,勇于不敢者则活。此两者,或利或害。天之所恶,孰知其故?天之道,不争而善胜,不言而善应,不召而自来,坦然而善谋。天网恢恢,疏而不失。

(1)译文阐释

勇于刚强就会失去生命,勇于柔弱则可以存活。这两种“勇”,一个得利,一个受害。上天所厌恶的,谁又能知晓呢?大自然的规律便是,不去争取便可获胜,不说过多言语而善于呼应,不召唤外物而使外物自己归附,坦然而善于谋划。自然范围宽广而稀疏,但是没有遗漏。

(2)深层解读

本章描述了面对两种“勇”的不同处理方式,“勇于不敢”是真正的生存之道,“勇”在此处有积极主动之意。同时结尾强调,天道无边无际,不会遗漏任何事迹。末句亦有劝人向善之意。

10. 第八十一章

信言不美,美言不信。善者不辩,辩者不善。知者不博,博者不知。圣人不积:既以为人,己愈有;既以与人,己愈多。天之道,利而不害;人之道,为而弗争。

(1)译文阐释

华美的语言并不是可信的话。善良的人往往不善辩。真正的智者并没有表现出广博的学识,卖弄学问的人也并不是懂得多的人。圣人是不与民争利的:他尽力帮助别人,因为他的内心是充实的;他尽力给予别人,反而得到了更多。自然的规律是让万物都能够受益,平常人做事是在有作为的同时不争抢他人的利益。

(2)深层解读

本章是《道德经》的最后一章,通过“信”与“不信”、“美”与“不美”、“博”与“不博”等相对的词语,表现出老子的辩证思维。这种论点看似矛盾,其实是一种对立统一的状态。

(三)知识拓展

1. 年少聪慧

李聃年少聪颖,勤奋好学,常围着家长询问星象、占卜、国家兴衰等事。李母对儿子寄予厚望,便请精通礼乐的商容先生来当李聃的老师。

有一天,商容对李聃言道:“天地之间人是最宝贵的,众人之中王是最根本的。”李聃满脸疑惑道:“什么是天呢?”商容答道:“在我们头上的清澈物质。”李聃又问:“那清澈的物质又是何物?”商容答道:“清澈物质,就是太空。”李聃继续问道:“太空之上呢?”先生道:“先贤没有传下来,书籍也没有记载,为师也不敢妄言啊!”夜晚,李聃又问其母,他的母亲也不知道。于是李聃眼观星月,思索太空之外为何物。

又有一天,商容对李聃说道:“天下的事,以和为贵,没有和气就会发生战争,两军死伤惨重,对谁都没有好处。”李聃问道:“天下失去和气,受苦最深的是老百姓,那君王为什么不加以治理呢?”商容答道:“老百姓之间的争斗,是失去‘小和’。‘小和’,君主可以治理。但国家之间的争斗是‘大和’,失去‘大和’则是大的灾祸,是君主自己的责任,君主又如何治理呢?”李聃问道:“君主治理不好,那神明可以治理好吗?”商容答道:“古籍没有明确记载,我也没有见过神明,因此我也不敢断言。”夜晚,李聃又带着疑惑问其母,李母也不知道。于是,他走遍周围的城邑,寻找书籍,力求解答自己的疑问。

商容教授李聃三年之后,特来向李母辞行。他对李母言道:“我才疏学浅,聃儿聪慧思敏,我今天来辞行不是因为聃儿不勤奋,而是因为我的才学聃儿已经学尽。此处是偏僻闭塞之地,聃儿若想成才,还需去周都深造。周都典籍如海,贤才如云,是天下的圣地,聃儿长期待在此处难以成大器。”通过商容的劝导和李母的支持,李聃决定入周求学,终成一代大家。

2. 孔子问礼

老子久居周都,学识渊博,前来讨教的学子络绎不绝。孔子久闻大名,特来周都向老子请教。孔子离开周都之际,老子前来送别,赠言道:“我听说富贵的人送别人财富,仁义的人送别人箴言,我不富也不贵,没有财宝送给你,就送你几句话吧!当今的世道,聪明而有洞察力的人，之所以遇难，是因为喜欢讥讽别人；善于辩论而通透的人，之所以屡次招来灾祸，是因为喜欢传扬别人的短处。生而为人，不要过于清高。”孔子答道：“我一定谨记先生所言。”

孔子回到鲁国之后，众多弟子都问道：“老师您见到老子先生了吗？”孔子答道：“见到了。”弟子们问道：“老子先生学问如何？”孔子答道：“鸟，我知道它可以飞；鱼，我知道它可以游；兽，我知道它可以走。禽兽可以用网捕捉，鱼可以用鱼钩钓，鸟可以用箭去射。至于龙，我也不知道它是什么，我只知道龙可以遨游九天！我见到老子，感觉他就像龙一样高深莫测、不可捉摸。”

3. 函谷著书

老子晚年之时，被迫卷入了宫廷争斗。因失职之责，他被迫辞了官职，骑一头青牛，准备西出函谷关，云游四海。

函谷关的守关官员尹喜也是博学之人，爱好古籍，学问深厚。听说老子将要从函谷关经过，欣喜若狂。老子途经函谷关之时，尹喜以礼相待，希望老子在过关之前能够留下一些自己的学说，以造福于后世。老子被尹喜的真诚所感动，在函谷关稍留几日，将自己一生的感悟著成上、下两篇，共五千余言，就是我们现在所看到的《道德经》。

（四）思考探究

1. 推崇老子的都有哪些历史名人？他们为什么推崇老子？

2. 道家和儒家的思想有哪些区别？

3. 老子能够成为一代大家，除了勤学奋进之外，还有哪些因素？

三、文理兼备　唯物大家

墨子是墨家学派的创始人，中国古代著名的思想家、科学家和军事家。墨家在先秦时期影响很大，与儒家并称“显学”，有“非儒即墨”之称。墨子提出了“兼爱”“非攻”“尚贤”“节用”等观点。墨子不仅是一位理论家，也是一位实践家。他常常奔走于诸侯国之间，宣扬自己的政治主张，同时辅助弱小的国家抵御强大的诸侯国，还发明了很多防御型的设备。

在中华文明史上，他不但在文科领域取得了丰硕的成果，在理科领域也颇有建树。他是中国历史上第一个从理性高度对待数学问题的科学家，我们所熟知的“正方形”“直线”“同长”“倍”等概念，就是墨子提出的。同时在物理学上，他对声学、光学、力学等领域都进行了较为深入的研究。除此以外，墨子还是一位唯物主义者。对物质的本原和属性问题，他认为人之所以能够感受到物体的存在，是因为不同的物体具有不同的属性。人能够感知到物体的差异性，是因为物质个体的客观存在。

在当时，墨子的很多观点都是很超前的，这也是他留给后人的一笔巨大的精神财富，值得后人不断去挖掘出新的内涵，赋予其新的价值。

（一）探寻人物踪迹

墨子（约公元前468—前376），春秋战国之际思想家、政治家，墨家的创始人。名翟。宋国人。他是宋襄公的哥哥目夷的后代，虽然出身贵族，但墨子的学说却是在维护庶民的利益。

1. 四处求学阶段

墨子虽是贵族后裔，但他出生时家道早已衰落，少年时的生活并不富足。比起春秋战国时期其他学派的创始人和重要代表人物，墨子的早年生活更加清苦。他少年时期做过木工，是一位底层的手工业者。他长期穿着自己编织的草鞋，走南闯北、各地求学。他最先学儒家学说，系统地学习了《诗经》《尚书》《礼记》《春秋》等儒家经典典籍。由于生活在底层，所以他认为儒家的学说主要是为贵族服务的，遂决定再创一门学派来宣扬自己的观点。

2. 创立墨学阶段

由于墨子的学说符合底层劳动人民的利益，在学说创立之初便受到很多手工业者的推崇，很多庶民阶层的劳动者纷纷追随墨子，逐渐形成墨家学派。墨子为宣扬自己的学说广收门徒，仅高徒就达数百人之众，墨家学派至此名扬诸侯。在代表新型地主利益的法家崛起之前，墨家一直与儒家分庭抗礼。

3. 宣扬学说阶段

墨子虽有过一段仕途生涯，但时间并不算久。他远离仕途之后，便积极融入庶民阶层。长期的底层生活，让他对劳动人民怀有深切的同情。他先后到过齐国、郑国、卫国、楚国等诸侯国，但由于他的学说并不符合统治阶级的利益，终生未能受重用。

4. 晚年著书阶段

墨子晚年时墨家名气已经很大，他和弟子共同整理了《墨子》

一书。在墨子生前，墨家内部便涌现出多个不同意见的群体。慑于墨子的威严，墨家整体表现出较为和谐的局面，但当他死后，墨家小团体之间的争执越发激烈，至此墨家分裂为三家，分别为邓陵氏之墨、相夫氏之墨和相里氏之墨。

（二）品味经典佳作

1. 亲士（节选）

入国而不存其士，则亡国矣。见贤而不急，则缓其君矣。非贤无急，非士无与虑国。缓贤忘士，而能以其国存者，未曾有也。

昔者文公出走而正天下，桓公去国而霸诸侯，越王勾践遇吴王之丑，而尚摄中国之贤君。三子之能达名成功于天下也，皆于其国抑而大丑也。太上无败，其次败而有以成，此之谓用民。

(1)译文阐释

治理国家时不重视士人，那么就离亡国不远了。如果见到贤者而不立即委以重任，那贤者就会疏远国君。没有比任用贤士更急迫的事了，没有贤士就没有能与之谋划国事的人。疏远贤士而能保全国家的情况，是从未有过的。

从前晋文公出走他国最终却平定天下，齐桓公逃离国土却称霸诸侯，越王勾践遭受吴王的羞辱，却能成为威慑中原的贤明君主。这三人之所以能够获取天下，都是因为他们遇到挫折而受到大辱。因此，最好是不会失败，其次是失败了而能够转败为胜，这就是会用人。

(2)深层解读

《亲士》是《墨子》的开篇之作，主张君主应主动亲近士人，任用贤能，只有这样，国家才能兴盛昌隆。文中列举了晋文公、齐桓公、越王勾践三位国君的事例，晋文公在位期间任用狐偃、先轸而使晋国实力大增，齐桓公重用管仲而称霸于诸侯，勾践任用范蠡和文种而复国报仇，表明君主在逆境中之所以能够成就一番霸业，就是因为会任用贤人。在墨子看来，君主应广开言路，国事多与贤臣相商，让贤能的人才尽其用，不然国家就会处于危险的边缘。

2. 尚贤上(节选)

子墨子言曰：今者王公大人为政于国家者，皆欲国家之富，人民之众，刑政之治。然而不得富而得贫，不得众而得寡，不得治而得乱，则是本失其所欲，得其所恶。是其故何也？子墨子言曰：是在王公大人为政于国家者，不能以尚贤事能为政也。是故国有贤良之士众，则国家之治厚；贤良之士寡，则国家之治薄。故大人之务，将在于众贤而已。

(1)译文阐释

墨子说：如今君主和大臣治理国家，都是想让国家富强，人口增多，刑法和政治平稳有序。然而国家没有变富有反而日渐贫困，人口没有变多反而减少，国家不得安定反而愈加混乱，这就是失去了他们想要得到的，他们讨厌的却接踵而至。这是什么原因造成的呢？墨子说：这是因为君主和大臣不能尊重贤者，任用能人治理国家。因此如果一个国家贤者多，国家的治理基础就稳固；贤人少,国家的治理基础就不牢靠。因而君主和大臣的主要任务,就是招揽更多的贤能之人。

(2)深层解读

墨子认为贤人是“为政之本”,君主和大臣都要尊重贤人,进而任用贤人。不然贤人就会对国家失望,造成人才流失。当下社会,各个城市都在进行“抢人大战”,给予一定的优惠政策,期望年轻人都能够落户本地,这本质上也是“尚贤”的一种体现。

3. 兼爱上(节选)

若使天下兼相爱,爱人若爱其身,犹有不孝者乎?视父兄与君若其身,恶施不孝?犹有不慈者乎?视弟子与臣若其身,恶施不慈?故不孝不慈亡有。犹有盗贼乎?故视人之室若其室,谁窃?视人身若其身,谁贼?故盗贼亡有。犹有大夫之相乱家、诸侯之相攻国者乎?视人家若其家,谁乱?视人国若其国,谁攻?故大夫之相乱家、诸侯之相攻国者亡有。若使天下兼相爱,国与国不相攻,家与家不相乱,盗贼无有,君臣父子皆能孝慈,若此则天下治。故圣人以治天下为事者,恶得不禁恶而劝爱?故天下兼相爱则治,交相恶则乱。故子墨子曰:不可以不劝爱人者,此也。

(1)译文阐释

如果天下人都能相亲相爱,爱护别人就像爱护自己一样,那么还会有不孝顺的人吗?看待父亲、兄长与君主就像是看待自己,又怎么会做出不孝的事情呢?难道还会有不慈爱的人吗?看待弟弟、儿子和臣子就像是看待自己,还会有不慈爱的事发生吗?如此这般，不孝顺、不慈爱就没有了。那怎么还会有盗贼出现呢？如果看待别人的家就好像自己的家，谁还会偷窃呢？看待别人就如同自己一般，谁还会去做贼呢？于是盗贼就没有了。那还会存在大夫之间相互侵扰、诸侯国之间相互攻伐的事吗？把别人的家看作自己的家，谁还会作乱呢？把别人的国家当作自己的国家，谁还会攻伐呢？这样，大夫之间侵扰、诸侯之间相互攻打的事就不会发生了。如果使天下之间相亲相爱，国家之间不相互攻伐，家族之间不相互侵扰，就不会再有盗贼了，君主、大臣、父亲、儿子都能孝顺、慈爱，如此天下便可得到治理。因此，圣人以治理天下为己任，怎么能不禁止相互厌恶而劝人相爱呢？因此，天下之人相亲相爱则天下能够得到治理，相互厌恶就会滋生动乱。所以墨子说的“不可以不劝说彼此之间相亲相爱”，就是因为这个原因。

(2)深层解读

“兼爱”是一种无差别的爱，这和儒家提倡的“有差别的爱”是相对的。“兼爱”是墨子的核心思想之一，他认为只有爱别人才能够消除社会上的各种动乱，人与人之间才能够平等互助，即所谓的“兼相爱，交相利”。由于“兼爱”的思想，墨子也被后世之人奉为“侠者之祖”。

4. 非攻中(节选)

国家发政，夺民之用，废民之利，若此甚众，然而何为为之？曰：我贪伐胜之名，及得之利，故为之。子墨子言曰：计其所自胜，无所可用也；计其所得，反不如所丧者之多。今攻三里之城、七里之郭，攻此不用锐，且无杀而徒得此然也。杀人多必数于万，寡必数于千，然后三里之城、七里之郭，且可得也。今万乘之国，虚数于千，不胜而入；广衍数于万，不胜而辟。然则土地者，所有余也；王民者，所不足也。今尽王民之死，严下上之患，以争虚城，则是弃所不足，而重所有余也。为政若此，非国之务者也。

(1)译文阐释

国家发布政令，夺取民众的财物，侵害民众的权益，这样的情况还有很多，然而为什么要这么干呢？回答说：我贪恋战争胜利的威名和所获得的利益，因此这样做。墨子说：计算战争胜利的次数是没有什么用的；计算战争所获得的反而会失去更多。如今攻打一座内城三里、外城七里的城池，不用精锐的部队且不杀人就能够获取，这是不可能的。杀人多的要过万，少的也要超过千人，这样这座内城三里、外城七里的城池才能勉强得到。如今拥有万辆战车的国家，拥有上千个虚邑（名义上的封邑），却管不过来；拥有以万计数的广袤土地，却开垦不完。那么这样看来，土地是多余的，百姓人数却是不够的。如今不惜让百姓参战而死，加重国家的困难，去争取一个人口凋零的城市，就是抛弃自己缺乏的，而争取自己富余的。如此这般实施政务，不是合适的治国之策。

(2)深层解读

“非攻”，就是“兼爱”的具体实施。人与人要相爱，就不能相互争夺。在墨子看来，各诸侯拥有了广袤的土地却不知足，还想夺取更多的土地。即使夺取了更多的土地，但战争却造成了人口的骤减，争夺的土地也只能荒废，无人耕作。自古以来，“兴亡百姓皆苦”，春秋战国无义战，战争给底层人民带来了深重的灾难。即使到了现代，墨子“兼爱”和“非攻”的思想也具有指导意义。

5. 节用中（节选）

子墨子言曰：古者明王圣人，所以王天下、正诸侯者，彼其爱民谨忠，利民谨厚，忠信相连，又示之以利，是以终身不餍，殁世而不卷。古者明王圣人，其所以王天下、正诸侯者，此也。

是故古者圣王，制为节用之法，曰：“凡天下群百工，轮车、鞼匏、陶冶、梓匠，使各从事其所能。”曰：“凡足以奉给民用，则止。”诸加费不加于民利者，圣王弗为。

古者圣王制为饮食之法，曰：“足以充虚继气，强股肱，耳目聪明，则止。”不极五味之调、芬香之和，不致远国珍怪异物。何以知其然？古者尧治天下，南抚交阯，北降幽都，东西至日所出入，莫不宾服。逮至其厚爱，黍稷不二，羹胾不重，饭于土熘，啜于土形，斗以酌。俯仰周旋威仪之礼，圣王弗为。

古者圣王制为衣服之法，曰：“冬服绀緅之衣，轻且暖；夏服絺绤之衣，轻且清，则止。”诸加费不加于民利者，圣王弗为。

（1）译文阐释

墨子说：古代明君圣人之所以能够统一天下、匡正诸侯，是因为他们爱护百姓，为百姓谋利益。既忠诚又有信义，还能让百姓看到实在的利益，因此百姓终生都追随君王，临死也不倦怠。古代的明君圣人之所以能够统一天下，匡正诸侯的原因就在于此。

所以古代圣明的君王制定了节约的法则，写着：“只要是天下的百工，制造车轮和马车的、制作皮革的、烧制陶器和冶炼金属的、制造木器和建筑房屋的匠人，让各行各业的人都从事相对应的工作。”写着：“生产的物品足够民众使用了，就停止。”而诸多只增加费用百姓却不能获益的事，圣明的君王是不会去做的。

古代圣明的君王制定了饮食的法则，写着：“只要能够吃饱饭、补足气，强壮肢体，耳聪目明，就可以了。”不要过度追求五味的调和与各种香味，不追求别国的珍奇之物。如何知道是这样的呢？古代唐尧治理天下，安抚南部的交阯，降服北部的幽都，日光普照之处，没有不臣服的。要说他最喜欢做的事，黍和稷只吃一种，肉块和肉汤只吃一种，瓦器盛饭，瓦盆盛汤，木勺喝酒，那些繁缛的礼节，圣明的君王是不会去做的。

古代圣明的君王制定了穿衣服的法则，写着：“冬天穿天青色、红青色的衣服，轻盈且暖和；夏天穿细葛布或粗葛布的衣服，清凉舒适，这样就可以了。”各种只增加费用而不让人民受惠的行为，圣明的君王是不会做的。

（2）深层解读

自春秋开始，礼崩乐坏，周天子地位一落千丈。各诸侯国趁势崛起，战争频发。大多数诸侯贪欲不止，不仅想要夺取更多的土地和财富，日常生活更是奢靡无度。而大多数百姓却贫病交加、啼饥号寒，受尽磨难。墨子在选文中论述了古代明君节俭的行为，期望当下的诸侯可以效仿。不要与民争利，制定的国策要有利于百姓，只有这样才可能称王于天下。

（三）知识拓展

1. 墨子救宋

战国时期，楚国决定攻打宋国，楚惠王命鲁班制造了很多攻城的云梯。墨子听说这个消息后很着急，步行十天前往楚国的国都郢，一双鞋都被磨破了。墨子见到楚王后，义正词严，陈述了攻打宋国的弊端。楚惠王自知理亏，推说鲁班已经制造了云梯，木已成舟，无法更改。墨子言道，鲁班制造的攻城器械没有用处。接着取下腰带模拟城墙，用木片表示器械，对阵鲁班的各种攻城器械，战争预演结果是鲁班失败。鲁班暗示楚王杀掉墨子，宋国就可攻破。墨子表示早已派自己的弟子禽滑釐等人前往宋国，杀掉自己也无用。楚王看到胜利无望，便放弃了攻打宋国的打算。

2. 一分为二

墨子与程子辩论时常常论说儒家的不足之处，程子说墨子诋毁儒家，墨子表示自己只是陈述事实罢了。几天后，墨子与程子又在一起辩论，墨子却对孔子赞不绝口。程子疑惑道："您一直不喜欢儒家，今日为何如此称赞？"墨子答道："儒家有可取之处，亦有不妥之处，这并不矛盾。"墨子看待问题一直都是对事不对人，这是很难得的品质。

3. 答公孟子

公孟子非常推崇墨子，两人经常一起探讨学术问题。一日，公孟子头戴礼帽，一身儒者的装扮来见墨子，问道："人的服饰和行为有何联系?”墨子微微笑道:“齐桓公、晋文公、越王勾践皆为霸主,但是三人都曾被迫离开自己的国家,漂泊落魄。服饰和行为,这二者并无密切联系。”公孟子频频点头,对墨子更加钦佩。

4. 言行之论

鲁国有一位叫吴虑的制陶者,总是拿尧舜自比,颇为自得。墨子听说其人,前去面见。吴虑问墨子道:“义,在于实际行动,你为何要到处宣传呢?”墨子道:“你亲自制陶和耕种,只可惠泽数人。我宣扬义,可有利于天下,为何不去宣传呢?”

(四)思考探究

1. 在战国时期,墨家与儒家并称“显学”,有“非儒即墨”之称,那为何后世却逐渐没落?

2. 你最认同墨家的哪些思想?为什么?

3. 墨家的思想对当下的社会思潮有何指导之处?

四、以法治国　韩子极知

韩非是战国时期法家思想的集大成者,他的思想吸收了商鞅的“法”、申不害的“术”和慎到的“势”,辩证地将多种法家思想融为一体。韩非留下了大量的文章和言论,他的思想被后世大多数君主所推崇。

韩非的政治理想是建立一个统一的中央集权国家,结束分裂的政治格局。他认为君主要具有绝对的权力,且君主的权力不容亵渎、不可侵犯,要具有驾驭臣下的能力。他的著作中出现了很多诸如“帝资”“兼天下”之类的词语，反映了他的政治意愿。韩非的哲学思想传达的是朴素的唯物主义思想，他认为人通过人体的器官来认识外在的事物，外物是不以人的意志为转移的。同时他提出了“参验论”，认为当人的大脑中形成一个概念或一种观念时，必须经过实际的检验才可确定。他还认为人的认识活动都具有目的性，不是平白无故产生的。

（一）探寻人物踪迹

韩非（公元前 280—前 233），战国时期韩国人，中国古代著名的政治家和思想家。

1. 读书学习阶段

韩非出身韩国贵族，自幼敏而好学，诸子百家的书籍无一不览。但是他有严重的口吃，因此在文章上颇下功夫，弱冠之年便能够写出发人深省的文章。韩非早年师从荀子，是荀子的得意门生。荀子虽属儒家学派，但韩非的思想却更加趋向于法家。

2. 著书立说

自韩桓惠王十年（公元前 262 年）起，秦国对韩国的进攻日趋频繁。面对强大的秦国，韩国统治阶层已经没有了抵抗的勇气，只能靠割地换取短暂的和平。韩非多次上书，但他的思想和政策在韩国并没有得到重视。韩非痛恨韩国统治阶层的腐败，无奈之下只得著书立说。

3. 出使秦国

韩非的书传至秦国，秦王嬴政看到韩非的文章后很是赞赏，嬴政以为这些文章是上古先贤写的,便叹道:“要是能见此人一面,也是死而无憾了。”李斯说:“此人是当世之才,就在韩国。”后来秦王在“远交近政”的政策下决定攻打韩国。韩国不能抵御秦国的进攻,便将韩非送往秦国。

4. 狱中被害

秦王见到韩非后非常欣喜。但李斯怕韩非威胁到自己的地位,便对秦王说:“韩非是韩国人,他一心偏袒韩国,不能为大王您所用。如果一直留着他,终究是个祸患。”秦王认同李斯的看法,便将韩非打入牢狱。李斯趁机派人毒杀了韩非,韩非临死前想面见秦王,但被拒绝。之后秦王十分后悔,但为时已晚。

(二)品味经典佳作

1. 孤愤(节选)

智术之士,必远见而明察,不明察,不能烛私;能法之士,必强毅而劲直,不劲直,不能矫奸。人臣循令而从事,案法而治官,非谓重人也。重人也者,无令而擅为,亏法以利私,耗国以便家,力能得其君,此所为重人为。智术之士明察,听用,且烛重人之阴情;能法之士劲直,听用,且矫重人之奸行。故智术能法之士用,则贵重之臣必在绳之外矣。是智法之士与当涂之人,不可两存之仇也。

(1)译文阐释

精通统治之术的人,必定有远见且明察秋毫,不能明察秋毫,就不可能洞察私情;能够执行法令的人,必定刚强而正直,不正直,就不能纠正奸邪。臣子遵照君王的命令办事,根据法律条文治理政事，但这些臣子都不是权臣。所谓的权臣，不听令于君王而独自妄为，践踏法律来谋取私利，消耗国家的财力而为自己的家族谋取私利，他的权术可以控制君主，这才是权臣。精通统治之术的人明察秋毫，他们的意见若能被采纳或自身被任用，就能够洞察权臣的阴谋；能够执行法令的人，他们的意见若能被采纳或自身被任用，便能矫正权臣的奸邪行为。因此精通统治之术又能够执行法令的士人被任用，那些位高权重的臣子一定会被法律所不容忍。所以精通统治之术且执行法令的士人和当朝掌权之臣是不可能共存的仇敌。

(2)深层解读

孤愤，即孤独与愤慨。这段选文揭示了法家思想者在现实的政治生活中与位高权重者做斗争的心态，孤立无援且无比愤慨。韩非认为，只要君主任用“智术之士”和“能法之士”，就能遏制甚至铲除那些企图控制君主的权臣。

这篇文章措辞犀利且逻辑严密，很有说服力，对后世产生了很大的影响。司马迁在受宫刑之后，曾以《孤愤》和《说难》两篇文章自我激励，完成了“无韵之离骚”的《史记》。

2. 说难(节选)

凡说之难，非吾知之有以说之之难也，又非吾辩之能明吾意之难也，又非吾敢横失而能尽之难也。凡说之难，在知所说之心，可以吾说当之。所说出于为名高者也，而说之以厚利，则见下节而遇卑贱，必弃远矣。所说出于厚利者也，而说之以名高，则见无心而远事情，必不收矣。所说阴为厚利而显为名高者也，而说之以名高，则阳收其身而实疏之；说之以厚利，则阴用其言显弃其身矣。此不可不察也。

（1）译文阐释

那些游说时遇到的困难，不是在于我的才智不足以让君王相信我，也不是我的辩论不足以让君王理解我阐述的内容，更不是我不敢无所顾忌地进言。大凡游说的困难，主要在于游说对象的心理，我们游说之人的内心必须能听进去我们想游说之事。如果游说对象是爱惜声誉之人，却从追求厚利的角度去游说，那么就显得自己节操低下因而受到卑贱的待遇，一定会被抛弃疏远。如果游说对象是看重厚利的，却从爱护声名的角度去游说，就会显得游说者没有心计且不契合实际，必然不会被接受。如果游说对象暗地里推崇厚利而表面上追求美名，如果从追求声名的角度去游说他，他表面上会同意你的观点，实际却会疏远你；如果从追求厚利的角度去游说，他就会暗地里采用你的主张而表面上疏远你。这是必须明察的。

（2）深层解读

说难，即游说君主时遇到的困难，阐述了臣下游说君主时进退两难的心境。要让君主认同自己的观点，有些时候并不能表明自己的真实想法，要根据君主的为人和性格采取适当的措辞。为了获得君主的信任，一定要迎合君主。

人都有逆反心理，过于说教容易激起人的反感。同时，不可触碰君主的“逆鳞”，不然容易招致杀身之祸，以此揭示了中央集权制下君王喜怒无常的特点。

3. 诡使（节选）

圣人之所以为治道者三：一曰利，二曰威，三曰名。夫利者，所以得民也；威者，所以行令也；名者，上下之所同道也。非此三者，虽有不急矣。今利非无有也，而民不化上；威非不存也，而下不听从；官非无法也，而治不当名。三者非不存也，而世一治一乱者，何也？夫上之所贵与其所以为治相反也。

（1）译文阐释

圣人治理国家的措施有三种：一是利禄，二是威权，三是名分。利禄是用来控制民众的；威权是用来施行政令的；名分是君王和臣下都应共同遵守的准则。除了这三种，其他的措施并不是急需的。当今天下，利禄不是不存在，然而百姓没有被君主感化；威权也不是不存在，而臣下并不认真遵守；官府并不是没有法律做依托，但并没有按法律条文决断。这三者并不是不存在，但是社会时而安稳、时而动乱，这是为什么呢？因为君主所看重的东西与他所推行的政策是相违背的。

（2）深层解读

这段选文是完全站在君主的立场来探讨的。韩非通过对社会上一些现象的剖析，认为君主推行的政策一定要符合国情，不能被社会舆论和当时流行的学说绑架。韩非认为当时最符合各国国情的学说就是法家，只有建立起强大的集权国家，才能杜绝社会的乱象。他主张君主要通过利禄、威权、名分来控制臣民，采取强硬的措施。

4. 显学(节选)

今不知治者必曰:“得民之心。”欲得民之心而可以为治,则是伊尹、管仲无所用也,将听民而已矣。民智之不可用,犹婴儿之心也。夫婴儿不剔首则腹痛,不揊痤则寖益。剔首、揊痤,必一人抱之,慈母治之,然犹啼呼不止,婴儿子不知犯其所小苦致其所大利也。今上急耕田垦草以厚民产也,而以上为酷;修刑重罚以为禁邪也,而以上为严;征赋钱粟以实仓库,且以救饥馑、备军旅也,而以上为贪;境内必知介而无私解,并力疾斗,所以禽虏也,而以上为暴。此四者,所以治安也,而民不知悦也。夫求圣通之士者,为民知之不足师用。昔禹决江浚河,而民聚瓦石;子产开亩树桑,郑人谤訾。禹利天下,子产存郑人,皆以受谤,夫民智之不足用亦明矣。故举士而求贤智,为政而期适民,皆乱之端,未可与为治也。

(1)译文阐释

如今不知道如何治理国家的人肯定会说:“要得到百姓的心。”如果得到百姓的心就可以治理好国家,那么伊尹、管仲这些人就不再有什么用,只要听百姓的话就可以了。百姓的心智就像婴儿一样幼稚,其建议不可采用。当时的社会观念认为婴儿不剪发就会肚子痛,不剔除痤疮就会逐渐加重。剪发和剔除痤疮,必须有一个人紧抱,大多数情况下是慈母做这种事,即使这样,仍然啼哭不止。因为婴儿没有远见,他不知道忍受小苦就可以让病痛永远远离这样的大利。如今君主让百姓开垦荒地来充实人民的资产,而百姓认为君主残酷;修正刑法、加重处罚是为了禁除奸邪之事,而百姓认为君主太过严苛；征收赋税钱粮是为了充实国库、救助贫困饥荒之家、供养军队，而百姓认为君主太过贪婪；世人都知道披甲上阵无人逃兵役，共同战斗才能够打败敌军，而百姓认为君主很残暴。以上四点，是国家长治久安的政策，但是民众并不愿意接受。君主之所以要寻找通明的士人，就是因为民众的认识太过浅薄，不能够被使用。以前大禹疏通河道，而民众聚集砖瓦和石头堵塞河道；子产开垦荒地种蚕养桑，郑国的人民却咒骂他。大禹做有利于天下的事，子产为郑国谋益，都受到民众的谩骂，民众的智慧存在不足之处，这一点应该很明了了。因此，举荐士人时追求贤良和智慧，制定政策时顺应民众的心理，这些皆为造成动乱的根源，是不可能治理好国家的。

（2）深层解读

“显学”，指的是战国时期最有影响力的儒家和墨家这两个学派。韩非认为在这个战争频仍、诸侯兼并的时代，儒家和墨家的观点不可能被落实，这段选文就对儒家和墨家的观点进行了批判。在此段开头，韩非就对“民心”进行了论述。他认为“民心”不是最重要的，因为民众的心智不成熟，必须制定严苛的法律去约束民众的行为。韩非认为，如果都依照儒家和墨家的学说去落实，将民众的社会地位抬高，只会造成社会的动乱。

很显然，韩非的思想是具有一定偏见的。当秦国一统天下之后，依旧使用法家的极权思想，仅短短十几年的时间，秦王朝便土崩瓦解了。因此，要具体问题具体分析，不能永远运用一种思想，要兼收并蓄、扬长避短、结合实际，才能科学地发展。

（三）知识拓展

韩非的文章言辞犀利、逻辑缜密，善用寓言说理，能将深刻的道理用简短的故事表述出来，我们熟知的“自相矛盾”“郑人买履”“滥竽充数”等故事皆出自《韩非子》，其中多数寓言都蕴含着法家的思想。

1. 宋人疑邻

战国时期，宋国有位富翁。他们家的墙因为接连几天的大雨而倒塌。他的儿子对他说：“赶快把墙修补好，不然会有贼人来偷窃。”邻居看到此种情况之后，也对富翁说了同样的话。晚上，家里果然来了贼人，一家人都夸奖少爷聪明睿智，有先见之明，却都怀疑邻居是贼人。

2. 鲁人搬迁

一位鲁国人很擅长编织草鞋，他的妻子擅长织白绸。他们一家人打算移居越国。他的朋友得知此事后便劝他说：“你到了越国之后会变贫穷的。”他疑惑不解。友人继续说道：“越国人走路不穿鞋，他们都是赤脚。你觉得你的草鞋能卖出去吗？白绸是用来做帽子的，而越国人披头散发，不戴帽子，你觉得你妻子的白绸能卖出去吗？既然如此，你们一家人到了越国难道不会变贫穷吗？”

3. 三人成虎

魏赵两国交战，魏国战败。赵国让魏太子和大臣庞恭去邯郸做人质。庞恭深知魏王为人，临行前问魏王：“如果有人向大王汇报，说街上有老虎，大王您相信吗？”魏王答道：“这是假的，街上怎么可能有老虎呢？”庞恭再问：“如果又有一人对大王说街上有老虎，大王您相信吗？”魏王迟疑地摇了摇头。庞恭又问：“那如果有第三人前来报告，说街上有老虎，大王您相信吗？”魏王肯定地点点头道：“既然有三人都这样说，那就一定是真的了。”庞恭叹道：“人人都知街上不可能有老虎的，只因多人禀报，大王就相信了一件不可能存在的事情。我去往邯郸之后，如果有人离间我们君臣，大王切勿听信谗言。”

庞恭走后，果然有人说庞恭的坏话，魏王听信其言。当庞恭从邯郸回来之后，魏王再也不愿召见他了。

4. 曾子杀猪

曾子的妻子将要去赶集，他的孩子吵闹着也要跟随。曾妻对孩子说：“你待在家，我回来之后杀猪给你吃。”曾妻从集市上回来之后，曾子正准备把猪杀掉，妻子阻止道：“我与孩子开玩笑的。”曾子曰：“不能与小孩开玩笑。孩子什么都不知道，只听父母的话，父母的行为能够影响孩子。你今天欺骗孩子，是教孩子欺骗。母亲欺骗孩子，孩子就不会相信母亲，这是教育的失败。”说罢，就将猪给烹煮了。

（四）思考探究

1. 秦国推行法家思想而一统天下。韩非作为法家思想的集大成者，为什么在韩国却没有得到重用？如果韩非在韩国得到重用，韩国有一统天下的可能吗？

2. 韩非和李斯的老师是荀子，而荀子是儒家的代表人物之一。为何韩非和李斯这两位弟子却成了法家的代表人物？

第二章
先秦精粹　哲理散文

中国的散文最早可以追溯到商代的甲骨卜辞和周代的青铜铭文。这一时期的散文字数较少、内容单一，多书写占卜结果或宗庙祭祀活动。直到周代《尚书》的出现，才标志着中国古代散文的正式形成。

春秋战国时期，我国的散文得到了长足的发展，经历了从萌芽到成熟的发展演变过程。《论语》《墨子》以语录体的形式体现，这种问答的形式在一定程度上限制了散文的论述，所论问题很难进行深层次探讨。《孟子》《庄子》的论述方式，已经有从语录体向专论过渡的趋势。《荀子》《韩非子》问世后，以长篇专论论文方式为主的散文成为中国古代散文的主流。

一、仁恕诚孝　儒家君子

战国后期，兼并战争日趋激烈，人民对战争深恶痛绝。显然，一个统一的国家更符合当时人民的利益。各个学派之间也互相融合、相互吸收，孔孟之后儒家又一位集大成者——荀子，登上了历史舞台。

荀子虽为儒家学派集大成者，却被后世部分儒者视为另类，大加排斥，认为他已经脱离了儒学的根本。比如北宋程颐说他“大本已失”，南宋朱熹斥责其“全是申韩”。究其缘由，是荀子的学说吸收了当时道家、法家、墨家等诸家的思想。荀子对儒学进一步做出了阐释，为儒学增添了新的活力。

荀子的思想在当时是极其进步的，他不认同孔子“生死有命，富贵在天”的言论。在传统的儒家世界观中，“天”是有精神的，人的命运在很大程度上一出生就注定了。而荀子认为，天的运行和人类活动没有关系，“天行有常，不为尧存，不为桀亡”，“天”没有它自己的意志。并且，他认为人可以适应自然，进而改造自然。在大自然面前不可高傲，但也不可妄自菲薄、听天由命。这种“人定胜天”的理论，在中华思想史上是具有划时代意义的。在人性论上，荀子主张“人性本恶”。他认为人从出生之时，就带有欲望，欲望不加以节制就会酿成灾祸。通过后天的学习，比如老师的教导和法律的规范，人是会加以节制的。这和孟子的“性善论”是相违背的，因此荀子的学说也一直遭到后世儒者的反驳。在认识论上，荀子赞成孔子“学而知之”的观点。他认为客观世界是可以被人认知的，人通过后天的学习，通过对各种现象的分析，可以得到客观正确的结论。同时，他还强调看问题要全面，不可片面、割裂地看待问题。

荀子的思想，为儒家学说注入了新的活力。荀子的学说在当时以及后世都受到了比较大的争议，这也是儒家吸收其他学派学说的必然结果。

（一）探寻人物踪迹

荀子，名况，字卿。西汉时因避汉宣帝名讳，称孙卿。战国末期赵国人，中国古代著名的哲学家、思想家和教育家。

1. 游学时期

据司马迁《史记·孟子荀卿列传》所载“年五十始来游学于齐”，是说荀子到了五十岁才来齐国游学。相较起其余诸子登上历史舞台的年岁，荀子确实属于大器晚成。后世有部分学者认为，“五十”应为“十五”，可能是当时传抄者的笔误。荀子来到齐国之后，此时田骈等齐襄王时代的学者逐一谢世，荀子就成了当时资历最深的宗师。

2. 为官时期

荀子曾三次担任齐国稷下学宫的祭酒，但是时常被人诽谤，最终因无法忍受流言，便去楚国投奔春申君。春申君让他担任了兰陵（今山东省兰陵县兰陵镇）令，在春申君死后，他便罢官在兰陵安家，死后也葬在了兰陵。

（二）品味经典佳作

1. 劝学（节选）

君子曰：学不可以已。青，取之于蓝而青于蓝；冰，水为之而寒于水。木直中绳，𫐓以为轮，其曲中规，虽有槁暴，不复挺者，𫐓使之然也。故木受绳则直，金就砺则利，君子博学而日参省乎己，则知明而行无过矣。故不登高山，不知天之高也；不临深溪，不知地之厚也；不闻先王之遗言，不知学问之大也。

吾尝终日而思矣，不如须臾之所学也；吾尝跂而望矣，不如登高之博见也。登高而招，臂非加长也，而见者远；顺风而呼，声非加疾也，而闻者彰。假舆马者，非利足也，而致千里；假舟楫者，非能水也，而绝江河。君子生非异也，善假于物也。

积土成山，风雨兴焉；积水成渊，蛟龙生焉；积善成德，而神明自得，圣心备焉。故不积跬步，无以至千里；不积小流，无以成江海。骐骥一跃，不能十步；驽马十驾，功在不舍。锲而舍之，朽木不折；锲而不舍，金石可镂。螾无爪牙之利，筋骨之强，上食埃土，下饮黄泉，用心一也；蟹六跪而二螯，非蛇蟺之穴无可寄托者，用心躁也。是故无冥冥之志者，无昭昭之明；无惛惛之事者，无赫赫之功。

百发失一，不足谓善射；千里跬步不至，不足谓善御；伦类不通，仁义不一，不足谓善学。学也者，固学一之也。一出焉，一入焉，涂巷之人也。其善者少，不善者多，桀、纣、盗跖也。全之尽之，然后学者也。君子知夫不全不粹之不足以为美也，故诵数以贯之，思索以通之，为其人以处之，除其害者以持养之。使目非是无欲见也，使耳非是无欲闻也，使口非是无欲言也，使心非是无欲虑也。及至其致好之也，目好之五色，耳好之五声，口好之五味，心利之有天下。是故权利不能倾也，群众不能移也，天下不能荡也。生乎由是，死乎由是，夫是之谓德操。德操然后能定，能定然后能应，能定能应，夫是之谓成人。天见其明，地见其光，君子贵其全也。

(1)译文阐释

君子说:学习是没有止境的。靛青是从蓝草中提取出来的,但却比蓝草还要蓝;冰是由水形成的,但却比水寒冷。木材像墨线一样直,烧制之后变得弯曲可以做成车轮,木材的弯曲程度就符合圆的标准。即使放在太阳下暴晒,也不会变得笔直,就是烧制的缘故。因此,木材借助于墨线就会变直,金属物在磨刀石上磨过才会变得锋利,君子广博地学习并且每天反省自己,就会睿智明达,行为也不会出现过错了。因此,不登上高山,就不知道天的远阔;不亲临深水,就不知道大地的厚度;不听闻和学习先辈们遗留下来的知识,就不知道学问的高深。

我曾经整天思索,但还不如片刻时光所学的东西多;我曾经踮起脚尖向远处眺望,远不如站在高处看到的事物多。站在高处,手臂并没有变长,但是一些人可以在更远处看到我们;顺着风大声呼喊,声音的速度并没有变快,但听者听得更清晰了。借助于车马的人,并没有让步速变得更快,却能到达千里之外;借助于船的人,并不是善于游泳,却能够横渡江河。君子天生并没有特异之处,只不过善于凭借外物罢了。

当土不断堆积,变成高山,风雨便从这里兴起;当水流不断汇聚,就会形成深渊,蛟龙便会在此出现;当善行不断积累,成为有道德的人,就会不断接近圣人的心境。因此,不积累每一小步,就不会到达千里之外;不积累每一股细小的水流,就不可能汇成江海。骏马跳跃一下,也不超过十步;劣马奔跑十天,在于坚持不懈。用刀雕刻木块,如果片刻就舍弃,腐朽的木头也不会被刻断;如果能够持之以恒，金石也能被刻穿。蚯蚓没有锋利的爪子、牙齿和强健的筋骨，却能吃到地上的泥土，喝到地下的泉水，就是因为它用心专一；螃蟹有六条腿和两个钳子，但是它没有像蛇鳝一样的洞穴，因为它心态浮躁。因此，没有勤奋刻苦的心志，不会取得很大的成绩；没有脚踏实地的干劲儿，不会取得卓越的功绩。

射一百发箭，有一发没有中，就不能称为善于射箭；驾驭马车，行一千里的距离，差一步没有走到，就不能称为善于驾车；伦理不能融会贯通，对仁义没有坚守，就不能称为善于学习。学习，就是要坚守如一、持之以恒。一会儿坚持，一会儿放弃，就像是大街小巷中的一般人。刚正耿介的行为少，恶意的行为多，夏桀、商纣和盗跖就是这样的人。尽心去理解并且付诸实践的人，才能被称为好学之人。君子所知不全面、不精粹，不能称为完美，因此多次诵读以求融会贯通，反复思考以求通透，学习做人的道理以求能与人共处，去除内心的有害思想来维持心性。对于没有欲望的事物，不去看、不去听、不去说，心也不再去思虑。直到遇见极其所好之时，就像是眼睛喜欢五色，耳朵喜欢五声，嘴巴喜欢五味，内心想要拥有天下那样。如果做到这样，权利不会动摇我们的心性，多数人的观点不会让我们盲从，天地间的任何事物都不可能让我们动摇。活着的时候如此，死去之时亦如此，这就是德操。有了德操才会有坚定的心性，有了坚定的心性才能够随机应变，同时具备坚定的心性和随机应变这两种品质的人，就是完美的人。天空呈现出光明，大地展现出广袤，君子的可贵在于其完美的道德操守。

（2）深层解读

《劝学》是《荀子》一书的开篇之作，语言精练，多用排比和比喻的手法，有很强的说服力，广为后世传诵。这篇本章论述了学习的原因、方法和功用，蕴含着深刻的哲理。荀子认为，虽然自然界不以人的意志为转移，但人们不能失去改变自我的勇气。人们可以根据自身的条件去顺应自然、适应自然。比如学习，荀子强调后天的重要性，认为通过勤勉的研习和持之以恒的实践，人是可以达到圣人心境的。

2. 天论（节选）

天行有常，不为尧存，不为桀亡。应之以治则吉，应之以乱则凶。强本而节用，则天不能贫；养备而动时，则天不能病；修道而不贰，则天不能祸。故水旱不能使之饥渴，寒暑不能使之疾，祆怪不能使之凶。本荒而用侈，则天不能使之富；养略而动罕，则天不能使之全；倍道而妄行，则天不能使之吉。故水旱未至而饥，寒暑未薄而疾，祆怪未至而凶。受时与治世同，而殃祸与治世异，不可以怨天，其道然也。故明于天人之分，则可谓至人矣。不为而成，不求而得，夫是之谓天职。如是者，虽深，其人不加虑焉；虽大，不加能焉；虽精，不加察焉；夫是之谓不与天争职。天有其时，地有其财，人有其治，夫是之谓能参。舍其所以参而愿其所参，则惑矣。列星随旋，日月递炤，四时代御，阴阳大化，风雨博施。万物各得其和以生，各得其养以成，不见其事而见其功，夫是之谓神。皆知其所以成，莫知其无形，夫是之谓天。唯圣人为不求知天。

(1)译文阐释

大自然的运行有其自身的规律,它不会因为尧的仁治而存在,也不会因为桀的暴虐而消亡。用正确的治理方式去适应自然,事情就容易办好;用错误的治理方式去对抗自然,事情就会变得糟糕。重视农业生产并且节约俭省,天就不会让人变贫困;资源充足且能顺应天时进行生产活动,那么天就不会让人生病;如果能够遵循规律且不出差错,天也不会让人遭遇祸患。因此水旱灾害不会让人挨饿,严寒酷暑不会让人生病,自然界的极端现象不会让人遭遇劫难。农业生产荒废且生活奢靡,上天就不会让人富有;资源不足而又不从事劳动,那么天就不会让人吉祥安康;违背事物的客观规律而任意妄为,那么天就不会让人得到好结果。因此水旱灾害还没有来到就发生饥荒,严寒酷暑没有来到就产生疾病,自然界极端现象没有发生就发生祸患,遇到的天时和太平时期并没有不同,可却遭遇了与太平时期不同的自然灾害,这不能责怪上天,这才是事物的规律。所以可以说,知晓了自然界的规律和人应当采取的行动,就可以称为圣人了。有时候没有任何作为却成功了,不特意去追求而获得了,这就是天职。如此这样,虽然深奥,但至人是不会过多思虑的;虽然博大,但至人是不会感到吃力的;虽然精通,但至人是不会加以考察的;至人是不会与天争抢职责的。天有自己的时令,大地有自己的财富,人有自己的治理方式,天地万物相互配合。舍弃治理人世间的能力而期望获得天的职能,就会陷入迷惘。众多星辰随之旋转,太阳和月亮遥相辉映,四季有序更替,阴阳造化万物,风雨滋养万民。天地万物在和谐的状态下生长,在各自的养分里成熟,看不到它做事但能看到它取得的成就,这就称为“神”。万民都知晓它创造了万物,但都看不见它具体的形态,这就是天。只有圣人是不刻意追求知晓天的。

(2)深层解读

这篇选文体现了荀子朴素的唯物主义哲学观。他认为大自然是有自己的运行规律的,不以人的意志为转移。人世间的明君贤臣和暴君佞臣都不会改变天的运行,大自然的灾害是在警醒人类。

荀子认为国家的动乱主要在于不遵守礼仪。君主要重视农业生产,藏富于民,注重财富的积累。只有这样,如遇灾年才能够平稳度过。君子要遵守礼仪和道德,不要去刻意过问天的职能,人只有顺应自然,才能适应自然,最终改造自然。

3. 性恶(节选)

人之性恶,其善者伪也。今人之性,生而有好利焉,顺是,故争夺生而辞让亡焉;生而有疾恶焉,顺是,故残贼生而忠信亡焉;生而有耳目之欲,有好声色焉,顺是,故淫乱生而礼义文理亡焉。然则从人之性,顺人之情,必出于争夺,合于犯分乱理而归于暴。故必将有师法之化,礼义之道,然后出于辞让,合于文理,而归于治。用此观之,然则人之性恶明矣,其善者伪也。故枸木必将待檃栝烝矫然后直,钝金必将待砻厉然后利。今人之性恶,必将待师法然后正,得礼义然后治。今人无师法则偏险而不正,无礼义则悖乱而不治。古者圣王以人之性恶,以为偏险而不正,悖乱而不治,是以为之起礼义、制法度,以矫饰人之情性而正之,以扰化人之情性而导之也。始皆出于治，合于道者也。今之人，化师法，积文学，道礼义者为君子；纵性情，安恣睢，而违礼义者为小人。用此观之，然则人之性恶明矣，其善者，伪也。

(1)译文阐释

人的本性是恶的，善良的行为是伪装出来的。现在人的本性，从出生时就喜欢名利，如果顺着这种心性发展，人就会变得追名逐利，并且没有谦让之心；人从出生起，就有嫉妒和厌恶的心理，如果顺着这种心性发展，就会变得残忍，且没有忠义之情；人出生时就有看和听的欲望，喜欢听悦耳的音乐和看美色，如果顺着这种心性发展，就会做出淫乱的行为，礼仪和法度就会消亡。这样看来，如果完全顺从人的心性，一定会出现争夺的现象，会和扰乱礼法的行为同流合污，最终演变为暴乱。因此，一定要有老师和法律的教化、礼仪的教导，这样人才会变得谦让，言行合乎礼法，天下太平祥和。如此看来，人的本性是恶的，那些看似善良的行为都是经过设计的。因此，有曲度的木材需要经过蒸烤和修正才会变得笔直，钝拙的金属用品必须经过磨砺才会变得锐利。如今，人性天生是带有恶的，必须凭借老师和法律的教化才可以修正，必须经过礼仪的教导才能治理得当。如今的人，没有老师和法律的教化就会滋生邪念，没有礼仪的教导就会以下犯上，不遵守纪律。古代贤明的君主认为人的本性是恶的，认为人们是邪恶不正直的，如果放任不管就会以下犯上，国家就会得不到治理，因此要重视礼仪、制定法律，来矫正人们内心邪恶的性情，感化人们内心的邪性，进而疏导他们，让他们的所作所为都出自法律，合乎道德准则。如今的人，如果老师和法度能够教化他们，文学典籍能够学习和积累，能够明晓礼仪，就能称为君子了；而放纵自己的性情，违反礼仪的人则被称为小人。如此看来，人本性中的恶就很明显了，善良的行为，都是人为的。

（2）深层解读

这篇选文出自《荀子·性恶》，系统地论述了他的“性恶观”，也是他哲学思想的落脚点。荀子认为人天生就喜欢声色犬马，不加以节制就会产生祸乱，因此需要后天老师的教导和礼仪的引导，去规范人的行为，进而阐明圣人和恶人都不是天生的，都是后天作用的结果。他还认为环境对人具有潜移默化的作用，好人与恶人出生时本性是一样的，普通人通过后天的学习和修行也可以成为圣人。

（三）知识拓展

提起荀子，很多人都认为他仅仅是一位思想家，其实他还是一位伟大的教育家。前文在讲到韩非时，就提到过荀子的两位高徒：一位是韩非，才华盖世，秦王非常欣赏他的文章；另一位是李斯，秦国丞相，权倾天下。除了韩非和李斯之外，荀子还有一位高徒，名叫张苍。

张苍（？—前152），曾求学于荀子，与韩非、李斯师出同门。他曾在秦国为官一段时间，但因获罪逃亡他处。后跟随刘邦起义，立志要推翻秦朝暴政。西汉建立后，官任丞相，后又辞官。他校正了数学著作《九章算术》，制定了西汉历法，是一位文理全才。

荀子作为一位教育家，是相当伟大的。他培养的三位弟子，都对中华文明做出了不可磨灭的贡献。

（四）思考探究

1. 为什么荀子的思想在当时那个时代一直没有受到重视？

2. 你同意荀子的“性恶论”吗？为什么？

二、自然逍遥 道家隐士

老子留下的学说——《道德经》，在当时的社会政治中，几乎没有被实践。战国时期乃大争之世，崇尚“无为”的道家在政治层面并没有立足之地；但是在个人修身方面，却逐渐受到推崇。庄子是老子学说的继承者之一，也是继老子之后道家的又一集大成者。庄子常与老子并称，史称“老庄”。

在宇宙观上，庄子认为宇宙是无边无际，不可捉摸的。而人的知识和精力是有限的，那么对宇宙的认识就会带有相对性。这种相对性表现在事物的美丑、善恶、大小、高下、难易等诸多方面，事物之间是存在着相对性差异的，这是不可消除的。在人生观上，庄子更追求一种精神上的自由和解脱。其他学派大都期望解决当下的社会问题，而庄子却希望能够找到摆脱生命困境的途径，甚至这种途径不是一时的，而是长期的甚至是永恒的。庄子认为肉体上的衰老并不悲哀，悲哀的是精神上的衰弱，而解决的途径就是“避世”，这在当今看来是一种比较极端的方式，避世的最终目的也是保全自身。庄子鄙视追求功名利禄之人，认为名利会蒙蔽双眼，污染精神世界。要想获得精神上的自由，在现实社会中就要成为一个“隐者”。

（一）探寻人物踪迹

庄子（约公元前369—前286），名周，战国时期宋国人，著名的思想家、文学家和哲学家。史书对庄子的生平记载并不多，并未记载庄子幼年时期的生活状况，就连家族境况、师承关系都无描述。

1. 漆园为吏

庄子在青年时期担任过“漆园吏”，此官职是管理漆树园的小吏，但不久之后便辞官了。这是庄子担任过为数不多的官职。庄子不喜为官，做漆园吏应该是生活所迫不得已而为之。在这一时期前后，庄子与惠施相识。后来惠施成为魏国丞相，生活奢靡，被庄子鄙视。楚威王听说庄子的贤名，派遣使者带着厚利想要请庄子做官，被庄子拒绝。

2. 游历诸国

周显王三十六年（公元前333年）前后，楚王想要攻打越国，此时庄子正在楚国游历，便面见楚王，陈说战争利弊。在此期间，庄子依旧未担任任何官职。

3. 收徒著书

庄子的妻子逝世于周赧王三年（公元前312年），好友惠施逝于周赧王五年（公元前310年），亲人、好友先后故去，让庄子日益少言。他的晚年生活贫困，一个人居住在故乡，闲暇时和弟子写书修稿、游历名山。

4. 因病辞世

庄子将要死去时，弟子们想要厚葬他。庄子拒绝道：“我与日月星辰为伴，这就是最豪华的葬礼。”弟子们说道：“可是禽鸟会啄食您的躯体。”庄子笑道：“放在地上，会被禽鸟吃；葬在地下，会被蚂蚁吃掉，从禽鸟的嘴里夺去送给蚂蚁吃，不是太偏心了吗？”庄子对生死持淡然的态度，临死之时，也不忘为弟子们上一课。他期望弟子们也能够观照内心世界，获得精神的解脱和愉悦。

（二）品味经典佳作

1. 逍遥游（节选）

北冥有鱼，其名为鲲。鲲之大，不知其几千里也。化而为鸟，其名为鹏。鹏之背，不知其几千里也。怒而飞，其翼若垂天之云。是鸟也，海运则将徙于南冥。南冥者，天池也。

《齐谐》者，志怪者也。《谐》之言曰：“鹏之徙于南冥也，水击三千里，抟扶摇而上者九万里，去以六月息者也。”野马也，尘埃也，生物之以息相吹也。天之苍苍，其正色邪，其远而无所至极邪？其视下也，亦若是则已矣。且夫水之积也不厚，则其负大舟也无力；覆杯水于坳堂之上，则芥为之舟；置杯焉则胶，水浅而舟大也。风之积也不厚，则其负大翼也无力。故九万里则风斯在下矣，而后乃今培风；背负青天而莫之夭阏者，而后乃今将图南。“蜩与学鸠笑之曰：‘我决起而飞，抢榆枋，时则不至，而控于地而已矣，奚以之九万里而南为？’”适莽苍者，三餐而反，腹犹果然；适百里者，宿舂粮；适千里者，三月聚粮。之二虫，又何知！小知不及大知，小年不及大年。奚以知其然也？朝菌不知晦朔，蟪蛄不知春秋，此小年也。楚之南有冥灵者，以五百岁为春，五百岁为秋；上古有大椿者，以八千岁为春，八千岁为秋。而彭祖乃今以久特闻，众人匹之，不亦悲乎？

…………

故夫知效一官，行比一乡，德合一君而征一国者，其自视也，亦若此矣。而宋荣子犹然笑之。且举世而誉之而不加劝，举世而非之而不加沮，定乎内外之分，辩乎荣辱之境，斯已矣。彼其于世，未数数然也。虽然，犹有未树也。夫列子御风而行，泠然善也，旬有五日而后反；彼于致福者，未数数然也。此虽免乎行，犹有所待者也。若夫乘天地之正，而御六气之辩，以游无穷者，彼且恶乎待哉！故曰：至人无己，神人无功，圣人无名。

（1）译文阐释

北方的大海中有大鱼，名字叫作鲲。鲲很大，不知道长度有多少千里。化身为大鸟，它的名字叫作鹏。鹏的脊背，不知道长度有多少千里。振奋而飞，它的翅膀就像是天边的云。作为一只大鸟，在大海中振动翅膀，掀起了滚滚巨浪，借势飞到了南海。南海是一个天然形成的大水池。

《齐谐》这本书，是记载怪异之事的。《谐》书中记载："大鹏向南海迁徙的时候，激起的水花达到三千里高，借着旋转而上的暴风飞向了九万里的高空，又趁着六月的大风离去了。"像野马一样的飘浮物，还有空中飞扬的尘埃，这些都是生物呼出的气体。天空深青，这难道是天真正的颜色吗？或者是苍天辽阔，太远而看不到边？大鹏从高处往下看，应该和这种情况差不多吧。如果积水太浅，那么就漂浮不起大船；如果倒一杯水在低洼的地里，那么草芥就可以成为一个小舟；如果把杯子放进去，就会和泥土粘连在一起，因为水太浅而船太大。如果风聚集的能量不够，那么庞大的羽翼在翱翔时也会感到没有力量。因此大鹏能够飞九万里那么高，是因为风在下方；只有如此，大鹏才能够背靠青天没有阻挡、任意翱翔，然后往南飞去。"蝉和斑鸠嘲笑大鹏道：'我们迅捷地飞起，冲到榆树或檀树上，如果时间到了还没有飞到，就落在地上休息，为什么要飞九万里去南边呢？'"要去往郊外，带三顿饭的干粮就够返回之用了，肚中的食物还很充足；要去往一百里的地方，需要用一整晚的时间舂米准备干粮；要去往一千里的地方，提前三个月就要囤积粮食。蝉和斑鸠又怎么会明白这些道理呢？小智比不上大智，短寿比不上长寿。它们怎么会知晓呢？朝生暮死的菌类永远也看不到黑夜，春天出生、夏天死亡的寒蝉，不知道一年四季是如何变换的，这就是短命。楚国的南方有一种叫作冥灵的大树，把五百年当作一春季，五百年当作一秋季；上古时期有一种叫作大椿的树，把八千年当作一春季，八千年当作一秋季。彭祖如今也是以长寿而闻名，大家都与他相提并论，这岂不是一件很可悲的事？

…………

因此，有认为能够胜任一个官职的人，有认为自己的行为可以和乡人增进感情的人，有认为自己的德行投合君王心意，在国内有威望的人，他们看待自己，就跟前文提到的小鸟一样眼界狭窄。而宋荣子嘲笑这类人。当世人都夸奖宋荣子时，他不会因此而变得更加勤勉,当世人都诋毁宋荣子时,他也不会变得更加沮丧。他在自己和外物之间划有明确的界限,对荣誉和受辱也有充分的认识,认为这一切也没有什么。宋荣子这一辈子,对功名利禄并没有极其渴望的追求。但即使是这样,他仍有没有达到的修为。列子乘风前行,轻妙自然,驾游十五天就返回了;他对于招福这类的事情,并没有执着的追求。这样(乘风而行)虽然可以不用走路,但是仍然还需要借助风的力量。假如能顺应天地的法则,且驾驭六气的变化,遨游于无穷的时空,他还需要依托什么呢?所以说:达到"至人"境界的人,是顺应自然、忘却自己的;达到"神人"境界的人,对功名利禄是没有追求的;达到"圣人"境界的人,是不求留名的。

(2)深层解读

《逍遥游》是《庄子》一书的首篇文章,在全书中占有重要的地位,集中表现了庄子的哲学思想。隋唐大儒陆德明对"逍遥"一词作了明确的注解:"闲放不拘,怡然自得。""游"并不是指某物具体的形态,而是指精神世界的畅游。《逍遥游》追求的是一种精神解脱,期望在尘世之中精神不受限制,达到悠然自得、自由自在的状态。

这段选文先以大鹏为例,引出万物都有所凭借。再借助蜩、学鸠等动物的言语,暗示"夏虫不可语冰"的哲理。结尾部分,提出"至人、神人、圣人"三种不同境界。文中借助寓言和神话,以及对话的形式,表现出作者对高官利禄的鄙夷,对"至人、神人、圣人"的境界心生向往。

全文想象奇妙、以喻引理，文笔汪洋恣肆、自成一家，这就是庄子文章的特色。

2. 齐物论（节选）

南郭子綦隐机而坐，仰天而嘘，荅焉似丧其耦。颜成子游立侍乎前，曰："何居乎？形固可使如槁木，而心固可使如死灰乎？今之隐机者，非昔之隐机者也。"子綦曰："偃，不亦善乎，而问之也！今者吾丧我，汝知之乎！女闻人籁而未闻地籁，女闻地籁而未闻天籁夫！"

子游曰："敢问其方。"子綦曰："夫大块噫气，其名为风。是唯无作，作则万窍怒呺。而独不闻之翏翏乎？山林之畏佳，大木百围之窍穴，似鼻，似口，似耳，似枅，似圈，似臼，似洼者，似污者；激者，謞者，叱者，吸者，叫者，譹者，宎者，咬者。前者唱于，而随者唱喁。泠风则小和，飘风则大和，厉风济则众窍为虚。而独不见之调调、之刁刁乎？"子游曰："地籁则众窍是已，人籁则比竹是已，敢问天籁。"子綦曰："夫吹万不同，而使其自已也，咸其自取，怒者其谁邪？"

（1）译文阐释

南郭子綦靠着几案端坐，朝天微微吐了口气，就仿佛灵魂离开了躯体。他的学生颜成子游侍立一旁，说道："您方才感觉怎么样？身体固然可以变得如槁木一般毫无生气，难道心也可以变得如死灰一般吗？您今天静坐的状态和平常不一样。"子綦答道："偃，你这个问题问得很好。刚才我忘记了躯体中的我，你知道吗？你听到过人吹奏乐器的声音,而没有听到过风吹大地孔穴的声音,你听过风吹大地孔穴的声音,而没有听过自然界万物一起鸣奏的声音!”

子游说:“能请教一下大地之声和自然万物齐鸣是怎么回事吗?”子綦答道:“大地发出的气体就是风。小风没什么大不了的,但是一旦发作就会刮起大风,狂风怒号,震撼天地。你难道没有听到过飕飕的大风吗?山林高峻,粗大的树木周身多孔洞,有像鼻子的,有像嘴巴的,有像耳朵的,有像发簪的,有像圈筒的,有像舂臼的,有像深水池的,有像泥坑的;(它们发出的声音)就像激水声、响箭声、呵斥声、呼吸声、大叫声、哭嚎声、山谷回声、鸟鸣声。前方的风呜呜鸣唱,后方的风呼呼随和。风小和声就小,风大和声就大。强风过后,一切归于平静。你难道没有看到过树木枝叶在空中摇曳的样子吗?”子游说:“地籁是风吹大地众窍所发出的声音,人籁是人吹奏丝竹管乐发出的声音,那么天籁是什么?”子綦说道:“天籁所吹方式万变不一,并且可以让自己停止。这都是自然发生的,又有谁能控制着它呢?”

(2)深层解读

战国时期,诸侯纷争,礼崩乐坏,涌现出了诸多学派。各学派之间相互攻讦,针锋相对,力图将其他学派驳倒,以弘扬自己学派的学说。当时的很多学者日渐极端,将自己的学说作为衡量一切的标准。庄子非常鄙夷这种行为。

“齐物”就是指事物的本原都是相同的,美丑、难易、高低、黑白等皆为事物的外在属性,没有必要过度关注。人更应该审视自己的内心,追求内在的精神自由。

（三）知识拓展

1. 濠梁之辩

一日，庄子和惠施漫步于濠水之旁。当走到濠水桥时，庄子看到鱼在水中自由自在地游动，不禁说道："你看这水中的鱼多么快乐啊！"惠施疑惑道："你不是鱼，你怎么知道鱼很快乐呢？"庄子回答道："你不是我，你怎么知道我不知道鱼的快乐呢？"惠施说："我不是你，我不知道你知道鱼的快乐。那么你不是鱼，你也不知道鱼的快乐。"庄子笑道："让我们回到开始的谈话，当你问我'你怎么知道鱼很快乐'时，就已经知道了我知道鱼很快乐而问我，而我是在濠水边上知道的。"

2. 鸱得腐鼠

庄子去大梁（魏国国都）找他的好友惠施。此时惠施已经是魏国的丞相了，他的门人造谣说："庄子来魏国是为了取代您。"惠施感到很慌张，派人在城中搜寻了庄子三天三夜。庄子见到惠施后说："我听说南方有一种叫作鹓鸰的鸟，当它飞往北海时，只在梧桐树上休息，只吃竹子上的果实，只喝甘甜的泉水。此刻有一只猫头鹰抓了只腐臭的老鼠，看到鹓鸰之后对它大声呵斥！你现在是想用你的魏国来吓唬我吗？"

3. 庄周梦蝶

一天，庄子休息时梦到自己变成了一只蝴蝶，在空中自由地飞舞，庄子感到惬意、舒适。梦醒后，他对自己是庄子的这个身份产生了疑惑。是蝴蝶变成了自己，还是自己变成了蝴蝶？蝴蝶和庄子,哪个是自己真实的身份?庄子最后顿悟道:“蝴蝶和庄子还是有区别的,这就是物质之间的不断变化。”

庄子认为,人世间的一切事物都在不断变化,有时身处现实世界感到很失实,有时在梦中的世界又感到很真实。既然无法避免这种矛盾,那就要端正心态,在精神上充实自己,得到自我的满足。

4. 濮水垂钓

楚威王听说庄子此人颇有贤名,便派使者前去邀请他出来做官。此时庄子正在濮水边钓鱼,使者说道:“楚王有些政务要麻烦您呢!”庄子答道:“我听说楚国有一个神龟活了三千年,死后被楚王用绸缎包裹,放在庙堂里供奉。你觉得乌龟是想死后被绸缎包裹还是愿意生前拖着尾巴在烂泥里爬行?”使者想了想答道:“在烂泥里爬行。”庄子说:“你们回去吧!我宁愿拖着尾巴在烂泥里爬行。”使者听后便悻悻离去了。

(四)思考探究

1. 庄子与惠施政治思想不同,很多观点也不一致,常常针锋相对,为什么二人还会成为挚友?

2. 你认同庄子的观点吗?为什么?

3. 老子和庄子的思想有何异同?说说你的看法。

三、兼爱非攻　墨家行者

墨家不仅仅是一个学派,还是一个兼具多种职能的严密组织。首先,墨家是一个学术组织。墨家的思想有“兼爱”“非攻”“尚贤”

等。儒家的代表人物孟子便说过:“天下之言,不归杨,则归墨。”可见当时墨家在社会上的影响力。其次,墨家是一个军事组织。墨家的弟子都颇具本领,军事才能也较为出众。墨家在当时帮助过多个小国家,以抵抗大国的侵略。即使每次战斗都有墨家弟子牺牲,这种“反侵略”的抗争精神依旧被每个墨家弟子继承。再者,墨家是一个工程建造组织。《墨子·备城门》中详细介绍了吊桥、沟壕、城门机关等防御工事。《墨子·备梯》中介绍了针对云梯进攻的方法。墨家弟子大都是手工业者或小农出身,吃苦耐劳,动手能力强,且颇具创新力,发明了多种工程器械。墨家还是一个科学组织,在力学、光学等方面也颇有见地。

墨家弟子大都重视实践,不畏强权、帮扶弱者。这些追随墨家思想的人被称为“墨者”。“侠之大者为国为民”,墨家思想也是我国侠义思想的源头。

(一)探寻人物踪迹

禽滑釐,生卒年不详,战国初人。据传是墨子的首席弟子,字慎子。他的后代以他的字作为姓氏,这也是慎姓的由来。他起先在大儒子夏门下学习,后追随墨子,转习墨家。据说,墨子死后,由他继承了墨家巨子的位置。

(二)品味经典佳作

1. 备城门(节选)

禽滑釐问于子墨子曰:“由圣人之言,凤鸟之不出,诸侯畔殷周之国,甲兵方起于天下,大攻小,强执弱,吾欲守小国,为之奈何?”

子墨子曰:"何攻之守?"禽滑釐对曰:"今之世常所以攻者:临、钩、冲、梯、堙、水、穴、突、空洞、蚁傅、轒辒、轩车,敢问守此十二者奈何?"子墨子曰:"我城池修,守器具,推粟足,上下相亲,又得四邻诸侯之救,此所以持也。且守者虽善,则犹若不可以守也。若君用之,守者又必能乎守者,不能而君用之,则犹若不可以守也。然则守者必善而君尊用之,然后可以守也。"

凡守围城之法:厚以高,壕池深以广,楼撕揗,守备缮利,薪食足以支三月以上,人众以选,吏民和,大臣有功劳于上者多,主信以义,万民乐之无穷。不然,父母坟墓在焉;不然,山林草泽之饶足利;不然,地形之难攻而易守也;不然,则有深怨于适而有大功于上;不然,则赏明可信而罚严足畏也。此十四者具,则民亦不宜上矣,然后城可守。十四者无一,则虽善者不能守矣。

故凡守城之法,备城门为县门沈机,长二丈,广八尺,为之两相如,门扇数合相接三寸。施土扇上,无过二寸。堑中深丈五,广比扇,堑长以力为度,堑之末为之县,可容一人所。客至,诸门户皆令凿而慕孔,孔之,各为二慕二,一凿而系绳,长四尺。城四面四隅皆为高磨襔,使重室子居其上候适,视其态状与其进左右所移处,失候斩。适人为穴而来,我亟使穴师选本,迎而穴之,为之且内弩以应之。

民室杵木瓦石,可以盖城之备者,尽上之,不从令者斩。昔筑,七尺一居属,五步一垒。五筑有锑、长斧柄长八尺。十步一长镰,柄长八尺。十步一斗,长椎,柄长六尺,头长尺,斧其两端。三步一大铤,前长尺,蚤长五寸。两铤交之,置如平,不如平不利,兑其两末。穴队若冲队，必审如攻队之广狭，而令邪穿其穴，令其广必夷客队。

疏束树木，令足以为柴抟，毋前面树，长丈七尺一，以为外面，以柴抟从横施之，外面以强涂，毋令土漏。令其广厚，能任三丈五尺之城以上。以柴木土稍杜之，以急为故。前面之长短，豫蚤接之，令能任涂，足以为堞，善涂其外，令毋可烧拔也。

大城丈五，为闺门，广四尺。为郭门，郭门在外，为衡，以两木当门，凿其木维敷上堞。为斩县梁，聆穿断城，以板桥邪穿外，以板次之，倚杀如城报。城内有傅壤，因以内壤为外。凿其间，深丈五尺，室以樵，可烧之以待适。

(1)译文阐释

禽滑釐向墨子问道："根据圣人的说法，凤鸟还没有出现，诸侯国背叛周天子，天下四处用兵，大国攻打小国，强国攻打弱国，我想要帮助小国防御，需要怎么做呢?"墨子道："你想知道防守哪种攻式的方法呢?"禽滑釐说："当今天下攻打城池的方法有：堆起土山从高处进攻的，用钩梯牵引登上城墙的，用冲车撞击城门的，用云梯登城楼的，用土将护城河填平的，将河流决口淹城池的，挖隧道进攻的，将城墙凿穿的，打洞，让人似蚂蚁一般登城的，用套上牛皮增强防御的四轮车的，用高大楼车的，请问要防守这十二种攻城方式需要怎么做?"墨子说："首先要加固我方的城池，其次要准备好守城的装备，备足粮草，君臣一心，又能获得邻国的援助，这样便可长久防御。如果守城的人能力很强，但是国君不信任守城的人，依旧不可能防守成功。国君任用的守城人，一定是要有能力守城的，没有能力国君却任用他，也是不可能防守成功的。像这样守城的人能力很强，并且国君信任他，这样才可以守城成功。”

防围城的方法：城墙厚大且高耸，壕沟水深且宽阔，有眺望敌人的瞭望塔，防守的装备精制，柴草粮食可以支持三个月以上，守城者经过层层选拔，官吏和民众相处和睦，有众多为国家建立过功业的大臣，君主讲究信义，民众就其乐无穷了。又或者双亲的坟墓在当地；或者周围土地山林湖泊丰富；或者地形优越，易守难攻；或者与敌人有天大的仇恨或有功于君主；或者赏罚分明，措施严厉。如果具备这十四个条件，君主就不会被民众所怀疑，城池就会防御成功。这十四个条件一个都不具备，那么即使守城的人很有才能，也不可能守城成功。

因此守城的方法有这些：在城门上提前准备好悬门和相配套的机关。悬门有二丈长，八尺的宽度。两扇悬门大小是相同的，且两扇门有三寸的位置是重叠在一起的。门扇上涂上泥土，但泥土厚度不要超过两寸。城门前的沟渠深度一丈五尺，和门扇的宽度相当，具体长度要根据城门的大小设定，沟渠边上要修建一个能容纳一人的小房间，专门用来操作悬门。敌人到来时，让军士在门上开凿洞孔，两门上分别开两个洞，一个洞系上绳子，要长四尺。城墙的四个角落都要修建瞭望楼，便于贵家子弟在城楼上瞭望敌军，侦察敌人的具体动态和前后左右移动的方向，失职的人要斩首。如果敌人此时准备挖地道前来，我军要立即派精通地道的部队前去确定具体位置，在地道的尽头等待，用弩箭来对付前来的敌兵。

老百姓家的木材石料，可以用来补充守城所需的材料。要强制他们上缴，违抗者就处死。大家要一起修筑工事：每七尺一把锄头，五步一箩筐。每五筑要有一把铁锄，一个八尺长的斧子。每十步要放有一把镰刀，柄八尺长。每十步要放有一把砍刀，一把柄长六尺的长锥，锥头长一尺，将两端磨锋利。每三步放一个短矛，前端需要一尺长，尖刃部分五寸长。每两个短矛交叉放平，不放平不便于拿取，并且两端都要锋利。用挖地道的方法来抵御敌方的地道进攻，必须知晓敌方地道的宽度，我方的地道要斜穿过敌方的地道，确保其宽度能够填平敌方的地道。

将砍伐的树木捆束成木柴，制作成柴抟，将大树干作为外层连接在一起，之后将柴抟交叉放入其中，用黏土涂在外面，以防止上面的木柴掉下来。木柴堆积的宽度和厚度，要能成为三丈五尺高城墙的屏障。用柴木和泥土来固牢城墙，越坚固越好。柴抟前部的长短，要预先拼接好，这样可以便于涂抹泥土，足以起到类似城堞的防御功用，要仔细涂抹外部，使敌人无法烧掉或拔掉。

一丈五尺高的大城，其小门宽为四尺。而郭门要在小门之外，做好两根横木，用以关闭郭门，之后在横木上凿孔，穿上绳索，系到城堞上。将木板做成悬梁，使其从城墙上斜着伸出，倾斜的程度符合城墙的形势。城墙内修建具有辅助功能的城堞，这样一来，原来的内堞便成了外堞。在内外堞之间，开凿一个五尺的深坑，里面放些柴草，敌人进攻时便焚烧御敌。

（2）深层解读

《备城门》是《墨子》这部书中论述城池防守的第一篇文章。开篇墨子的首席弟子禽滑釐便问如何防守最常见的十二种进攻方法，墨子并没有立即答复，而是从十四个方面一一剖析，总结出战争的胜利是多方面的因素。在宏观层面，如君民上下一心，君主仁义贤德，守城将领才能出众，粮草充足，装备精良等；在微观层面，各种防御工事的建造、侦察部队和工程部队之间的配合，都有较为详细的记载。

墨家反对战争，认为所有战争都是非正义的。墨者也并非仅仅将理论留在口头，而是运用到实际作战中。墨者每次帮助弱小国家作战，都有成员伤亡，这种舍生忘死、从一而终的信念令人敬佩。

2. 备梯（节选）

禽滑釐子事子墨子三年，手足胼胝，面目黧黑，役身给使，不敢问欲。子墨子其哀之，乃管酒块脯，寄于大山，昧葇坐之，以樵禽子。禽子再拜而叹。子墨子曰："亦何欲乎？"禽子再拜再拜曰："敢问守道？"子墨子曰："姑亡，姑亡。古有其术者，内不亲民，外不约治，以少间众，以弱轻强，身死国亡，为天下笑。子其慎之，恐为身薑。"

禽子再拜顿首，愿遂问守道。曰："敢问客众而勇，烟资吾池，军卒并进，云梯既施，攻备已具，武士又多，争上吾城，为之奈何？"

子墨子曰：问云梯之守邪？云梯者重器也，其动移甚难。守为行城，杂楼相见，以环其中。以适广陕为度，环中藉幕，毋广其处。行城之法：高城二十尺，上加堞，广十尺，左右出巨各二十尺，高、广如行城之法。

为爵穴、煇鼠，施荅其外，机、冲、钱、城，广与队等，杂其间以镌、剑，持冲十人，执剑五人，皆以有力者。令案目者视适，以鼓发之，夹而射之，重而射，披机藉之，城上繁下矢、石、沙、炭以雨之，薪火、水汤以济之。审赏行罚，以静为故，从之以急，毋使生虑。若此，则云梯之攻败矣。

守为行堞，堞高六尺而一等，施剑其面，以机发之，冲至则去之，不至则施之。爵穴，三尺而一。蒺藜投必遂而立，以车推引之。裾城外，去城十尺，裾厚十尺。伐裾，小大尽本断之，以十尺为传，杂而深埋之，坚筑，毋使可拔。二十步一杀，杀有一鬲，鬲厚十尺。杀有两门，门广五尺。裾门一，施浅埋，弗筑，令易拔。城希裾门而直桀。

县火，四尺一钩樴。五步一灶，灶门有炉炭。令适人尽入，煇火烧门，县火次之。出载而立，其广终队。两载之间一火，皆立而待鼓而然火，即具发之。适人除火而复攻，县火复下。适人甚病，故引兵而去，则令我死士左右出穴门击遗师，令贲士、主将皆听城鼓之音而出，即"诸产得宜"，又听城鼓之音而入。因素出兵施伏，夜半城上四面鼓噪，适人必或，有此必破军杀将。以白衣为服，以号相得。若此，则云梯之攻败矣。

(1)译文阐释

禽滑釐侍奉了墨子三年，手脚都布满了老茧，面孔变得黝黑，像仆役一样听从墨子的使唤，自己有许多问题想问，但又不敢问。墨子很怜悯他，就提前准备好酒肉，一起去登泰山，将一些杂草垫在下方用来端坐，用酒肉来酬谢禽滑釐。禽滑釐对老师行了两次拜礼，且叹了口气。墨子道："你是有什么问题要问我吗?"禽滑釐急忙又行了两次大礼，向老师问道："我想请教守城的技巧。"墨子说："你先等等，先等等。古代有很多通晓守城之法的人，但是他们对内不爱护百姓，对外不结盟交友，用自己少量的兵力去挑衅兵多将广的国家，对自身认识不足且轻视比自己强大的国家，最终亡国送命，被天下人耻笑。你要慎重对待守城之法，否则可能会使你招致杀身之祸。"

禽滑釐再次双膝跪地行叩首礼，期望能够通晓守城的方法。(他对墨子)说："请问您，如果攻城的敌军作战勇猛，用土填平了我的护城河，士兵齐头并进，登城的云梯已经铺设，攻城的装备已经聚齐，勇敢的士兵还非常多，争着要爬上我方城墙，应该如何应对?"

墨子说：你是问对付云梯的措施吗? 云梯是大型的攻城重器，移动很不方便。守城的一方可以修筑"行城"和"杂楼"，让它们环绕在我们周围。根据行城的长度和宽度，设置屏障，距离不要太宽。建造行城的方法是：行城要建造得高一些，比原城墙还要高出二十尺，除此之外还要修建齿状的堞墙，长十尺，左右两边的木条也要长二十尺，高度和宽度要和行城相差无几。

堞墙下面可以开凿"爵穴""煇鼠"之类的孔洞，外部遮挡起来，并且备好投石机、冲撞车、栈道、行城等器械，其排列的宽度与敌人进攻的宽度相等，各个器械之间要有拿武器的战士，其中十人掌冲车，五人执剑，要挑选力量大的战士。让视力优良的士兵观察敌军，用鼓声发出进攻的号令，从两边向敌人射箭或集中一处重点射击，借助器械从城上将箭矢、石块、沙土、火炭如雨点般洒向敌人，并且往下扔火把、倒滚水。此时，要赏罚分明，镇静自若，但在关键时刻还要当机立断，不要发生其他变故。能够做到这样的防守，云梯的进攻方法便失败了。

守城的一方在城墙上建起城堞，城堞的高度统一为六尺，在上面安装剑，用机械发射，若敌人的冲撞机来攻城，便将发射机撤走，冲撞车没有来，便继续使用它。城墙下部每隔三尺开凿一个名叫"爵穴"的孔洞。"蒺藜投"必须整齐摆放，用车推拉。在距离城墙外十尺的位置摆放堆积断树，叫作置裾，置裾厚度为十尺。砍伐堆积断树的方法是不管树的大小，一律拔起，每十尺砍成一段，空出一段距离埋在地下，要填埋紧实，不能被拔出来。城墙上二十步布置一个"杀"，"杀"之间有隐藏士兵和储藏物品的"鬲"，"鬲"有十尺厚。"杀"安装有两个门，门宽五尺。裾上也设有一门，要浅埋，不要太牢固，让它们容易被拔出。城墙上对着裾门的地方，放置一些絫石，以便于投掷。

每隔四尺放置一个挂悬火的挂钩。每五步设立一个灶，灶门要放有炉炭。等敌人全部进入，就放火熏门，然后扔下悬火。根据敌人的进攻位置来摆放作战工具。两个器械之间放置一个悬火，听到鼓声响起便点燃悬火，投向敌人。假如敌人将火熄灭而再次进攻，再次点燃悬火投下。等到敌人久攻不下，痛苦不堪，就会撤兵而走，此时，马上命令我军敢死队从左右穴门杀出，击退溃逃的敌军，命令甲士和主将都要依据城中的鼓声来出城，再依据城中的鼓声而防守。反击之时要布置埋伏，半夜在城墙上大声呼喊，敌人一定惊慌失措，如此我方军士肯定能攻破敌营、擒杀敌将。我方军士要穿白衣，用暗号联络。如果做到这样，用云梯攻城的策略便失败了。

（2）深层解读

《备梯》一文记述禽滑釐作为墨子的首席弟子，长年劳作、任劳任怨。从他布满老茧的手脚和黧黑的面孔，便可知禽滑釐一直奔赴在第一线，且脚踏实地、不辞劳苦。墨子看在眼里、记在心上，提前准备好酒肉犒劳弟子，师徒情深，非同一般。

《备梯》也反映了《墨子救宋》的故事中墨家如何应对云梯的攻城方式。公输班制造了云梯，用来攻打宋国。楚王最终因墨家严密的组织和精巧的守城器械，而放弃攻打宋国。本篇文章针对云梯，做了更为详细的应对措施。

（三）知识拓展

1. 巨子

墨家的内部组织相当严密，其领袖称为巨子，墨子可能是墨家的第一任巨子。在权力交接上，下代巨子的任命由上代巨子决定。墨家的所有弟子，都要无条件听从巨子的号令。不管身处何地，墨家弟子都要宣传墨家的思想。为官的弟子要按期缴纳钱粮，墨家内部崇尚有财共享。同时，巨子要以身作则、身体力行。所有的墨者都要为了理想不断奋斗，即使牺牲也在所不惜。

2. 孟胜赴死

孟胜是战国时期墨家的巨子，不仅信守承诺，而且颇为仁义。

他与楚国的阳城君是好友,阳城君对他也很信任。阳城君外出之时,会让孟胜防守领地,他将一个玉器分成两半,一半自己留着,另一半给了孟胜,叮嘱孟胜只有拿着玉器前来的使者,才是他派来的。

此时,楚国发生了内乱。楚悼王去世之后,楚肃王要强行收取阳城君的封地。在此种情况下,当然不会有另一半玉器的出现,但孟胜信守承诺,要帮助阳城君守城。城破之时,孟胜决定赴死。他的弟子徐弱劝道:“事已至此,我们已经尽力了,如果再不撤走,墨家将损失惨重,甚至从此世上将再无墨家。”孟胜答道:“我与阳城君情意深重,如果我不赴死,日后墨家的声誉将受到影响,世人还会相信墨家吗?我将派三位墨家弟子前往宋国,告知田襄子让他继承巨子的职位。”徐弱听后,先去赴死。之后,又有 180 名墨者和孟胜一同赴死。

三位墨者来到宋国,将事情缘由转告田襄子之后,决定回到楚国赴死。田襄子以新任巨子的身份命令三人留下,被拒绝。三人到达楚国之后,从容赴死。

3. 腹䵍大义灭亲

腹䵍是墨家的巨子,他的儿子在秦国杀了人。秦惠王对他说:“您年纪大了,而且仅有这一个儿子,这事就算了吧。我已经吩咐官吏,不再抓捕他了。”腹䵍答道:“大王,万万不可。杀人偿命就是为了杜绝恶行,不杀杀人的人,有违法律和天理,即使大王放过他,我也不会放过他。我必须践行墨家的法令。”腹䵍最终没有听从秦王的劝告,杀掉了自己的儿子。

（四）思考探究

1. 你觉得墨家和儒家最大的区别是什么？

2. 你认同腹䵍大义灭亲的行为吗？为什么？

3. 有当代人认为墨家的思想比较极端，你认同这一说法吗？为什么？

四、专制重刑 法家集权

李斯是韩非的同门，如果说韩非的思想更多停留在理论层面，李斯则将自己的思想更多地付诸实践。

在政治上，李斯主张废除分封制，全面实行郡县制。当时秦国刚统一全国，政局未稳，六国旧贵族蠢蠢欲动，新生的政权面临着巨大的威胁。同时，秦始皇也不想重蹈周王朝的覆辙，遂同意李斯“废分封、行郡县”的主张。郡县制的实行，加强了中央集权，巩固了国家的统一。在经济方面，李斯主张统一货币和度量衡，确保了国家税收的稳定。在文化层面，李斯主张统一文字，采用“小篆”作为全国通用的文字，促进了当时文化的交流与发展。除此之外，李斯还建议统一车轨，在全国范围内修建直道和驰道，大大提高了运输的效率。

李斯是一位颇具争议的人物，因为他坑害自己的同门韩非，让其冤死狱中，还建议焚毁不利于政权稳固的书籍，使先秦古籍惨遭灭顶之灾。但即便如此，他在历史上的贡献依旧不可抹杀。

（一）探寻人物踪迹

李斯（？—前208），秦朝著名的政治家、文学家和书法家。李斯虽长期身居高位、频繁从事政治活动，但所写文章逻辑严密、结构严谨有序，且多运用排比和对偶的修辞，对后世文人的文章产生了极大的影响。

1. 师从荀子

李斯出生于楚国上蔡（今河南上蔡西南），自幼好学，志存高远。他做过一段掌管文书类工作的小吏，不久便辞官而去。游学齐国期间，他拜荀卿为师。荀卿虽是儒家代表人物，但兼收百家，部分思想还很有法家的特质，李斯便跟随荀卿学习治国之术。学有所成之后，他分析了天下形势，认定秦国的环境更适合实现自己的政治抱负，便决意仕秦。

2. 秦国为官

李斯来到秦国时，秦庄襄王逝世。国家权力都掌控在相国吕不韦的手中，李斯便当了吕不韦的门客。李斯很快受到吕不韦的赏识，做了郎中令。虽是小官，但李斯有了接近秦王嬴政的机会。

在某次谈话中，李斯向嬴政陈述了自己的政治主张。他认为此时秦国统一六国的时机已到，可采用“远交近攻”的策略，先灭韩国，同时结好齐国和燕国。秦王颇为赞同，此后李斯日益受到重用。而韩国怕被秦国灭掉，派水利专家郑国去秦国修建水渠，以图消耗秦国国力，延缓秦国的东进。秦王嬴政发现郑国的目的后，对他国宾客日益排斥，下达逐客令，将外来客卿逐出秦国。李斯也在驱逐之列，于是他写下《谏逐客书》一文，陈说“逐客令”的弊端。最终秦王收回成命，李斯也被擢升为廷尉。

秦国统一六国之后，李斯更是受到秦始皇的器重。几乎每项举措，秦始皇都要和李斯商讨。

3. 沙丘之变

秦始皇一统天下之后，巡游全国，途经沙丘时驾崩。赵高与李斯篡改了秦始皇传位于扶苏的诏书，改立胡亥为帝。

4. 入狱灭族

胡亥继位后，终日沉迷酒色，且大兴土木，继续修建阿房宫，引起了李斯的担忧。他上书言劝，引起了胡亥的不满，赵高借机诬陷李斯谋反，李斯在狱中难以忍受酷刑，被迫承认了谋反的罪行。不久被杀，灭三族。

（二）品味经典佳作

谏逐客书

臣闻吏议逐客，窃以为过矣。昔穆公求士，西取由余于戎，东得百里奚于宛，迎蹇叔于宋，来丕豹、公孙支于晋。此五子者，不产于秦，而穆公用之，并国二十，遂霸西戎。孝公用商鞅之法，移风易俗，民以殷盛，国以富强，百姓乐用，诸侯亲服，获楚、魏之师，举地千里，至今治强。惠王用张仪之计，拔三川之地，西并巴、蜀，北收上郡，南取汉中，包九夷，制鄢、郢，东据城皋之险，割膏腴之壤，遂散六国之从，使之西面事秦，功施到今。昭王得范雎，废穰侯，逐华阳，强公室，杜私门，蚕食诸侯，使秦成帝业。此四君者，皆以客之功。由此观之，客何负于秦哉？向使四君却客而不内，疏士而不用，是使国无富利之实，而秦无强大之名也。

今陛下致昆山之玉，有随、和之宝，垂明月之珠，服太阿之剑，乘纤离之马，建翠凤之旗，树灵鼍之鼓。此数宝者，秦不生一焉，而陛下说之，何也？必秦国之所生然后可，则是夜光之璧不饰朝廷，犀象之器不为玩好，郑、魏之女不充后宫，而骏马駃騠不实外厩，江南金锡不为用，西蜀丹青不为采。所以饰后宫、充下陈、娱心意、说耳目者，必出于秦然后可，则是宛珠之簪、傅玑之珥、阿缟之衣、锦绣之饰，不进于前，而随俗雅化，佳冶窈窕赵女不立于侧也。夫击瓮叩缶，弹筝搏髀，而歌呼呜呜、快耳目者，真秦之声也；《郑》《卫》《桑间》，《韶》《虞》《武》《象》者，异国之乐也。今弃击瓮而就《郑》《卫》，退弹筝而取韶、虞，若是者何也？快意当前，适观而已矣。今取人则不然。不问可否，不论曲直，非秦者去，为客者逐。然则是所重者在乎色、乐、珠、玉，而所轻者在乎人民也。此非所以跨海内、制诸侯之术也！

臣闻地广者粟多，国大者人众，兵强则士勇。是以泰山不让土壤，故能成其大；河海不择细流，故能就其深；王者不却众庶，故能明其德。是以地无四方，民无异国，四时充美，鬼神降福，此五帝、三王之所以无敌也。今乃弃黔首以资敌国，却宾客以业诸侯，使天下之士退而不敢西向，裹足不入秦，此所谓“藉寇兵而赍盗粮”者也。

夫物不产于秦，可宝者多；士不产于秦，而愿忠者众。今逐客以资敌国,损民以益仇,内自虚而外树怨于诸侯,求国之无危,不可得也。

(1)译文阐释

我听说官吏们都在议论驱逐客卿之事,私下以为这种做法欠妥。以前秦穆公求贤访士,在西方的西戎那里求得由余,东面的宛地那里求得百里奚,又从宋国迎来了蹇叔,从晋国招来了丕豹和公孙支。这五个人都不是秦国人,但却受到秦穆公的重用,(在他们的辅助下秦国)吞并了二十个国家,在西戎之中开始称霸。秦孝公重用商鞅变法兴国,改变了秦国原有的陋俗和旧习,人民因此富足,国家因此强盛,人民愿意为国尽忠,诸侯皆惧秦国而归服,击退了楚国、魏国的军队,夺去了千里的土地,到如今仍政清国强。秦惠文王采用张仪的计谋,攻占了三川之地,向西吞并了巴蜀地区,向北收复了上郡,向南攻取了汉中之地,控制了九夷各个部族,占据了鄢、郢等地,往东倚仗成皋之险,割取了沃腴的土地,拆散了六国的合纵之盟,使他们不得不对秦国臣服,其功绩延续至今。秦昭襄王得到范雎,废掉穰侯,驱逐华阳君,加强王室的权力,抑制了门阀的势力,继续蚕食诸侯的土地,促成了秦国当今的霸业。这四位君主,都是因客卿而成就帝业的。这样看来,客卿到底哪里辜负了秦国?假使这四位君主,不愿接纳(来自六国的)客卿,疏远贤士而不重用,这样秦国就不会富庶,也没有强大的威名了。

如今陛下宫中陈列着昆山的宝玉,拥有随侯珠、和氏璧这样的瑰宝,衣物上坠饰着发光的明珠,腰上佩带着太阿宝剑,乘着快马纤离，打着翠色羽毛编织的旗帜，立着灵鼍皮制成的鼓。这些珍宝，秦国一个也不生产，但是陛下您却十分喜欢，这是为什么呢？如果一定要秦国出产的才肯接受，那么夜光之璧不会用来装饰朝堂；犀牛角、象牙做成的器物不会成为陛下的玩赏之物；郑国、魏国的女子也不能成为您的后宫妃嫔；名马宝驹也不充实您的马厩；江南的金器、锡器不会为您所用；西蜀的颜料不能用来作画。用来装饰宫廷的饰品、充实宫廷的仕女、让人身心娱乐的物品、让人耳目欢喜的东西，必须是秦国出产的才可以的话，那么宛地的珍珠玉簪，镶嵌有珠玑的耳饰，东阿所产的细绢做成的衣服，锦绣的饰品，就不会进献在您的面前，那些随着时俗高雅变化的窈窕的赵国佳人，也不会站在您身旁。敲击瓮缶奏乐，边弹奏古琴边拍着大腿打节拍，呜呜呀呀地唱歌，能使人耳目愉悦的，是秦国真正的音乐；郑国、卫国桑间之地的乐曲，《韶》《虞》《武》《象》等古乐，都是别国的音乐。如今宫廷里面抛弃了秦国传统的敲打瓦器的音乐，取用郑国、卫国的音乐；抛弃了弹奏古琴的音乐演奏，选取《韶》《虞》之类音乐，这是为什么呢？不过是因为它们能产生快感，适于观听罢了。如今用人却不这样，不问问是否可以委以重任，不论是非曲直，只要不是秦国的就驱赶，凡是客卿就要驱逐。这样做是向天下说明，您看重的是美色、音乐、珍珠、宝玉，而并不在乎百姓，这不是一统天下、归服诸侯的办法啊！

我听说土地广阔粮食就多，国家面积大人口就多，兵器精良士兵就英勇。因此，泰山不拒绝一抔土壤，才能够累积成大山；河海不排斥涓涓细流，才能够深不见底；君主不排斥他的众生臣民，才能够彰显他的恩德。因此土地不分东西南北，人民不分国外国内，四季富足美满，鬼神都会降临福泽，这也是“五帝三王”之所以无敌于天下的原因。如今您抛弃百姓等于资助敌国，排斥客卿等于促使其他诸侯成就霸业，这样做会使天下的士人退居东方六国而不敢西进，停下脚步不敢入秦，这就是所谓的“借给敌人武器和送给盗贼粮食”。

物品虽然不生产于秦国，但是可当宝物的颇多；士人不出身于秦国，但愿意效忠秦国的大有人在。如今驱逐客卿而资助敌对国家，减少本国的人口而来帮助仇敌，使得内部虚弱，对外与诸侯结怨，想要这样的国家不处于危险之境，那是做不到的。

（2）深层解读

战国后期，秦国国力雄厚，一超多强。此时的秦王嬴政胸怀大志，决定一统宇内。首先，他决定先吞并韩国，此时韩国派来了一位叫郑国的间谍，韩国希望水利专家郑国通过在秦国兴修水利，消耗秦国国力，以此来延缓韩国的灭亡。当秦王知道此事后，他大发雷霆，接受了秦国大臣们的意见，驱逐外国客卿。此时，李斯也在被驱逐之列，遂写下这一千古名篇，用以劝说秦王。

这篇文章逻辑清晰、论证严密。引用秦国秦穆公、秦孝公等明君任用外国客卿让秦国称霸的先例，论证了秦惠文王、秦昭襄王任用外国客卿让秦国强盛这一论点，以及他国的器物、人力等资源对秦国的贡献。全篇层层论证、言语犀利、一针见血，极具说服力。秦王读此文章后幡然醒悟，遂即废除了逐客令。

（三）知识拓展

1. 观鼠有感

有一次,李斯如厕时,看到一群正在吃粪便的老鼠。老鼠一觉察到人或狗的到来,就吓得四处逃窜。不久之后,李斯又在米仓看到了老鼠,这里的老鼠一个个吃得又肥又大,安闲地与其他老鼠嬉闹,没有人和狗的打扰。李斯有感而叹:“人和老鼠并无本质区别,一个人有无出息,周围的环境至关重要。”

2. 黄犬之叹

李斯被诬谋反,族人皆受牵连。在刑场行刑前,李斯对他的二儿子说:“我们再没有机会一起牵着黄狗,到上蔡的东门外去追逐野兔了。”说完,仰天长叹,泪水横流,只可惜时光易逝、今非昔比。

（四）思考探究

1. 李斯身为秦朝名相,为何落得被灭族的结局?

2. 如何评价李斯的一生？请简要说明。

第四篇

诗词小说

伴随着古代文学艺术平民化、世俗化的发展趋势，以及造纸术、印刷术的发明与普及，唐诗宋词、明清小说这两大类文学样式逐渐走向了发展的巅峰，出现了大批的名篇佳作，成为世界文化宝库中的瑰宝。唐朝的辉煌与强大，赋予了人们极高的生活幸福指数，也赋予了文人独有的浪漫气质。当时的世界文化中心就在长安，万邦来朝的盛况造就了文人们的自信与豪气，而言志的唐诗就成了文人们吟诵泱泱中华、体现自身才学的最佳媒介。宋朝经济繁荣、重文轻武，文人墨客喜好流连于勾栏瓦肆的宴饮之中，经常把酒取乐、抚琴赋词，因此抒情的宋词，再辅之以音乐属性，就成为当时社会市民阶层最喜闻乐见的文学样式。明清时期，社会市民阶层的文化、娱乐需求进一步增加，流传下来的神话、传奇、野史故事在民间充分发酵，无论是中国古典小说蓬勃发展所需要的阅读群体，还是创作素材，都得到了充分满足，因此明清时期成为中国古典小说创作的繁盛时期，明清小说创作也结出了璀璨的硕果。

第一章
唐诗宋词　言志抒情

唐诗宋词作为中华文明长卷中最为绚烂的篇章,代表着一代文学的最高成就。在中国古代文学的阆苑里,唐诗宋词彰显了中华民族的性格,也涵养了中华民族的情操。古人把唐诗分为初唐、盛唐、中唐、晚唐四个时期:初唐时期的诗歌反对绮靡文风,倡导抒写人生理想、探索生命真谛、勇担时代使命;盛唐时期的诗歌形成了一种蓬勃的气象,形象灵动、感情充沛、想象丰富,哲性思维与人世感叹相交汇,进取之声与不遇之叹相交错;中唐时期的诗歌转而走向现实和社会,更加重视批判和思考;晚唐时期的诗歌整体走向衰落,大多诗作境界不够开阔。宋词被分为北宋、南宋两个时期:北宋初、中期的词沿袭了南唐词风,多是闲散雅致的应酬之作;一直到柳永出现,才将北宋词带入一个新的发展阶段,他大力创作慢词,讲述市井生活;再到苏轼出现,北宋词又呈现新的风貌,大大增加了宋词的写作范畴与抒情功能,奠定了宋词豪放之风;南宋前期的词作,因国仇家恨而高扬爱国旋律;南宋后期的词作,豪放派和婉约派各有发展,但也各有不足,总体呈现衰败的趋势。

一、壮阔浪漫李白诗

李白是我国伟大的浪漫主义诗人，是盛唐诗坛上熠熠生辉的巨星，他被诗人贺知章称为“谪仙人”，被后人誉为“诗仙”。他的诗歌，既有对前人成就的继承，也有对盛唐诗歌的革新，既有豪迈气魄奔赴人生志向，又有憎恨悲愤面对黑暗政治。余光中说李白：“酒入豪肠，七分酿成了月光，余下的三分啸成剑气，绣口一吐就半个盛唐。”李白的诗歌壮阔飘逸、浪漫清新，正是善用“酒”“月”等众多意象，才清晰地传达出他的精神追求，也还原了包容开放的大唐盛世。

（一）探寻人物踪迹

李白(701—762)，字太白，号青莲居士。他的人生历经曲折，却又充满传奇色彩。

1. 读书学习阶段

唐神龙元年(705 年)，年幼的李白跟随父亲李客离开碎叶(今吉尔吉斯斯坦北部托克马克附近)重返中原，历经千辛万苦之后，一家人终于成功入川，定居在了青莲，李白的读书生活在此开始。李白天分很高、生性活泼，却仍愿为学习下一番苦功，不但广泛涉猎各类典籍，对琴棋书画也颇为精通。李白在《上安州裴长史书》中就曾说：“白本家金陵，世为右姓。遭沮渠蒙逊难，奔流咸秦，因官寓家。少长江汉，五岁诵六甲，十岁观百家。轩辕以来，颇得闻矣。”但是，在相关的记载中，并未出现李白入官学读书的记录。

2. 谋求功业阶段

唐开元七年（719 年）至开元九年（721 年）前后，李邕曾任渝州（今重庆）刺史，在此期间，李白曾赴渝州专程拜谒，但这时的李白并不懂士林规矩，在李邕心中留下了恃才傲物的印象，并未得到李邕的举荐。不过这次打击并未浇灭李白对于未来的热情，而是帮他做了出蜀闯荡的决定。当游历中的李白听说天台山隐居修行的高道司马承祯就在金陵时，他连忙写了《大鹏赋》送呈，表达了自己学道修仙、建功立业的人生理想，幸而得到司马承祯的赏识，但司马承祯并未即刻向朝廷举荐李白。后来，李白一路游历一路结交朋友一路拜谒官场中人，并入赘许家期望得到入仕助力，均未能如愿。

3. 官场历练阶段

唐天宝元年（742 年），李白迎来了人生的重大转机，玄宗皇帝命其进京待诏，李白终于有了踏足官场的机会。李白抵达长安后，与贺知章一见如故，更因《蜀道难》的妙笔生花，被贺知章盛赞为“谪仙人”。随后，李白被授为翰林待诏，得到了伴驾骊山弥猎的机会，而且他通过这次伴驾找到了新的创作方向——颂词、宫廷曲。由于创作的宫词颇受玄宗皇帝的认可，他很快便成了宫中的新晋红人。但李白虽入官场，仍未脱文人意气，在玄宗召他起草《出师诏》时，他让杨国忠为自己磨墨，让高力士为自己脱靴，同时得罪了两个手握权势的人，后来还得罪了杨贵妃和中书省的人，进而招来了这些人对他的诬告打压。关键是,他自己也越来越感觉到玄宗皇帝只是欣赏他的文采而已,并不会给他实现政治理想的机会,当觉察此后自身前途唯余渺茫,于是渐生离去之意。

4. 赐金还乡阶段

李白生性洒脱不羁,既已决定离开官场,就直接向玄宗皇帝提出了退隐请求,玄宗皇帝出于对李白的赏识,给了他最体面的离开方式,颁给他一道"赐金还山"的诏令。唐天宝三年(744 年),满怀悲愤与沮丧的李白离开长安、抵达洛阳,遇到了比自己小十一岁的杜甫,这是一次伟大的相遇,预示着盛唐诗歌巅峰期的来临。李白与杜甫畅游山川、寻仙问道、开悟人生,高适后来也加入了他们的行列,三人更是赋诗狂歌、怀古论今、酣饮逍遥。但相遇总有别离,三人分开后,李白到齐州紫极宫履行了道教入门仪式,人生目标也从仕途转为修道。后来,李白又与杜甫、元丹丘、岑勋、孔巢父等相约畅游,也独自徘徊于山水之间,留下了大量有感而发的诗作,进一步揭示了他闲云野鹤的心境。

5. 最后一搏阶段

李白身在道门、忧心国事,当他从崔成甫、王昌龄口中听说朝堂混乱黑暗、百姓苦不堪言时,顿觉义愤填膺,但经过反复的心理挣扎后,他还是选择了超脱于穷达荣辱之外。唐天宝十四年(755 年),安禄山在范阳起兵造反,一路向黄河推进,五十五岁的李白在携家眷逃难的路上,目睹世道一片混乱、百姓流离失所,悲愤之余,深藏的侠义之心也被唤醒。唐至德元年(756 年),李白入幕永王李璘，即便遭到宗夫人的反对与劝阻，他也不愿放弃这难得的建功立业机会，然而意外卷入了新皇李亨和永王李璘的兄弟争斗，李白先是在永王兵败后受牵连入狱，后在被友人营救后又因言语有失被流放夜郎。唐乾元二年（759 年），李白赴夜郎途中绝处逢生，因天下大赦而重获自由，喜不自胜之际又过上了游历生活。但李白终究无法安享平淡，唐上元二年（761 年）再回金陵，年近花甲跟随李光弼出征，因病倒而折回，最后一搏终以失败而告终。此后，李白不再关心仕途与修道，只是闲游、赋诗、饮酒，直至生命终点。

（二）品味经典佳作

1. 上李邕

大鹏一日同风起，扶摇直上九万里。
假令风歇时下来，犹能簸却沧溟水。
时人见我恒殊调，闻余大言皆冷笑。
宣父犹能畏后生，丈夫未可轻年少。

【深层解读】这首诗是李白十九岁时的作品，当时大名士李邕被贬到渝州任刺史，李白专程赴此拜访、毛遂自荐。但是心高气傲、不拘俗礼的李白，刚见到李邕，不及入座，便开始了充满夸耀溢美之词的自我介绍，这在李邕看来，恰是他年少轻狂、不知天高地厚的表现，也注定了李白此次干谒的失败。遭到冷遇的李白，便以鹏鸟自比赋诗一首，抒写了自己的凌云壮志。

2. 将进酒

君不见黄河之水天上来，奔流到海不复回。

君不见高堂明镜悲白发，朝如青丝暮成雪。

人生得意须尽欢，莫使金樽空对月。

天生我材必有用，千金散尽还复来。

烹羊宰牛且为乐，会须一饮三百杯。

岑夫子，丹丘生，将进酒，杯莫停。

与君歌一曲，请君为我倾耳听。

钟鼓馔玉不足贵，但愿长醉不复醒。

古来圣贤皆寂寞，惟有饮者留其名。

陈王昔时宴平乐，斗酒十千恣欢谑。

主人何为言少钱，径须沽取对君酌。

五花马，千金裘，呼儿将出换美酒，与尔同销万古愁。

【深层解读】唐天宝十一年（752 年），李白与好友岑勋、元丹丘一起漫游于山川之间，登高远眺、放歌痛饮，挥洒的是不尽的诗情与心底的愁闷。这一时期的李白，政治理想屡屡落空，深切体会到入仕之难，空有怀才不遇的感伤，却又无力摆脱人生的低谷，唯有寄情山水间，借酒兴诗情疗愈满腔的悲愤。这首名垂诗史的“酒歌”因此而诞生。

3. 南陵别儿童入京

白酒新熟山中归，黄鸡啄黍秋正肥。

呼童烹鸡酌白酒，儿女嬉笑牵人衣。

高歌取醉欲自慰，起舞落日争光辉。

游说万乘苦不早，著鞭跨马涉远道。

会稽愚妇轻买臣，余亦辞家西入秦。

仰天大笑出门去，我辈岂是蓬蒿人。

【深层解读】李白生性洒脱不羁，留下了很多狂放的作品，本诗便是其中之一。当长期耽于"仕途迫隘"的李白，终于在四十二岁这年迎来了人生的高光时刻，得以正式步入仕途时，他内心的狂喜是无法压抑的，尤其本诗最后两句，就很好地体现了李白的踌躇满志与得意自负。但在狂喜之外，李白心中依然有着一份浓浓的感慨，慨叹自己历经曲折终获实现政治抱负的机会。

4. 行路难（其一）

金樽清酒斗十千，玉盘珍羞直万钱。

停杯投箸不能食，拔剑四顾心茫然。

欲渡黄河冰塞川，将登太行雪满山。

闲来垂钓碧溪上，忽复乘舟梦日边。

行路难！行路难！多歧路，今安在？

长风破浪会有时，直挂云帆济沧海。

【深层解读】唐天宝元年（742 年），李白奉命进京，被授为翰林待诏，起初颇得玄宗赏识，但时日一久，李白感受到玄宗只是看重他的文采，跟他自己所期盼的建功立业相去甚远。而且，他为官期间率性狂放，得罪了不少同僚，很快便遭到打压和排挤，于是李白主动向玄宗请求离去，最终"赐金还山"，本诗写的就是这一情境下李白的苦闷与执着。

5. 庐山谣寄卢侍御虚舟

我本楚狂人，风歌笑孔丘。

手持绿玉杖，朝别黄鹤楼。

五岳寻仙不辞远，一生好入名山游。

庐山秀出南斗傍，屏风九叠云锦张，

影落明湖青黛光。

金阙前开二峰长，银河倒挂三石梁。

香炉瀑布遥相望，回崖沓嶂凌苍苍。

翠影红霞映朝日，鸟飞不到吴天长。

登高壮观天地间，大江茫茫去不还。

黄云万里动风色，白波九道流雪山。

好为庐山谣，兴因庐山发。

闲窥石镜清我心，谢公行处苍苔没。

早服还丹无世情，琴心三叠道初成。

遥见仙人彩云里，手把芙蓉朝玉京。

先期汗漫九垓上，愿接卢敖游太清。

【深层解读】这首是李白的晚年诗作，当时的李白几经官场沉浮与坎坷，付出诸多努力均未能实现政治理想，最后还落得流放夜郎的境遇。遇赦归来后虽又重燃仗剑济世热情，但仍以失败而告终。仕途之路于李白而言，一直艰难。抚今追昔，李白的心情是复杂的但也是明朗的，既然仕途无果，不如超然物外、寄情山水。本诗就是借庐山盛景一抒胸中之情。

（三）知识拓展

1. 太白酒家

据说，李白住在采石矶时，常常到鲁财主开的酒铺喝酒。那年冬天，寒风刺骨，李白又走进了这家酒铺喝酒，只见鲁财主眯着眼躺在一边的椅子上，不动声色地打量着李白，心中暗想：量这个穷写诗的身上也榨不出什么油水了，毕竟他已经离开京城几年了，上次他来，我那没眼力见儿的小酒保还对他那么热情，临走竟还把我店里的好酒灌给他一大壶，这回说什么也不能便宜他了。想罢，鲁财主起身走到李白身边说："小店屋檐太低、酒池太浅，经不住翰林这样的大酒壶啊！"李白见鲁财主这般态度，并无意与之争辩，只是掏出怀中最后一锭银子扔在了柜台上。鲁财主一看银子，脸色瞬间阴转晴，招呼小酒保给李白找钱，并说："有眼不识江底浅，没想到李翰林还有这么多酒钱。"李白却转身离店，只说："无须再找，下次再来！"

果然，隔日李白又来了，小酒保送上一满壶酒，但接下来的三天，李白每天都来，这就惹得鲁财主再度心生厌烦，担心李白的一锭银子花不了多久就没了，于是悄悄往李白的酒里兑起水来。李白自然是一口便能尝出，却并未与鲁财主争论，奈何鲁财主一日比一日加的水多，最后直接给李白送上了一壶凉水。这下李白可气坏了，夜深人静时为此辗转反侧，一边下定决心再也不去那里喝酒，一边无奈于采石矶一带只此一家酒铺，自己又离不开暂能让自己忘却愁苦并能"诗百篇"的酒，顿感灰心失意，只余深深叹息。

这天，李白独自徘徊于江岸，在一间茅舍前偶遇一位老人家，老人家上来就是一拜，正当李白吃惊得不知如何应对时，老人家含泪解释，当年自己一家几口在幽州遇到灾荒时，幸遇李白出手相救，打那以后，一家人为了报恩，一路悄悄追随李白，从金陵到庐州，从宣城到采石矶，一直生活在李白附近，希望有朝一日能有机会回报李白的恩情。李白听完也是热泪盈眶，这才恍然记起当年之事，赶紧扶起老人家，两人遂寒暄起来。老人家边与李白寒暄，边进屋抱出一坛自酿的酒说："我孩子就在那家酒铺帮工，鲁财主那样的人什么事干不出来？恩人不用担心，以后你喝的酒我包啦！"李白一听这话高兴极了，端起酒杯一饮而尽，只为一解多天的酒瘾，喝醉之后又跑到门外"联璧台"上，遥望大江落日，挥笔赋诗一首，老人家遂将李白的诗作恭敬地粘在了自家茅屋墙上。

这一来，近处的、远路的，来老人家茅屋欣赏诗作之人络绎不绝，但凡有人问起，老人家都要自豪地向大家介绍一番，说李白是喝了他酿的酒才留下了如此佳作。众人一听，便更要刨根问底了，索性都会坐下喝两盅，完整听一听这段故事，细细品一品诗中意境。而老人家也为此开起了酒铺，取名"太白酒家"，既为李白酿酒，也为南来北往之人洗去一路风尘。但不幸的是，一年之后，老人家病故了，李白伤心欲绝，把酒倒进江水为老人送行，并写下一首悼亡诗：

纪叟黄泉里，还应酿老春。
夜台无李白，沽酒与何人？

后来，沿江一带的大小酒铺，都以“太白酒家”“太白遗风”等为店名，表达对诗仙李白的怀念之情。

2. 沉香亭咏牡丹

据说，有一天唐玄宗和杨贵妃在沉香亭观赏牡丹，恰逢乐师李龟年带领乐队前来献唱，唐玄宗便对李龟年说：“牡丹娇艳动人，贵妃国色天香，如此美人美景，要有新曲新词来助兴才合时宜，快去将李白唤来。”李龟年领命而去，但当他在长安大街一家酒楼找到李白时，李白已烂醉如泥。可即便如此，李龟年也绝对不敢耽误圣旨，只得命人将醉气熏天的李白带到唐玄宗面前。唐玄宗一看这情景，立即命人取来醒酒汤给李白饮下，又命人用冷水喷洒李白面部，如此一番忙乱，李白才从醉意中悠悠醒来。唐玄宗马上吩咐李白谱词助兴，李白果然不负所望，仅用一炷香的工夫就完成了三首《清平调》：

其一

云想衣裳花想容，春风拂槛露华浓。

若非群玉山头见，会向瑶台月下逢。

其二

一枝秾艳露凝香，云雨巫山枉断肠。

借问汉宫谁得似，可怜飞燕倚新妆。

其三

名花倾国两相欢，长得君王带笑看。

解释春风无限恨，沉香亭北倚阑干。

三首诗将牡丹与杨贵妃写得交相辉映，由云写到杨贵妃的霓裳羽衣，由花写到杨贵妃的倾国之貌，并且捕捉到花与人的共同特点——娇艳，且把杨贵妃比喻成仙女下凡，笔触细腻、生动传神，获得了唐玄宗的高度认可。

（四）思考探究

1. 李白的诗作含英纳金，意象众多，请搜集李白作品中含有“月亮”意象的诗作，并尝试从泛月、邀月、揽月、问月等角度分析其精神内核。

2. 不少流行歌曲的歌词中，留下了古代诗歌的影子，请探究下面的歌词，说说它们如何化用的李白诗句。

(1)“昨日像那东流水，离我远去不可留，今日乱我心，多烦忧。抽刀断水水更流，举杯消愁愁更愁，明朝清风四漂流。”

——《新鸳鸯蝴蝶梦》

“弃我去者，昨日之日不可留；乱我心者，今日之日多烦忧。……抽刀断水水更流，举杯消愁愁更愁。人生在世不称意，明朝散发弄扁舟。”

——李白《宣州谢朓楼饯别校书叔云》

(2)“是你吧，高高挂穹苍千年啦，看尽了人世离与散，多少功名似尘埃。是我傻，总是在寂寞夜里望，你时圆时缺时迷惘，仿佛告诉我生命本无常。”

——《床前明月光》

“床前明月光，疑是地上霜。举头望明月，低头思故乡。”

——李白《静夜思》

二、沉郁顿挫杜甫诗

唐代韩愈对李白与杜甫的诗作有着深入的研究和高度的认可，在有人公开贬抑李、杜诗风时，他却坚持力挺，写出了“李杜文章在，光焰万丈长。不知群儿愚，那用故谤伤。蚍蜉撼大树，可笑不自量”的诗句，肯定了李白与杜甫的诗歌在盛唐时期的高峰地位。杜甫被誉为“诗圣”，他一直深切关怀国计民生，对国家所面临的前途命运满怀担忧，对百姓所遭遇的苦难生活满怀悲悯，他一直葆有济世救民的热情，将“小我”融入“大我”，即便仕进之路遍布荆棘，也从未熄灭报国热情，成为忧国忧民、心系天下的楷模。杜甫抨击时弊的诗作被誉为“诗史”，他将执着追求的奋斗经历、屡屡失意的人生感慨、生灵涂炭的大声疾呼，都深情熔铸于笔端，创作出大量思想深邃的佳作，形成了“沉郁顿挫”的独特诗风。

（一）探寻人物踪迹

杜甫（712—770），字子美，自号少陵野老，出生于巩县（今河南巩义西南），原籍湖北襄阳。他一生历经坎坷，却从未失去赤子情怀。

1. 十年壮游阶段

杜甫家世显赫，祖上人才辈出，官史多记载“杜甫乃杜预十三世孙”，而杜甫也常常拿先祖杜预的功绩来自我激励。杜甫幼年丧母，父亲因奔波于并不顺畅的仕进之路无暇照顾他，他是跟随二姑长大的。杜甫幼时贪玩，对读书无甚兴趣，入学之后，在家人的悉心教导下，才变得勤奋好学起来。但因启蒙早，杜甫七岁便写出一首《咏凤凰》诗，《诗经》《楚辞》等经典作品，也都是他偏爱阅读的。受二姑关于孝悌的谆谆教导，杜甫养成了感恩与孝敬的高贵品格，但终究在童年时期缺失了母爱，他性格当中还是有急躁、冲动、偏执的一面。杜甫十五六岁时，就因才华而小有名气，读书也越发勤勉，更因家世良好得以结交一些名流，这无疑促进了杜甫的创作进步。杜甫十八岁时开始了他的壮游之旅，先后走过扬州、金陵、绍兴、剡溪、苏杭、无锡、湖州、长安、泰山等地，领略了风景，温顾了历史，绚烂了诗心，开阔了胸襟。天宝元年(742)，杜甫在陈留(今河南开封)遇到了高适，两人一见如故。天宝三年(744 年)，李白被“赐金还山”，离开长安向东漫游，后来到了洛阳，杜甫终于有机会在此见到自己心中的偶像，两人志趣相投、相约同游，建立起了深厚的友谊，留下了璀璨的唱和作品。

2. 困守长安阶段

天宝五年(746 年)，杜甫开启了长安干谒之旅。他先去拜访了太常寺协律郎郑虔，希望得到被举荐的机会。但郑虔还未来得及举荐杜甫，自己便遭奸人陷害被贬官，杜甫便又去拜托了“饮中八仙”之一的汝阳王李琎，不想却只被留在府上而不给任何承诺。天宝六年(747 年)，三十六岁的杜甫因李林甫“野无遗贤”的闹剧而会试落榜，只能继续寄希望于干谒。此后，杜甫先后拜访了尚书左丞韦济、宰相次子张垍，但都无疾而终。走投无路之下，杜甫在祀太清宫等三大典礼时，直接向唐玄宗进献《朝献太清宫赋》等三大礼赋，得到唐玄宗亲自召见，人生似有转机，但蹉跎几个月后，却不再有具体结果，而杜甫却在饥寒之中病倒了，靠人接济过冬。直到天宝十三年（754 年），杜甫仍未等到被唐玄宗起用的消息，内心纠结困顿，一面为跻身官场逢迎权贵，一面却又不齿权贵奢靡、官场黑暗。

3. 陷贼为官阶段

天宝十四年（755 年），安史之乱爆发，年末安禄山叛军便已攻入洛阳，次年六月，叛军攻破潼关，唐玄宗仓皇出逃。此时的杜甫并不知晓唐玄宗已出逃，但忧于战火，还是携家带口逃往了陕北，一路流亡，非常艰苦。至德元年（756 年），杜甫知晓唐肃宗即位，便独身一人前去投奔，途中为安史叛军俘获，押到长安，被迫做了伪官。杜甫虽然人微言轻，但忧国忧民之心一直未变，他苦心孤诣贡献筹边策略，却未曾受到重视，他目睹长安肃杀凄凉，满心悲恸。至德二年（757 年），杜甫冒险逃至凤翔，被唐肃宗任命为左拾遗，自是喜出望外。然而，唐肃宗刚愎自用，性情耿直的杜甫第一次进谏就惹恼了他。想想政治上的打击，看看受摧残的百姓，这一切都令杜甫走向“沉郁”的风格。后来，杜甫因受牵连，被贬华州。

4. 西南漂泊阶段

乾元二年（759 年），受饥荒所迫，杜甫决定辞官逃难。他带领家人一路向西，风餐露宿，寻找安居之地，到了秦州，暂且过了一段虽清苦却相对稳定的日子。后因饥寒交迫，举家又迁往同谷，但日子越发难熬起来，经常饿得奄奄一息。无奈再度举家踏上蜀道，直奔成都，在成都浣花溪畔开荒建屋，即为“草堂”，体验到了避俗野居之乐，一家人得以短暂安宁。但开怀的时光总是短暂的，杜甫后来又辗转于梓州、绵州、汉州、阆州等地，随后终于等来了在剑南节度使严武幕中任参谋，并被加授检校工部员外郎的好消息，这是杜甫一生仕途的最高点。可惜年老贪酒、工作懈怠、性格耿直的杜甫惹恼了严武，最终导致了辞幕的结局。杜甫带着家眷离开成都向东回归，先后驻留渝州、江陵等地，一路贫病交加，最终满怀遗憾、黯然离世。

（二）品味经典佳作

1. 登高

风急天高猿啸哀，渚清沙白鸟飞回。
无边落木萧萧下，不尽长江滚滚来。
万里悲秋常作客，百年多病独登台。
艰难苦恨繁霜鬓，潦倒新停浊酒杯。

【深层解读】杜甫的这首诗可谓独步古今，被誉为“古今七言律第一”，是他在五十六岁贫病交加时的创作。此时安史之乱虽已过去几年，但军阀混战又起，依然是难寻安居生活。当杜甫独自登上夔州白帝城外的高台时，他极目远眺，透过萧瑟秋景更清晰地映照出自己的漂泊人生与老病孤愁，顿觉悲怆。

2. 兵车行

车辚辚，马萧萧，行人弓箭各在腰。
耶娘妻子走相送，尘埃不见咸阳桥。
牵衣顿足拦道哭，哭声直上干云霄。
道傍过者问行人，行人但云点行频。
或从十五北防河，便至四十西营田。
去时里正与裹头，归来头白还戍边。
边庭流血成海水，武皇开边意未已。
君不闻，汉家山东二百州，千村万落生荆杞。
纵有健妇把锄犁，禾生陇亩无东西。
况复秦兵耐苦战，被驱不异犬与鸡。
长者虽有问，役夫敢申恨？
且如今年冬，未休关西卒。
县官急索租，租税从何出？
信知生男恶，反是生女好。
生女犹得嫁比邻，生男埋没随百草。
君不见，青海头，古来白骨无人收。
新鬼烦冤旧鬼哭，天阴雨湿声啾啾。

【深层解读】这首诗是杜甫自创乐府新题的叙事诗。全诗描绘了一幅悲戚的送别图，笔墨雄浑，沉痛哀怨，充满了对朝廷连年战争的痛恨、对百姓民不聊生的同情，含有极强的讽刺与抨击意味。杜甫在诗中用到了很多细节描写，再现了送行者痛苦绝望的神态，营造了凄惨的氛围，充满了非战的色彩。

3. 闻官军收河南河北

剑外忽传收蓟北，初闻涕泪满衣裳。

却看妻子愁何在，漫卷诗书喜欲狂。

白日放歌须纵酒，青春作伴好还乡。

即从巴峡穿巫峡，便下襄阳向洛阳。

【深层解读】当杜甫听到安史之乱终于结束的消息时，欣喜若狂地写下了这首诗作。杜甫一直深怀一颗“忧国忧民”之心，流亡路上的所见所闻，目睹百姓流离失所，这些在当时多么令他愤慨，而今的胜利消息就多么让他觉得大快人心。全诗直抒胸臆，极尽描写了杜甫内心的欢快与兴奋，被称为杜甫“生平第一快诗”。

4. 旅夜书怀

细草微风岸，危樯独夜舟。

星垂平野阔，月涌大江流。

名岂文章著，官应老病休。

飘飘何所似，天地一沙鸥。

【深层解读】这首诗是杜甫离开“草堂”之后，以旅途见闻来写就的。全诗看似在写风景，实际传达的是杜甫孤苦无依的心境。当时的杜甫，贫病交加难以安居，拖家带口四处飘零，好像生活当中唯余困苦与落寞，尤其每每想到国家的前途命运更觉感伤。此情此景，宽广静谧的夜色，奔流不息的江水，更好地映衬出了他内心的凄怆之感。

（三）知识拓展

1. 杜甫草堂

据说，杜甫在唐军收复长安以后，被派到华州做了一个小官，他每日目睹安史叛军的余孽带给百姓的战乱灾殃，心情无比沉重。

有一天晚上，杜甫路过石壕村借宿，住在一对穷苦老夫妻家里。半夜时分，听见外面响起了嘈杂的脚步声和急促的敲门声，接着就是老汉翻墙逃走的声音和老太婆应声去开门的声音。杜甫在房中侧耳细听，老太婆开门后，一阵厉声吆喝便在院中响起："你家男人在哪儿?"老太婆带着哭腔应道："我家三个儿子都去打仗了，两个儿子已经死在战场，家中只剩儿媳和小孙子，还有我这个老太婆，其他哪还有什么人啊！"杜甫这才明白原来是差役来抓壮丁，心中顿觉一阵凄然，而且本以为差役们看见老太婆家中是这种情况会直接走掉，没想到他们却不肯罢休，竟然把老太婆带去军营做苦役了。天将亮的时候，翻墙逃走的老汉才回来，独自送别杜甫离去。此情此景，让杜甫更加深切地感受到，战乱之下，百姓的生活有多么苦不堪言，内心久久不能平静，他写下了《石壕吏》：

暮投石壕村，有吏夜捉人。

老翁逾墙走，老妇出门看。

吏呼一何怒！妇啼一何苦！

听妇前致词：三男邺城戍。

一男附书至，二男新战死。

存者且偷生，死者长已矣！

室中更无人，惟有乳下孙。
有孙母未去，出入无完裙。
老妪力虽衰，请从吏夜归。
急应河阳役，犹得备晨炊。
夜久语声绝，如闻泣幽咽。
天明登前途，独与老翁别。

杜甫在华州时，基于安史之乱带给百姓的苦难生活，以及大唐的盛衰巨变，共完成了“三吏”“三别”，即《石壕吏》《潼关吏》《新安吏》、《新婚别》《垂老别》《无家别》，因而，他的诗又被誉为“诗史”。

后来，杜甫辞官离开华州，因穷苦带着全家流亡到了成都，幸得朋友资助，在成都浣花溪畔筑屋隐居。此处依山傍水，景色四季皆宜，给予杜甫一年闲适平静的生活，但第二年的一个夏天傍晚，暴雨狂风突然将茅屋前200多年树龄的楠木连根拔起，一个秋天下午，呼号的狂风又将茅屋直接吹破，杜甫有感而发，创作了《茅屋为秋风所破歌》：

八月秋高风怒号，卷我屋上三重茅。
茅飞渡江洒江郊，高者挂罥长林梢，下者飘转沉塘坳。
南村群童欺我老无力，忍能对面为盗贼。
公然抱茅入竹去，唇焦口燥呼不得，归来倚杖自叹息。
俄顷风定云墨色，秋天漠漠向昏黑。
布衾多年冷似铁，娇儿恶卧踏里裂。
床头屋漏无干处，雨脚如麻未断绝。
自经丧乱少睡眠，长夜沾湿何由彻！

安得广厦千万间，大庇天下寒士俱欢颜，风雨不动安如山。

呜呼！何时眼前突兀见此屋，吾庐独破受冻死亦足！

后来，邻居和朋友帮助杜甫将茅屋重新修葺整饬了一番，又恰逢杜甫好友严武上任剑南西川节度使，杜甫再度过上了一段闲适的生活。但在代宗即位、严武入朝、四川再度发生叛乱之后，杜甫不得不赶赴梓州。而他所居住的这座茅屋，也在他去世之后被后人保护起来，命名为“杜甫草堂”。

2. 饥饿的记忆

当三十五岁的杜甫结束长期漫游，开始致力求仕时，并没有很好的政治环境供他实现政治抱负。当时的唐玄宗已不复开明，变得昏庸腐化，但杜甫仍抱着天子迷途知返、国家重回盛世的幻想，多方寻求出路，坚守政治理想，结果困居长安逾十年。

据说，杜甫刚到长安不久，便因父亲去世而失去了经济来源，生活愈发困顿，甚至到了需要亲朋好友周济的程度。为了维系生活，杜甫曾采草药到市场兜售，也曾购买过政府低价救济粮，甚至还曾乞讨过，生活过得不可谓不卑屈。

饥饿，是这一阶段杜甫生活的灰暗注脚。他身着破旧衣衫，动辄无米下锅，迫于无奈时只得前去族孙杜济家叨扰一顿饭吃。然而这位族孙也并非生活富裕之人，总觉长辈杜甫的屡屡登门给自己添了很大麻烦，却又不好意思说出口，就通过行动上的摔摔打打暗示杜甫离开，比如大力砍菜、使劲搅水等，杜甫当然明白他的意思，心中自是无限感慨。但还好困境之中有人愿意伸出援手，有次杜甫疟疾初愈，面容干瘦地来到了青年朋友王倚家门口，王倚虽说自己生活也不宽裕，但眼见杜甫病得面黄肌瘦，还是买来酒肉款待了杜甫，杜甫非常感激，为王倚写下了《病后遇王倚饮赠歌》：

麟角凤觜世莫识，煎胶续弦奇自见。
尚看王生抱此怀，在于甫也何由羡。
且遇王生慰畴昔，素知贱子甘贫贱。
酷见冻馁不足耻，多病沈年苦无健。
王生怪我颜色恶，答云伏枕艰难遍。
疟疠三秋孰可忍，寒热百日相交战。
头白眼暗坐有胝，肉黄皮皱命如线。
惟生哀我未平复，为我力致美肴膳。
遣人向市赊香粳，唤妇出房亲自馔。
长安冬菹酸且绿，金城土酥静如练。
兼求富豪且割鲜，密沽斗酒谐终宴。
故人情义晚谁似，令我手脚轻欲漩。
老马为驹信不虚，当时得意况深眷。
但使残年饱吃饭，只愿无事常相见。

“但使残年饱吃饭”一句，极尽体现了杜甫挨饿受冻的贫苦生活，但就是这样的生活，杜甫一过就是十年。等杜甫终于当上一个小官回家探亲时，听到的却是小儿子活活饿死的噩耗。所以，杜甫诗中对劳苦大众的深切同情，是与自身的悲苦经历息息相关的。

据说，杜甫之死也是蒙上了饥饿的阴影的。杜甫客居湖南时被洪水围困了九天，饥饿不堪，幸亏当地县令用船将其救出，并好酒好肉地招待他，但饥饿过度的杜甫，就在当晚因醉饱过度而离开了人世。可以说，杜甫的困顿一生，也是盛唐走向没落的悲歌。

（四）思考探究

1. 请从社会变迁、百姓生活、家国情怀、人生际遇等多个角度选取杜甫的诗句进行赏析，体会杜甫忧国忧民忧天下的博大情怀，感受大唐由盛而衰的历史巨变和民生疾苦。

2. 不少流行歌曲的歌词中，留下了古代诗歌的影子，请探究下面的歌词，说说它们是如何化用的杜甫诗句。

（1）“锦里繁花，千年如昨。红墙外，熙熙人间烟火。有遗爱如山，自有万民相和。至今犹说，功盖三国。肃肃宗庙，檐牙高啄。千年后，功过后人评说。鞠躬尽瘁，报得当年一场鱼水三顾合。”

——《蜀相》

“丞相祠堂何处寻？锦官城外柏森森。映阶碧草自春色，隔叶黄鹂空好音。三顾频烦天下计，两朝开济老臣心。出师未捷身先死，长使英雄泪满襟。”　　——杜甫《蜀相》

（2）“开元诗我唐，朝霞仿酒妆。愿得致君王，尧舜上。胸中万卷，裘马轻狂。秋风破，唤我，野老野老。茅屋风雨扰，长安万里遥。然一身莫保，漂泊入风涛。”　　——《望岳》

“岱宗夫如何？齐鲁青未了。造化钟神秀，阴阳割昏晓。荡胸生曾云，决眦入归鸟。会当凌绝顶，一览众山小。”——杜甫《望岳》

三、旷达超然东坡词

在中国传统文化璀璨的发展历程中，苏轼犹如熠熠星辰，光耀古今。他在文学创作上成就斐然，推动了词的革新，提高了词的品格，与父亲苏洵、弟弟苏辙同列“唐宋八大家”，与辛弃疾同开“豪放词风”，尤其因“乌台诗案”被贬谪黄州五年期间，他以达观旷达的气度突破了心灵的重围，留下了许多名篇佳作。苏轼半生羁旅漂泊，先后担任大小官职数十个，但无论他任职何处，都恪守为官本分，一切遵循百姓的真实需要，尽己所能去做造福于民之事，即便被贬荒蛮的儋州，他也真诚地为当地百姓带去了文明的火种，后来遇赦北归时，当地百姓还曾挥泪挽留。苏轼是个书法家，作品《寒食帖》被称为“天下第三行书”；苏轼是个画家，不但始创朱笔画竹，而且作品《枯木怪石图》于 2018 年香港佳士得秋季拍卖中以 4.636 亿港元成交，创下当时中国古代绘画拍卖的第一高价；苏轼是个美食家，相传烹制出了名菜“东坡肉”；苏轼是个酿酒师，先后酿出“蜜酒”“天门冬酒”等；苏轼是个建造师，为西湖清除淤泥、修建苏堤。关于苏轼，有太多太多研究不尽的课题，他从名满天下的少年奇才，到一贬再贬的罪臣犯官，历经磨难却从未消极，身处逆境能超然以对，他的这种人生观和处世哲学永远值得我们学习。

（一）探寻人物踪迹

苏轼（1037—1101），字子瞻，一字和仲，号铁冠道人、东坡居士，眉州眉山（今属四川）人。他沉浮于坎坷的仕途却从未忘怀初心，为官一任造福一方，即使遭遇了无数的苦难，仍葆有豁达胸怀。

1. 少年成名阶段

宋景祐三年十二月十九日（1037 年 1 月 8 日），苏洵夫妇的第五个孩子出生，就是苏轼。苏家的前四个孩子，要么夭折，要么英年早逝。苏轼的童年生活还是比较幸福的，从小就在父母身边长大，严厉的父亲督促他好好读书，慈爱的母亲引导他养成完整的人格，良好的家庭教育让他形成了旷达开朗的心性，而非像别的孩子那样，常年难以得见出外谋生的父亲，只在母亲身边长大。苏轼幼时曾在天庆观读书，思想启蒙来自观里的道士。后来，苏轼的才华日益显现，父亲苏洵便请了名士来教导他，虽然苏洵自己入仕不顺，但对苏轼和小儿子苏辙的要求却从未降低。

苏轼十八岁时，父子三人本打算一起去京城参加科考，但在这时苏轼遇到了自己的佳偶良配王弗。王弗是进士之女，性情温良、知书达理，与苏轼完婚后性情相投、琴瑟和鸣。宋至和三年（1056 年），苏洵带着两个儿子离开眉山进京赶考，父子三人在轻松通过了礼部组织的考试之后，开始积极备考来年的殿试，苏洵同时积极结交朝中权贵。当第二年的殿试到来后，苏轼、苏辙兄弟二人一鸣惊人，均高中进士，父亲苏洵虽科考不顺，却也得到欧阳修的认可，成为一名小官。“三苏”之中，尤其苏轼，因才华横溢、少年成名，一时之间名满京城。

宋嘉祐五年（1060 年），苏洵带着一家人在京城安顿下来。苏轼被任命为河南府福昌县主簿，苏辙被任命为河南府渑池县主簿，苏洵被任命为秘书省试校书郎却未赴任，后又被任命为霸州文安县主簿再感失落，最后终于被任命为修订礼书，父子三人均正式步入仕途。随后，苏轼、苏辙十分幸运地遇到了宋仁宗举行的制科考试，二人做了大量细致认真的考前准备与复习工作，最终都取得了优异的成绩，苏轼成绩为三等，苏辙成绩为四等，因为制科考试太难，此前从未出现过一等、二等的成绩，此两等形同虚设。成绩公布后，苏轼被任命为凤翔府判官，犹如一颗新星，开始熠熠生辉。

2. 中年沉浮阶段

苏轼在凤翔完成了自己仕途人生的初始历练，在三年里兢兢业业，他的济世精神得到了真正的实践。但三年任期结束回京时，却遭遇了发妻与父亲的先后离世，颇受打击。待守丧期满返京时，却又身不由己地卷入新旧党之争的政治旋涡。此时野心勃勃的宋神宗在位，他力排众议任用王安石推行新法，新旧之争日益白热化，苏轼自然无法独善其身。而且苏轼本也反对新法，认为新政应循序渐进推行，不能伤害到民生根本。因此，苏轼申请外调杭州，为当地百姓做了大量惠民生的工程，也度过了人生中的一段快意生活，随后，又任职多处。

多年的游宦生涯，带给苏轼很强的羁旅漂泊感，也带给苏轼很强的精神富足感。在数年的时光中，苏轼对于新法的反对态度从未改变，他的《山村五绝》等作品均已体现得非常鲜明。但祸从口出，苏轼最终为自己招致了囹圄之灾——“乌台诗案”，度过了人生中的至暗时刻。出狱之后，苏轼已过不惑之年，前往仕途生涯的第一个贬谪地——黄州，虽然黄州生活艰苦，但苏轼在经过短暂的状态调整之后，以豁达的心境在山水之间找到了生活意趣，留下《念奴娇·赤壁怀古》等不少名篇佳作，“东坡居士”的称号也始于这一时期。

宋元丰七年（1084 年），苏轼再次迎来接近政治中心的机会，被因新政推行数年效果不理想而备受压力的宋神宗调任汝州团练副使，此时苏轼已年近五十。随后，因宋哲宗年幼，太皇太后高氏听政，任用司马光废止新法、恢复旧法，苏轼迎来仕途的高光时刻，仅用十七个月的时间，便由外放官员升为正三品的翰林学士知制诰，无异于一步登天。但是，政治中心始终伴随暗流汹涌，一心只为造福百姓、只愿守住内心净土的苏轼，并不能在这样的环境中安心为官，最终又无奈卷入了“蜀洛党争”，“两年三州”辗转奔波，而后宋哲宗年满十八岁亲政，再次推行新政，苏轼便被一贬再贬，贬到惠州，再回仕途原点。

3. 晚年北归阶段

苏轼被贬到惠州已五十九岁，岭南生活之艰辛超出预计。苏轼在此，非官非民，身份尴尬，而且此地与北方殊异的燥热气候也让他疾病不断。但苏轼绝非轻易为逆境、挫折打败之人，达观的人生态度帮助他一次次自我消解、积极生活。苏轼在惠州虽无官无职，但依然热心地为百姓做一些力所能及的实事，备受百姓爱戴。即便接到贬谪儋州的命令时，他仍咽下胸中悲愁，辞别家人，抱着赴死之心渡海前往，幸好安全抵达。在荒凉的儋州，苏轼的为民情怀再次散发光辉，凿井办学，福泽儋州，尽己所能为百姓解决难题。在近三年后，宋徽宗即位，苏轼得以遇赦北还，儋州百姓挥泪相送，然而苏轼此行并未到达目的地，而是中途病逝于常州，为自己光辉的一生画上了句号。

（二）品味经典佳作

1. 念奴娇·赤壁怀古

大江东去，浪淘尽，千古风流人物。故垒西边，人道是：三国周郎赤壁。乱石穿空，惊涛拍岸，卷起千堆雪。江山如画，一时多少豪杰。

遥想公瑾当年，小乔初嫁了，雄姿英发。羽扇纶巾，谈笑间，樯橹灰飞烟灭。故国神游，多情应笑我，早生华发。人生如梦，一尊还酹江月。

【深层解读】这首词是苏轼贬谪黄州期间的作品，曾因雄阔的意境、遒劲的力量、磅礴的气象而被盛赞为“古今绝唱”。初到黄州，苏轼满心愁苦，但豁达的心境让他走入山水之间，情怀得以排遣，本词便是他到黄州的赤壁（鼻）矶游玩所作。全词通过凭吊风流人物周瑜，表达了自己内心的忧愤与旷达。

2. 江城子·密州出猎

老夫聊发少年狂，左牵黄，右擎苍，锦帽貂裘，千骑卷平冈。为报倾城随太守，亲射虎，看孙郎。

酒酣胸胆尚开张，鬓微霜，又何妨？持节云中，何日遣冯唐？会挽雕弓如满月，西北望，射天狼。

【深层解读】这首词是苏轼在密州任期内创作的豪放词，全词体现出一种刚性格调，打破了词作本身固有的柔性格调，找到了词作创作的新方向，提升了词境与词品。全词透出一股“狂”态，通过描写围猎的情景与感受，表达了自己决心捕猎猛虎的豪情，体现了自己渴望承担卫国重任的英气。

3. 行香子·述怀

清夜无尘，月色如银。酒斟时、须满十分。浮名浮利，虚苦劳神。叹隙中驹，石中火，梦中身。

虽抱文章，开口谁亲。且陶陶、乐尽天真。几时归去，作个闲人。对一张琴，一壶酒，一溪云。

【深层解读】这首词的具体创作时间目前已不可考，约略是在宋哲宗元祐时期（1086—1093 年），当时苏轼因太皇太后高氏恢复旧法而受到恩遇，一扫“乌台诗案”的阴霾，迅速高升，官至翰林学士知制诰。但身处政治中心，遭受小人谗害无可避免，使得苏轼倍感厌倦，因此这首词作体现出苏轼的退隐出世之意。

（三）知识拓展

1.“美食家”苏东坡

苏东坡的仕途生涯起起落落，从黄州到儋州，他先后被贬往多地，但他从未为此怨天尤人、失意绝望，而是心性旷达地面对一切，即使在坎坷的日子里，他也依旧充满热情地生活，把贬谪之路变成了美食之旅。

在因“乌台诗案”被贬到黄州时，苏轼一开始的生活是比较困顿的，日子过得紧紧巴巴。为了解决吃饭问题，他去买了人人都不愿买的廉价猪肉，并且专心研究猪肉的烹调方法，最终烹制出来了美味的“东坡肉”，还将烹制过程写成了一首《猪肉颂》：

净洗铛，少著水，柴头罨烟焰不起。待他自熟莫催他，火候足时他自美。黄州好猪肉，价贱如泥土。贵者不肯吃，贫者不解煮，早晨起来打两碗，饱得自家君莫管。

后来，五十七岁的苏轼被贬到惠州，再次过上拮据的生活。那个时期的惠州还是相对落后的，并不像如今的岭南地区那么富庶，每天集市上供应的羊肉非常有限，非达官贵人很难买到。苏轼也想吃肉，但迫于经济压力，更无法与达官贵人争肉，就“故技重施”，买来了人人都不愿买的廉价羊脊骨，悉心钻研烹调方法，他将羊脊骨先煮熟，再涂抹上盐和酒进行烤制，使得羊脊骨变得味美无比，他自己也真的爱上了这种美味，曾说：“如食蟹螯，率数日辄一食，甚觉有补。”

在惠州，还有一种苏轼喜欢的美食，就是荔枝，他还为此写下了《惠州一绝》（又题为《食荔枝二首》之二）：

罗浮山下四时春，卢橘杨梅次第新。

日啖荔枝三百颗，不辞长作岭南人。

当苏轼刚刚适应了惠州的生活，以为能在此安享晚年时，贬谪通知又来了，这次他要前往更加蛮荒的儋州。在当时，被贬谪儋州可以说是仅次于死刑的刑罚了，因为当时的儋州“海南连岁不熟，饮食百物艰难”“土人顿顿食薯芋，荐以薰鼠烧蝙蝠”，百姓尚未开化，粮食不能自足，生活艰辛不堪，当地的主食基本是切成粒状的甘薯,这对六十多岁的苏轼来说着实太困苦了。

但就此消沉、混沌度日可绝不是苏轼的性格,他在海边观察了数日之后,就寻找到了新的美食——生蚝,并又开始了研究烹制方法。他将生蚝肉先煮再烤,刚一入口便直呼过瘾,大赞太美味了,并幽默地告诫儿子切不可将此美食之名传扬出去,省得都来和他抢着吃。

这就是我们的大文豪东坡先生,即使人生再坎坷,生活再困顿,即使有那么多的失意与遗憾,都没有消磨掉他对现世人生的热情,他始终以旷达的心性直面生活,随时随地都能让自己的日子过得有滋有味、有声有色。

2. "建造师"苏东坡

苏轼一生仕途坎坷,历任多个官职,足迹也遍布大江南北。但无论是从八品的小官,还是正三品的高官,他不管在哪个岗位上,始终都能做到为官一任、造福一方,兢兢业业地为老百姓做实事、解决实际困难。他先后两次任职杭州,任内主持修建了苏堤这一便民工程。

1089 年,当苏轼再次到任杭州后,发现西湖已经长满了野草,沼泽化的现象非常严重,便写下一首《去杭十五年复游西湖用欧阳察判韵》:

我识南屏金鲫鱼,重来拊槛散斋馀。
还从旧社得心印,似省前生觅手书。
葑合平湖久芜漫,人经丰岁尚凋疏。
谁怜寂寞高常侍,老去狂歌忆孟诸。

因此，疏浚西湖，就成了苏轼的当务之急。苏轼先后向朝廷上奏《杭州乞度牒开西湖状》和《申三省起请开湖六条状》，得到了朝廷的批准后，立即组织工人清淤除草，甚至亲自到现场指挥，与工人同吃同住。

但清淤基本完成后，却遇到了新的难题，如此多的淤泥要堆放到哪里呢？苏轼经过多方研究，提出了修建长堤的解决方案。这条长堤修建好后，将会贯穿西湖南北，不但能解决运输的难题，还会方便百姓出行。只是要修长堤，就必须在淤泥中加入硬土，于是就近去挖赤山上的硬土成了最好的选择，但却遭到了赤山旁寺庙僧人的反对，他们认为挖土的举动会破坏赤山的风水，引来无妄灾殃，宁愿以身护法，逼迫工人停下了工程。

苏轼听闻此事后，也尝试与僧人们好好沟通，却也无果。僧人们的态度十分强硬，最终苏轼经过反复思量，还是坚定采取了既定的做法，他对僧人们说："今日之事全因我而起，如若真的天降灾殃，我必一力承担，但求尽早完成修堤之事，我愿在此处塑自身石像为寺庙护法。"苏轼将百姓之事看成最大的事，将自身生死祸福置之度外，最终修建成了长堤，并以自身石像守望了西湖千百年。

后人感念苏轼疏浚西湖、修建长堤的功劳，遂为长堤取名为苏堤，也造就了今日"苏堤春晓"的美景。而且，苏轼修建了不止一座长堤，任职颍州时修堤，被贬惠州时也修堤，任职期间全力兴修水利工程，造福了黎民百姓。

（四）思考探究

1. 请通过分析苏轼在“乌台诗案”前后诗词创作风格与主题的变化，探究苏轼内心世界的变迁，以及此段经历对苏轼人生的影响。

2. 不少流行歌曲的歌词中，留下了古代诗词的影子，请探究下面的歌词，说说它们如何化用的苏轼词句。

(1)“当记忆的线缠绕过往支离破碎，是慌乱占据了心扉，有花儿伴着蝴蝶，孤雁可以双飞，夜深人静独徘徊。当幸福恋人寄来红色分享喜悦，闭上双眼难过头也不敢回，仍然拣尽寒枝不肯安歇微带着后悔，寂寞沙洲我该思念谁。”——《寂寞沙洲冷》

“缺月挂疏桐，漏断人初静。谁见幽人独往来，缥缈孤鸿影。
惊起却回头，有恨无人省。拣尽寒枝不肯栖，寂寞沙洲冷。”

——苏轼《卜算子·黄州定慧院寓居作》

(2)“放下千斤重，只剩无法承受之轻，得之我幸，纵有失去不怨命，酒先干为敬，是非留给后人评，喧嚣过后，心中风波为谁定。英雄皆寂寞，铮铮铁骨尚有柔情，时光无心，留不住奔波的身影，愿不负曾经，半生爱恨岂无凭，万籁俱寂，梦里长歌还未静。”

——《定风波》

“莫听穿林打叶声，何妨吟啸且徐行。竹杖芒鞋轻胜马，谁怕？一蓑烟雨任平生。　料峭春风吹酒醒，微冷，山头斜照却相迎。回首向来萧瑟处，归去，也无风雨也无晴。”

——苏轼《定风波·莫听穿林打叶声》

四、豪气雄心稼轩词

辛弃疾文武兼备，不但在文词创作方面有很深的素养，而且在行军打仗方面也有很强的能力，不但有文人的豪放品格，而且有军人的勇武魄力。他一生气节凛然、满怀爱国热忱，渴望以自己对于政治、经济、军事、文学方面的独特见解报效国家、收复失地，却并不被南宋朝廷所重用，辗转地方官多任，也曾二十年赋闲，空有将相之才，最终赍志而没。因此，他的作品大多彰显着家国情怀、英雄壮志、忠义刚正及忧愤难平。

（一）探寻人物踪迹

辛弃疾（1140—1207），原字坦夫，后改字幼安，中年后别号稼轩，山东东路济南府历城（今山东省济南）人。他一生文韬武略、性情刚烈，即使壮志最终难酬，热血也从未曾冷却。

1. 金戈铁马阶段

绍兴三年（1133 年），金太宗推行了一条新的政令，迁徙大量金人到中原与汉人杂居，并任命了一批金人担任各种官职去管理汉人，使得汉人生活备受压迫与奴役。辛弃疾的祖父辛赞原本家境殷实、担任官职，这种大变故很快令他田产被夺、官职被削、生活窘迫，不得不去做一名屈辱的“虏官”维持生计。绍兴十年（1140 年），辛弃疾出生了，辛赞以“弃疾”为孙儿命名，正是“去病”之意，希望孙儿能像霍去病一样救万民于水火，光复大宋河山。辛弃疾三岁时父亲便去世了，从此在祖父辛赞的教养下长大，爱国之情自幼根植于心。

绍兴十八年(1148 年),金朝效仿宋朝举行科考,辛弃疾顺利进入了会试。借着去燕京参加会试的时机,辛弃疾依照祖父辛赞叮嘱,沿途留心观察山川地理地形及百姓生活状况,并整理成笔记,回家后交给了祖父,只不过由于备考不充分而榜上无名。绍兴二十七年(1157 年),辛弃疾再赴燕京参加科考,仍把重心放在了收集情报上,会试再次落榜。

完颜亮南侵带给百姓水深火热的生活,各地迅速形成抗金洪流。二十二岁的辛弃疾先是自己举起了抗金大旗,后又感自身力量微薄,便带着自己的两千人马加入耿京的起义军,并为耿京信任和器重。

隆兴元年(1163 年),宋孝宗完成了“隆兴北伐”,举国上下皆振奋异常,但随着金兵的疯狂反扑,宋军伤亡惨重,被迫再次议和,在此次“隆兴和议”之后,宋金四十年无战事,辛弃疾也由金戈铁马步入了自己新的人生阶段。

2. 官场沉浮阶段

乾道四年(1168 年),辛弃疾到任建康府通判,成了一名“归正人”,与他壮怀激烈的理想相去甚远。乾道六年(1170 年),辛弃疾被宋孝宗召见,因一身正气、文韬武略被宋孝宗留在临安,任司农寺主簿。乾道八年(1172 年),辛弃疾赴任滁州知州,济世的理想在此得以实践,为了百姓不再饥寒交迫,不再食不果腹,他宽征薄赋、发展经济、安定民生,在短期内使滁州焕然新生,治理成果颇佳。乾道九年(1173 年),辛弃疾因政绩突出被任命为江东安抚司参议官，终于有机会直接参与军中机务，离他的北伐中原、恢复大宋山河的理想更近了一步。

淳熙三年（1176年），辛弃疾由江西提刑调任京西路转运判官。淳熙五年（1178年），辛弃疾调任大理寺少卿，再回临安，没过几个月，同年又被调任荆湖北路转运副使，半年后再被调任荆湖南路转运副使。这种走马观花式的履职经历，让辛弃疾感觉格外苦闷，与复国之梦也仿佛渐行渐远，但无论辛弃疾有多么苦楚，仍兢兢业业在自己的每一任上都尽好了安民之责，赈灾救荒、处理暴动、平息民怨，使老百姓的生活得到极大的改善，自己也建立了极大的威信。但越是这样，向他投去嫉妒目光的官员就越多，无耻诽谤他的官员也越多。

辛弃疾在朝中备受排挤，最终等来的是朝廷的贬黜，二十年宦海沉浮被迫按下暂停键，他回到了上饶，修建了“带湖新居”，在此修心养性，疗愈内心的种种愁绪和失意。这样的乡村田园生活也体现在了辛弃疾笔端，留下了一批描绘农村风光的词作，让人读来有闲适悠远、远离尘嚣之感。这样的赋闲隐居生活，虽然辛弃疾乐在其中，但他心中未酬的壮志却依然燃着不熄的火焰，他只是将那份遗憾与悲愤深深埋藏在了心底。

绍熙三年（1192年），赋闲十年的辛弃疾再度被朝廷起用，心怀家国天下的他克服了内心对于官场是非的憎恶，毅然前往福建赴任。辛弃疾抵达福建后，针对赋税、盐钞、海盗三个难题进行了大刀阔斧的改革，获得了当地百姓的交口称赞，但却被其他官吏所忌惮，最终还是被弹劾罢官，再次回到了“带湖新居”。

3. 老骥伏枥阶段

庆元四年(1198 年),辛弃疾再被复职,任集英殿编撰,已近花甲的他自是喜不自胜,到任后仍尽力解决民生问题。嘉泰三年(1203 年),韩侂胄开始推动自己的“北伐计划”准备工作,对此,辛弃疾自是赞成,也很激动,终于等到了抗金复国的一天,但却在用人问题上与韩侂胄持不同意见,韩侂胄意识到辛弃疾并非一个好驾驭的人,便向朝廷建议让辛弃疾坐镇京口。而且,韩侂胄对于北伐盲目乐观,辛弃疾却认为金军不可小觑,没有完善的准备等同以卵击石,韩侂胄认为辛弃疾这是长他人志气、灭自己威风。

开禧元年(1205 年),朝廷密令商议行军之计,独独未让辛弃疾参加,辛弃疾抗金复国、奋勇杀敌的梦想再次落空,顿感心力交瘁、万念俱灰。后来,韩侂胄贸然出兵,北伐失利、金军入侵,此时的辛弃疾正在瓢泉养病,听到这样的战事消息备受打击。开禧三年(1207 年)九月,病入膏肓的辛弃疾带着巨大的遗憾,喊着“杀贼!杀贼!杀贼!”离开了人世。

(二)品味经典佳作

1. 永遇乐·京口北固亭怀古

千古江山,英雄无觅,孙仲谋处。舞榭歌台,风流总被,雨打风吹去。斜阳草树,寻常巷陌,人道寄奴曾住。想当年,金戈铁马,气吞万里如虎。

元嘉草草,封狼居胥,赢得仓皇北顾。四十三年,望中犹记,烽火扬州路。可堪回首，佛狸祠下，一片神鸦社鼓。凭谁问：廉颇老矣，尚能饭否？

【深层解读】这首词是辛弃疾六十六岁时所创作的，当时韩侂胄的“北伐计划”极大地鼓舞了辛弃疾，他以为终于有机会实现抗金复国的雄心壮志了，但没想到朝廷只是表面上重用他，而他也对韩侂胄准备不足、贸然进攻的做法极度不认可，满怀忧虑，在京口北固亭怅然远望，写下此词以表自己从未改变的爱国初心与为国立功的英雄情怀。

2. 破阵子·为陈同甫赋壮词以寄之

醉里挑灯看剑，梦回吹角连营。八百里分麾下炙，五十弦翻塞外声，沙场秋点兵。

马作的卢飞快，弓如霹雳弦惊。了却君王天下事，赢得生前身后名。可怜白发生！

【深层解读】这首词是辛弃疾赋闲上饶时所作，极大地体现了辛弃疾的豪放词风。全词写得酣畅淋漓，一方面透露一股英雄迟暮、壮志未酬的悲凉，另一方面体现抗金复国、征战沙场的情怀，鲜活地塑造出一位金戈铁马、气势如虹的将军形象。

3. 清平乐·村居

茅檐低小，溪上青青草。醉里吴音相媚好，白发谁家翁媪？

大儿锄豆溪东，中儿正织鸡笼。最喜小儿亡赖，溪头卧剥莲蓬。

【深层解读】辛弃疾在长期的宦海沉浮之中，一直备受同僚排挤，虽辗转多任官职，却始终未能实现自己的政治理想与人生抱负。赋闲二十年，田园生活慢慢疗愈了他内心的遗憾与失意，使他留下了很多描写农村风光、呈现自然和谐之美的词作，本词便是其中之一。

4. 水龙吟·登建康赏心亭

楚天千里清秋，水随天去秋无际。遥岑远目，献愁供恨，玉簪螺髻。落日楼头，断鸿声里，江南游子。把吴钩看了，栏杆拍遍，无人会，登临意。

休说鲈鱼堪脍，尽西风，季鹰归未？求田问舍，怕应羞见，刘郎才气。可惜流年，忧愁风雨，树犹如此！倩何人唤取，红巾翠袖，揾英雄泪！

【深层解读】这首词也是辛弃疾豪放词的力作。他因南归之后一直不被朝廷重用，献计献策不被采纳，时任小官老大无成，内心充斥着悲愤与失意，于此时登临建康赏心亭，远眺祖国河山，心头百感交集，便写出了这首慷慨激昂又沉痛悲愤的词作。

（三）知识拓展

1. 爱憎分明的辛弃疾

在完颜亮出兵南宋之际，北方出现了不少起义军队伍，其中的一支队伍是由耿京率领的，他手下的士兵迅速发展到二十余万人，投奔者无数，包括辛弃疾。

辛弃疾的祖父辛赞在金朝占领区做官，但心中常怀故都之思，在辛弃疾小时候，常给他讲北宋亡国的悲哀，带他登高远眺故都河山，教导辛弃疾要永存爱国之情。辛弃疾长大后去燕京参加科考，还被祖父交代要留意沿途地理和金朝政局。祖父对辛弃疾的影响非常大，在祖父去世后，二十二岁的辛弃疾便决定继承祖父遗志，加入了耿京的起义军。

在辛弃疾投奔耿京之前，耿京的队伍缺乏文才之人，辛弃疾的投奔恰巧解决了这一问题，耿京十分器重辛弃疾，让他掌管起义军大印。辛弃疾对于耿京亦是十分忠心，将熟识之人义端和尚的队伍也拉了过来，壮大了耿京的起义军队伍。

义端到来之后，跟辛弃疾保持着密切的关系，辛弃疾从未怀疑义端的用心，只当他还是那个擅长兵法的老熟人。没过多久，义端的真面目便暴露了出来，一日夜间盗走了辛弃疾保管的大印，逃往金军。耿京为此大怒，怪罪辛弃疾识人不明引入奸细，便要处死辛弃疾。辛弃疾也是万分懊悔，向耿京承诺道："这件事确实是我的责任，我保证三天之内把义端抓回，如若不能，我愿领重罚。"

耿京听辛弃疾如是说，便点头应允了。辛弃疾一路狂奔向金营的方向，半途便追回了义端。义端吓得跪地求饶，也依然不能熄灭辛弃疾心中的怒火，只见辛弃疾手起刀落，砍下义端的头颅回营向耿京复命。经此一事，耿京对辛弃疾越发信任和器重起来。

后来，耿京的起义军因为金世宗与南宋讲和而遭到重创，辛弃疾谏言："想要抗金到底，就要与南宋朝廷建立联系，即使到了情况最糟糕的时候，我们也还能把队伍带到南边去。"耿京十分认可辛弃疾这个谏议，于是选派武将贾瑞为起义军的代表，同时让辛弃疾一起随行，去跟宋高宗谈判。

当听说耿京的起义军有意归附时,宋高宗当即决定于晚间在行宫召见谈判代表。辛弃疾气定神闲地代表起义军向宋高宗报告了起义军的基本情况,并呈上了起义军的奏章。宋高宗立即宣布了任命决定,不仅给贾瑞、辛弃疾各封了一个官职,还让他们代为转告耿京,封耿京为天平军节度使。贾瑞、辛弃疾圆满完成任务,开心折返,不料在回程半路听说耿京已不幸遇难,杀害他的人是起义军的将领张安国,此人受利益所惑,成为金朝的内应,与耿京起义军中的一个将领相互勾结,趁耿京不备将其杀死,然后去金军做了济州州官,他以前麾下的兵士因不愿投降而自行解散。辛弃疾得知事情始末后顿感义愤填膺,誓要杀死叛贼为耿京复仇,遂自带五十兵士骑马赶往济州。

辛弃疾一行抵达济州时正逢张安国宴客,此情此景令辛弃疾越发感到气愤,直接闯入正厅捆上张安国缚于马上,待济州兵士赶来时,辛弃疾慷慨陈词:“朝廷大军将至,意欲抗金者,请随我来!”济州兵士一听此话,愿随行离开者很快逾万人,一行人浩浩荡荡奔往南方。

辛弃疾将张安国带到建康后,南宋朝廷问清原委立即将其斩首示众,而辛弃疾也被朝廷派往江阴做官。

2. 立身端正的辛弃疾

辛弃疾与朱熹的深厚情谊由来已久,两人交情甚笃、惺惺相惜。

南宋孝宗淳熙七年(1180年),辛弃疾正在隆兴府知府兼江西安抚使任上，恰逢旱灾，便撰写赈济榜文张贴于街市，内容仅有八个字："劫禾者斩，闭粜着配！"朱熹看后，力赞辛弃疾有才气。

淳熙八年(1181 年)，朱熹正在提举两浙东路常平茶盐公事任上，恰逢饥荒，百姓生活难以为继，官吏借此贪污营私，令朱熹忧思不已。而且辛弃疾还告诉他，奢靡无度的赵构问宋孝宗要了大量"免税"指标进行售卖，就连粪车上都插有"免税"旗，朱熹开始并不相信，后来"提举浙东，亲见如此"，便越发对辛弃疾信任起来。

淳熙九年(1182 年)，辛弃疾被落职而闲居，朱熹为辛弃疾感到义愤不已，称赞辛弃疾"卓荦奇才，疏通远识""经纶事业，有股肱王室之心；游戏文章，亦脍炙士林之口"。而辛弃疾也对朱熹的人品、学识无比钦佩，他认为能与朱熹比肩者仅寥寥数人，曾作《寿朱晦翁》：

西风卷尽护霜筠，碧玉壶天月色新。
凤历半千开诞日，龙山重九逼佳辰。
先心坐使鬼神伏，一笑能回宇宙春。
历数唐尧千载下，如公仅有两三人。

宋庆元六年(1200 年)三月九日，朱熹去世。因他生前性情耿直、言语辛辣，得罪了权相韩侂胄一干人等，被污蔑抹黑，判为逆党与伪学，门下弟子远行的有之，脱离关系的亦有之，以至于形成了"谈朱色变"的怪现象，在朱熹去世后更显人情冷漠、门庭冷落，鲜少有人敢在此时去公开吊唁朱熹、为朱熹送葬，但辛弃疾就在这时去了，还写下了祭奠朱熹的文字："所不朽者，垂万世名；孰谓公死，凛凛犹生。"辛弃疾无惧权势与人言，内心坦荡，一身正气，即使在风口浪尖也敢于说真话、做实事，任它时移世易，“虽千万人吾往矣”。

（四）思考探究

1. 请通过分析辛弃疾满溢“悲愁情结”的词作，如“遥岑远目，献愁供恨”，“中州遗恨，不知今夜几人愁”等，探究辛弃疾“悲愁情结”的成因。

2. 不少流行歌曲的歌词中，留下了古代诗词的影子，请探究下面的歌词，说说它如何化用的辛弃疾词句。

“银汉迢迢星如故，流光转情低诉，东风夜放花千树，梦醒还无。却看一夜鱼龙舞，灯影依稀梦华图，笑语盈盈暗香去，谁说难复。”

——《青玉案·元夕》

“东风夜放花千树。更吹落，星如雨。宝马雕车香满路。凤箫声动，玉壶光转，一夜鱼龙舞。　　蛾儿雪柳黄金缕。笑语盈盈暗香去。众里寻他千百度。蓦然回首，那人却在，灯火阑珊处。”

——辛弃疾《青玉案·元夕》

第二章
明清小说　批判教化

明清时期，中国古典小说的创作进入了成熟繁盛期，硕果累累。《三国演义》成为历史演义的巅峰之作，《水浒传》成为英雄传奇的巅峰之作，《儒林外史》成为讽刺小说的巅峰之作，《红楼梦》成为中国古典小说的巅峰之作。明清小说铸就了中国古典文学最后的辉煌，它将传统文化的精粹以更接地气的方式展现给了老百姓，引发老百姓对小说中生动人物故事的阅读兴趣，将小说、更是将传统文化推广进了千家万户。明清小说的创作注重对广阔生活图景的客观反映，它与传统文化的发展相互促进、相互阐释、相互滋养。明清小说中的很多观念都深受儒家正统思想的影响，结合小说中的价值评判标准来看，深刻体现了小说的社会批判功能，如《水浒传》中“官逼民反”的思想与社会矛盾的揭露。此外，小说还具有社会教化功能，如《红楼梦》中的各种礼仪规范，尤其是“元春省亲”的时间选择与流程安排等。总之，明清小说打破了诗文的垄断地位，呈现了自身独有的社会功用和文学价值。

一、青梅煮酒品“三国”

《三国演义》是中国文学史上第一部章回小说，是历史演义小说的开山之作，也是第一部文人长篇小说，明清时期甚至有“第一才子书”之称。全书描写了从东汉末年到西晋初年之间近百年的激烈战事、风云变幻，塑造了曹操、刘备、诸葛亮、关羽、张飞、赵云等一系列极富光彩、性格鲜明的英雄形象，反映了那一历史时期的群雄逐鹿、割据混战，最终通过晋朝统一三国为那个时代的不休征战画上了句号。

（一）探寻人物踪迹

罗贯中(约 1330—约 1400)，名本，字贯中，号湖海散人，元末明初小说家，《三国志通俗演义》的作者，其他主要作品有小说《隋唐两朝志传》《残唐五代史演义》《三遂平妖传》等。

罗贯中被誉为中国章回小说的鼻祖，他的一生有很多谜团，比如他的籍贯与身世问题。关于罗贯中的籍贯，大约有十种记载、五种争议，分别是杭州、合肥、太原、中原、东平。会有这么多的争议，皆是因为史料中关于罗贯中的记载太少了，偶有寥寥的记载，也只是写他“与人寡合”，抑或“竟不知所终”。依据现有的记载，我们也只能约略判断出罗贯中是一个品性高洁之人，曾师从施耐庵，曾担任幕府门客于张士诚麾下，但是军旅生涯无甚功绩。

洪武元年(1368 年)，朱元璋即皇帝位，国号大明。作为朱元璋曾经最有力的竞争对手，张士诚在败北之后选择了自缢而死。而罗贯中与张士诚过往的关系，颇遭朱元璋忌惮，所以罗贯中就成了朱元璋想要清除的对象。罗贯中非常精明，懂得审时度势，早在张士诚大势已去之时，就与他分道扬镳，隐居著书去了，躲避了追捕与陷害。但这样做的弊端就是使他自己金玉埋沙、明珠蒙尘，不过罗贯中并未因此而消极悲观，而是通过自己手中的笔在“三国”世界中，实现了征战沙场时没有实现的定鼎天下之梦。

罗贯中除了小说创作声名在外，还擅长戏曲剧本的创作，比较有代表性的作品有《忠正孝子连环谏》《赵太祖龙虎风云会》《三平章死哭蜚虎子》等。

（二）品味经典佳作

第三十八回　定三分隆中决策　战长江孙氏报仇（节选）

却说玄德访孔明两次不遇，欲再往访之。关公曰：“兄长两次亲往拜谒，其礼太过矣。想诸葛亮有虚名而无实学，故避而不敢见。兄何惑于斯人之甚也！”玄德曰：“不然。昔齐桓公欲见东郭野人，五反而方得一面。况吾欲见大贤耶？”张飞曰：“哥哥差矣。量此村夫，何足为大贤！今番不须哥哥去；他如不来，我只用一条麻绳缚将来！”玄德叱曰：“汝岂不闻周文王谒姜子牙之事乎？文王且如此敬贤，汝何太无礼！今番汝休去，我自与云长去。”飞曰：“既两位哥哥都去，小弟如何落后！”玄德曰：“汝若同往，不可失礼。”飞应诺。

于是三人乘马引从者往隆中。离草庐半里之外，玄德便下马步行，正遇诸葛均。玄德忙施礼，问曰：“令兄在庄否？”均曰：“昨暮方归。将军今日可与相见。”言罢，飘然自去。玄德曰：“今番侥幸得见先生矣！”张飞曰：“此人无礼！便引我等到庄也不妨，何故竟自去了！”玄德曰：“彼各有事，岂可相强。”三人来到庄前叩门，童子开门出问。玄德曰：“有劳仙童转报：刘备专来拜见先生。”童子曰：“今日先生虽在家，但今在草堂上昼寝未醒。”玄德曰：“既如此，且休通报。”分付关、张二人，只在门首等着。玄德徐步而入，见先生仰卧于草堂几席之上。玄德拱立阶下。半晌，先生未醒。关、张在外立久，不见动静，入见玄德犹然侍立。张飞大怒，谓云长曰：“这先生如何傲慢！见我哥哥侍立阶下，他竟高卧，推睡不起！等我去屋后放一把火，看他起不起！”云长再三劝住。玄德仍命二人出门外等候。望堂上时，见先生翻身将起，——忽又朝里壁睡着。童子欲报。玄德曰：“且勿惊动。”又立了一个时辰，孔明才醒，口吟诗曰：

大梦谁先觉？平生我自知。草堂春睡足，窗外日迟迟。

孔明吟罢，翻身问童子曰：“有俗客来否？”童子曰：“刘皇叔在此，立候多时。”孔明乃起身曰：“何不早报！尚容更衣。”遂转入后堂。又半晌，方整衣冠出迎。玄德见孔明身长八尺，面如冠玉，头戴纶巾，身披鹤氅，飘飘然有神仙之概。玄德下拜曰：“汉室末胄、涿郡愚夫，久闻先生大名，如雷贯耳。昨两次晋谒，不得一见，已书贱名于文几，未审得入览否？”孔明曰：“南阳野人，疏懒性成，屡蒙将军枉临，不胜愧赧。”二人叙礼毕，分宾主而坐，童子献茶。茶罢，孔明曰：“昨观书意，足见将军忧民忧国之心；但恨亮年幼才疏，有误下问。”玄德曰：“司马德操之言，徐元直之语，岂虚谈哉？望先生不弃鄙贱,曲赐教诲。”孔明曰:“德操、元直,世之高士。亮乃一耕夫耳,安敢谈天下事?二公谬举矣。将军奈何舍美玉而求顽石乎?”玄德曰:“大丈夫抱经世奇才,岂可空老于林泉之下?愿先生以天下苍生为念,开备愚鲁而赐教。”孔明笑曰:“愿闻将军之志。”玄德屏人促席而告曰:“汉室倾颓,奸臣窃命,备不量力,欲伸大义于天下,而智术浅短,迄无所就。惟先生开其愚而拯其厄,实为万幸!”孔明曰:“自董卓造逆以来,天下豪杰并起。曹操势不及袁绍,而竟能克绍者,非惟天时,抑亦人谋也。今操已拥百万之众,挟天子以令诸侯,此诚不可与争锋。孙权据有江东,已历三世,国险而民附,此可用为援而不可图也。荆州北据汉、沔,利尽南海,东连吴会,西通巴、蜀,此用武之地,非其主不能守:是殆天所以资将军,将军岂有意乎?益州险塞,沃野千里,天府之国,高祖因之以成帝业;今刘璋暗弱,民殷国富,而不知存恤,智能之士,思得明君。将军既帝室之胄,信义著于四海,总揽英雄,思贤如渴,若跨有荆、益,保其岩阻,西和诸戎,南抚彝、越,外结孙权,内修政理;待天下有变,则命一上将将荆州之兵以向宛、洛,将军身率益州之众以出秦川,百姓有不箪食壶浆以迎将军者乎?诚如是,则大业可成,汉室可兴矣。此亮所以为将军谋者也。惟将军图之。”言罢,命童子取出画一轴,挂于中堂,指谓玄德曰:“此西川五十四州之图也。将军欲成霸业,北让曹操占天时,南让孙权占地利,将军可占人和。先取荆州为家,后即取西川建基业,以成鼎足之势,然后可图中原也。”玄德闻言,避席拱手谢曰:“先生之言,顿开茅塞,使备如拨云雾而睹青天。但荆州刘表、益州刘璋,皆汉室宗亲,备安忍夺之?”孔明曰:

"亮夜观天象，刘表不久人世；刘璋非立业之主。久后必归将军。"玄德闻言，顿首拜谢。只这一席话，乃孔明未出茅庐，已知三分天下，真万古之人不及也！后人有诗赞曰：

"豫州"当日叹孤穷，何幸南阳有卧龙！欲识他年分鼎处，先生笑指画图中。

玄德拜请孔明曰："备虽名微德薄，愿先生不弃鄙贱，出山相助。备当拱听明诲。"孔明曰："亮久乐耕锄，懒于应世，不能奉命。"玄德泣曰："先生不出，如苍生何！"言毕，泪沾袍袖，衣襟尽湿。孔明见其意甚诚，乃曰："将军既不相弃，愿效犬马之劳。"玄德大喜，遂命关、张入，拜献金帛礼物。孔明固辞不受。玄德曰："此非聘大贤之礼，但表刘备寸心耳。"孔明方受。于是玄德等在庄中共宿一宵。次日，诸葛均回，孔明嘱付曰："吾受刘皇叔三顾之恩，不容不出。汝可躬耕于此，勿得荒芜田亩。待我功成之日，即当归隐。"后人有诗叹曰：

身未升腾思退步，功成应忆去时言。只因先主丁宁后，星落秋风五丈原。

又有古风一篇曰：

高皇手提三尺雪，芒砀白蛇夜流血；平秦灭楚入咸阳，二百年前几断绝。大哉光武兴洛阳，传至桓灵又崩裂；献帝迁都幸许昌，纷纷四海生豪杰：曹操专权得天时，江东孙氏开鸿业；孤穷玄德走天下，独居新野愁民厄。南阳卧龙有大志，腹内雄兵分正奇；只因徐庶临行语，茅庐三顾心相知。先生尔时年三九，收拾琴书离陇亩；先取荆州后取川，大展经纶补天手；纵横舌上鼓风雷，谈笑胸中换星斗;龙骧虎视安乾坤,万古千秋名不朽!

玄德等三人别了诸葛均,与孔明同归新野。玄德待孔明如师,食则同桌,寝则同榻,终日共论天下之事。孔明曰:“曹操于冀州作玄武池以练水军,必有侵江南之意。可密令人过江探听虚实。”玄德从之,使人往江东探听。……

【深层解读】“三顾茅庐”是《三国演义》中的经典情节,作者用足了笔墨来描写诸葛亮这一人物的出场,可谓“千呼万唤始出来”。罗贯中先是在《三国演义》第三十六回中做了铺垫,借司马徽之口道出了诸葛亮的名气,“伏龙、凤雏,两人得一,可安天下”。接着,借徐庶之口肯定了诸葛亮的声望,徐庶还自比诸葛亮曰“譬犹驽马并麒麟,寒鸦配鸾凤耳”,话里话外透出了对诸葛亮的极度推崇,也更坚定了刘备拜访诸葛亮的想法。只是这趟拜访之旅,难度超出了刘备的预想,前两“顾”皆失败而归,无甚效果,第三“顾”又遇上了诸葛亮在午睡,但好在刘备有足够的耐心与诚意,以礼贤下士之心赢得了诸葛亮的认可,顺利见到了诸葛亮,也见识到了诸葛亮身在山野、心怀天下的超然风采。而诸葛亮对天下局势了如指掌,侃侃而谈,也为刘备分析了当时天下形势,并提出了最中肯的发展方略,展现了才识之卓绝。

(三)知识拓展

1. 诸葛亮舌战群儒

三国时期,诸葛亮为了有效推进联吴抗曹策略,专程前往东吴去面见孙权,只是没想到,自己刚在鲁肃陪同下抵达前厅,迎接他的就是投降派制造的下马威。诸葛亮一看此等情形，便与这群投降派展开了一番唇枪舌剑的辩论。

张昭率先讽刺刘备与诸葛亮在与曹操的遭遇战中丢盔弃甲、无处落脚，嘲笑了诸葛亮的能力。诸葛亮淡然一笑，回击说大鹏的志向并非燕雀能懂，然后概述了刘备军事力量的发展，以起兵之初的一千将士和新野小县，取得了火烧博望、火烧新野的重大胜利，狠狠震慑了夏侯惇、曹仁的十万大军。虽然其后也有败绩，但胜败乃兵家常事，即使是刘邦，也曾数次败于项羽，可最后在韩信的出谋划策之下，依然取得了最终的胜利。所以攸关国计民生的大事，不是依靠高谈阔论、夸夸其谈，而是需要通盘考虑、临危应变，否则只能为人所耻笑。诸葛亮一番话，让张昭无言以对。

虞翻又向诸葛亮发问，问诸葛亮眼观曹操的百万大军做何感想。诸葛亮明确了毫不畏惧的态度，因为在他看来，那百万大军之中混杂有不少乌合之众。虞翻却不服气，质问诸葛亮既然不怕，何来向东吴求救。诸葛亮反驳说刘备以几千仁义之师，肯定敌不过曹操百万残暴之众，暂时的隐忍只为等待时机，但东吴兵精粮足又扼守天险，却被手下众人劝着向曹操投降，如此一比较，到底是谁更怕曹操岂不昭然若揭。虞翻顿时语塞。

接着，陆绩、严峻先后起来与诸葛亮进行论战。陆绩暗讽刘备血脉不够纯正，严峻嘲笑诸葛亮言谈没有引经据典，皆被诸葛亮一一驳倒，落得面红耳赤，还被诸葛亮反讽为小人之见、迂腐书生。随后，又有几人非难诸葛亮，皆被诸葛亮辩得张口结舌，成就了“诸葛亮舌战群儒”的佳话。

2. 青梅煮酒论英雄

刘备归附曹操之后，就过上了韬光养晦的生活，整日在府里种种菜之类的。但即便如此，依然十分令曹操不放心，正如《三国志》中所说，刘备“盖有高祖之风，英雄之器焉”，刘备虽然一时屈居人下、兵少将寡，但他的信义是享誉于四海之内的，就像刘邦一样，身上有种浑然天成的领袖气质。所以，在曹操心中始终有份隐忧，他总觉得刘备一旦羽翼丰满，将会成为自己强有力的竞争对手。

因此，曹操准备借着一场酒局，对刘备进行全面的试探，判断刘备真实的意图和想法，继而决定自己下一步的打算。所以刚一见面，曹操就给了刘备一个下马威，责问刘备在家所做之事，刘备因为已经暗受衣带诏，以为事情败露，心虚不已、面如土色，曹操却又拉起刘备的手去看了刘备开垦的菜地，刘备这才在心中暗暗舒了一口气。

接着，二人便很有雅兴地喝起了青梅酒，边饮酒边观天空云朵。曹操为了试探刘备，将空中云朵比喻成龙，说云朵可大可小、可升可隐，就像龙的变化一样，也像心怀大志向的英雄，然后便让刘备列举当世英雄。刘备心知曹操这番话醉翁之意不在酒，他绕来绕去，说的是人得志之后的纵横四海，也在变相地夸耀他自己是无人能出其右的英雄。因此，刘备故意装傻，直接将袁术、袁绍、刘表、孙策和刘璋等人拉出来做了陪衬，当然被曹操立即否定了，也因此，曹操认为刘备无识人之能，只是平庸之辈。

然后，曹操又提出了英雄的标准，象征性地问刘备当今天下谁能符合这样的要求，不等刘备回答，曹操就拿手指先后指了刘备和自己，言外之意只有他们二人堪称当代英雄。刘备一听此话无比慌张，恰巧遇到空中一道响雷，赶紧装作惶恐不安的样子，将筷子掉到了地上，对曹操解释说自己怕风云突变，巧妙地掩饰了自己的慌张，也让曹操对自己形成了胆小怯懦的印象，打消了曹操对自己的一些怀疑。二人以自己的城府和技巧，成就了“双龙聚会”的经典场面，都是赢家。

（四）思考探究

1. 在《中国小说史略》中，鲁迅对《三国演义》这部作品不仅做出了高度的评价，而且提出了批评的意见，比如鲁迅先生提出的“至于写人，亦颇有失，以致欲显刘备之长厚而似伪，状诸葛之多智而近妖”，你认为这种批评确切吗？如果确切，在《三国演义》的人物描写过程中，有哪些情节可以佐证呢？

2. 寒儒毛宗岗在评点《三国演义》这部经典作品时，曾总结出了“三绝”，即奸绝、义绝、智绝。你认为这“三绝”都指向了哪些鲜明的人物形象？是否有具体的依据？

3. 在《三国演义》整部作品中，蜀汉一直都以不屈抗争的形象出现，总是能于艰难之中赢得一线生机，并且敢于讨伐曹魏这一实力强大的对手，但是为什么最早灭亡的是蜀汉呢？你能分析其根本原因吗？

4. 三国时期群雄逐鹿，各武装割据之间尔虞我诈、勾心斗角、弱肉强食，你通过阅读《三国演义》，能否剖析出它的历史定位和时代价值？基于借古鉴今、古为今用的目的，你又能够得到什么样的哲学启发和思考？

二、快意恩仇读“水浒”

《水浒传》是中国历史上第一部用白话文写成的长篇小说，开创了白话章回体小说的先河，在明代被列入“四大奇书”，近现代以来又成为古典小说四大名著之一。《水浒传》生动塑造了一百零八条好汉的人物群像，描写了聚义梁山、发展壮大、接受招安、失败消亡的起义全过程，歌颂了以宋江为首的英雄好汉们的抗争精神，但同时也总结了农民起义失败的经验教训。

（一）探寻人物踪迹

施耐庵，钱塘（今浙江杭州）人，或称“钱塘施耐庵”，元末明初文学家，被誉为“中国长篇小说之父”。

施耐庵幼年时候家庭贫困，没有机会上学。但他并未放弃任何学习的机会，七岁开始自学，十三岁到私塾读书，十九岁考中了秀才，二十九岁又考中了举人，三十六岁不负努力中了进士，还结识了同榜进士，后来的明朝开国元勋刘伯温。

此后，施耐庵步入了仕途生涯，去做了钱塘县尹。但在两年任职期间，施耐庵因事事需向元人请示汇报深感不得志，后又因触怒了元人干脆辞官而去，开始了办学授业的生活。就在授业过程中，施耐庵遇到了商人之子罗贯中，将其收入门下。施耐庵也在这一时期开始了《水浒传》的创作筹备。

后来，施耐庵还因机缘巧合担任过张士诚的军师，并为张士诚的反元之路做出了不小的贡献。但是，终究还是因为性格不合、意见相左，施耐庵与张士诚分道扬镳，带着罗贯中游历各地、博闻强识。几年后，刘伯温还向朱元璋举荐过施耐庵，只是施耐庵已不愿再涉足朝堂，坚定地回到家乡，安心完成了《水浒传》的创作。

（二）品味经典佳作

第五十回　吴学究双用连环计　宋公明三打祝家庄（节选）

……过了一两日，到第三日，庄兵报道："宋江又调军马杀奔庄上来了。"祝彪道："我自去上马拿此贼。"便出庄门，放下吊桥，引一百余骑马军杀将出来。早迎见一彪军马，约有五百来人。当先拥出那个头领，弯弓插箭，拍马轮枪，乃是小李广花荣。祝彪见了，跃马挺枪，向前来斗，花荣也纵马来战祝彪。两个在独龙冈前，约斗了十数合，不分胜败。花荣卖了个破绽，拨回马便走，引他赶来。祝彪正待要纵马追去，背后有认得的说道："将军休要去赶，恐防暗器，此人深好弓箭。"祝彪听罢，便勒转马来不赶，领回人马，投庄上来，拽起吊桥。看花荣时，也引军马回去了。祝彪直到厅前下马，进后堂来饮酒。孙立动问道："小将军今日拿得甚贼？"祝彪道："这厮们伙里有个甚么小李广花荣，枪法好生了得。斗了五十余合，那厮走了。我却待要赶去追他，军人们道那厮好弓箭，因此各自收兵回来。"孙立道："来日看小弟不才，拿他几个。"当日筵席上叫乐和唱曲，众人皆喜。至晚席散，又歇了一夜。

到第四日午牌，忽有庄兵报道："宋江军马又来在庄前了。"当下祝龙、祝虎、祝彪三子都披挂了，出到庄前门外，远远地望见，早听得鸣锣擂鼓，呐喊摇旗，对面早摆成阵势。这里祝朝奉坐在庄门上，左边栾廷玉，右边孙提辖，祝家三杰并孙立带来的许多人伴，都摆在两边。早见宋江阵上豹子头林冲高声叫骂，祝龙焦躁，喝叫放下吊桥，绰枪上马，引一二百人马，大喊一声，直奔林冲阵上。庄门下擂起鼓来，两边各把弓弩射住阵脚。林冲挺起丈八蛇矛，和祝龙交战，连斗到三十余合，不分胜败。两边鸣锣，各回了马。祝虎大怒，提刀上马，跑到阵前高声大叫："宋江决战！"说言未了，宋江阵上早有一将出马，乃是没遮拦穆弘，来战祝虎。两个斗了三十余合，又没胜败。祝彪见了大怒，便绰枪飞身上马，引二百余骑奔到阵前。宋江队里病关索杨雄，一骑马，一条枪，飞抢出来战祝彪。孙立看见两队儿在阵前厮杀，心中忍耐不住，便唤孙新："取我的鞭枪来，就将我的衣甲头盔袍袄把来。"披挂了，牵过自己马来，这骑马号乌骓马，鞴上鞍子，扣了三条肚带，腕上悬了虎眼钢鞭，绰枪上马。祝家庄上一声锣响，孙立出马在阵前。宋江阵上林冲、穆弘、杨雄都勒住马，立于阵前。孙立早跑马出来，说道："看小可捉这厮们。"孙立把马兜住，喝问道："你那贼兵阵上有好厮杀的，出来与我决战！"宋江阵内鸾铃响处，一骑马跑将出来，众人看时，乃是拚命三郎石秀，来战孙立。两马相交，双枪并举，四条臂膊纵横，八只马蹄撩乱。两个斗到五十合，孙立卖个破绽，让石秀一枪搠入来，虚闪一个过，把石秀轻轻的从马上捉过来，直挟到庄前撇下，喝道："把来缚了！"祝家三子把宋江军马一搅，都赶散了。

三子收军，回到门楼下，见了孙立，众皆拱手钦伏。孙立便问道："共是捉得几个贼人？"祝朝奉道："起初先捉得一个时迁，次后拿得一个细作杨林，又捉得一个黄信。扈家庄一丈青捉得一个王矮虎。阵上拿得两个,秦明、邓飞。今番将军又捉得这个石秀,这厮正是烧了我店屋的。共是七个了。”孙立道:“一个也不要坏他,快做七辆囚车装了,与些酒饭,将养身体,休教饿损了他,不好看。他日拿了宋江,一并解上东京去,教天下传名,说这个祝家庄三子。”祝朝奉谢道:“多幸得提辖相助,想是这梁山泊当灭也。”邀请孙立到后堂筵宴。石秀自把囚车装了。

看官听说:石秀的武艺不低似孙立,要赚祝家庄人,故意教孙立捉了,使他庄上人一发信他。孙立又暗暗地使邹渊、邹润、乐和去后房里把门户都看了出入的路数。杨林、邓飞见了邹渊、邹润,心中暗喜。乐和张看得没人,便透个消息与众人知了。顾大嫂与乐大娘子在里面,已看了房户出入的门径。话休絮繁。一是祝家庄当败,二乃恶贯满盈,早是祝家庄坦然不疑。

至第五日,孙立等众人都在庄上闲行。当日辰牌时候,早饭已罢,只见庄兵报道:“今日宋江分兵做四路来打本庄。”孙立道:“分十路待怎地！你手下人且不要慌,早作准备便了。先安排些挠钩套索,须要活捉,拿死的也不算!”庄上人都披挂了。祝朝奉亲自也引着一班儿上门楼来看时,见正东上一彪人马,当先一个头领乃是豹子头林冲,背后便是李俊、阮小二,约有五百以上人马在此;正西上又有五百来人马,当先一个头领乃是小李广花荣,随背后是张横、张顺;正南门楼上望时,也有五百来人马,当先三个头领乃是没遮拦穆弘,病关索杨雄,黑旋风李逵。四面都是兵马,战鼓齐鸣,喊声大举。栾廷玉听了道:“今日这厮们厮杀,不可轻敌。我引了一队人马出后门杀这正西北上的人马。”祝龙道:“我出前门杀这正东上的人马贼兵。”祝虎道：“我也出后门杀那正南上的人马。”祝彪道：“我也出前门捉宋江，是要紧的贼首。”祝朝奉大喜，都赏了酒。各人上马，尽带了三百余骑奔出庄门。其余的都守庄院，门楼前呐喊。此时邹渊、邹润已藏了大斧，只守在监门左侧。解珍、解宝藏了暗器，不离后门。孙新、乐和已守定前门左右。顾大嫂先拨人兵保护乐大娘子，却自拿了两把双刀在堂前踅。只听风声，便乃下手。

且说祝家庄上擂了三通战鼓，放了一个炮，把前后门都开，放了吊桥，一齐杀将出来。四路军兵出了门，四下里分投去厮杀。临后孙立带了十数个军兵，立在吊桥上。门里孙新便把原带来的旗号插起在门楼上。乐和便提着枪直唱将入来。邹渊、邹润听得乐和唱，便唿哨了几声，轮动大斧，早把守监房的庄兵砍翻了数十个，便开了陷车，放出七个大虫来，各各寻了器械，一声喊起。顾大嫂掣出两把刀，直奔入房里，把应有妇人，一刀一个尽都杀了。祝朝奉见头势不好了，却待要投井时，早被石秀一刀剁翻，割了首级。那十数个好汉分投来杀庄兵。后门头解珍、解宝便去马草堆里放起把火，黑焰冲天而起。四路人马见庄上火起，并力向前。祝虎见庄里火起，先奔回来。孙立守在吊桥上，大喝一声：“你那厮那里去！”拦住吊桥。祝虎省口，便拨转马头，再奔宋江阵上来。这里吕方、郭盛，两戟齐举，早把祝虎和人连马搠翻在地，众军乱上，剁做肉泥。前军四散奔走。孙立、孙新迎接宋公明入庄。……

【深层解读】“三打祝家庄”是《水浒传》中的一段经典故事情节，不同于“武松打虎”“杨志卖刀”等故事情节的单线发展模式，而是采用了主、副线并进的模式。主线是梁山义军与祝家庄地主武装的矛盾，两条副线分别是李家庄与祝家庄的矛盾、扈家庄与祝家庄的矛盾。这段故事情节通过对矛盾冲突、战略战术的精彩描写，生动地塑造了梁山义军的英雄群像。《水浒传》用五回篇幅描写了“三打祝家庄”的全过程，从“火烧祝家庄”到“一打祝家庄”，到“两打祝家庄”，到“三打祝家庄”，以近三万字详尽地描绘了宋江首战失利、二战受阻、三战获胜的曲折复杂的战事经过，表现了梁山义军众志成城、机智果敢、英勇无畏的精神。毛泽东曾在《矛盾论》里对“三打祝家庄”予以了高度评价：“《水浒传》上宋江三打祝家庄，两次都因情况不明，方法不对，打了败仗。后来改变方法，从调查情形入手，于是熟悉了盘陀路，拆散了李家庄、扈家庄和祝家庄的联盟，并且布置了藏在敌人营盘里的伏兵，用了和外国故事中所说木马计相像的方法，第三次就打了胜仗。《水浒传》上有很多唯物辩证法的事例，三打祝家庄，算是最好的一个。”

（三）知识拓展

1. 武松醉打蒋门神

武松在杀了潘金莲、西门庆，为兄复仇之后，被发配到了孟州。孟州牢房有一个不成文的规矩，新来的犯人要么出钱，要么挨打。武松是个血气方刚之人，断不会出钱免掉这一百杀威棒，恰巧管营施恩欣赏武松的性情，不但让他免了这顿打，还为他送去酒肉饭菜，两人慢慢成为好友。

施恩在东门外的快活林经营了一家酒肆，买卖兴旺、顾客盈门。张团练见此等兴隆的生意，眼红不已，想要占为己有，于是派了自己的手下“蒋门神”蒋忠打伤施恩，将酒肆霸占了。施恩气愤难当，想到了武松曾是打虎英雄，如果他能为自己出头，去对付武艺高强的“蒋门神”蒋忠，那夺回酒肆便指日可待了。于是，施恩便去请求武松，武松只提了一个条件，就是要求施恩在城外沿途遇见的每家酒肆都请他吃三碗酒。施恩担心如此吃酒，三四十碗下肚，武松还没见到蒋忠，自己就先醉倒了。武松却哈哈大笑，解释说自己当时打虎也是醉酒后，酒就是自己的力气。施恩这才答应了。

第二天，施恩如约让武松一路吃酒到了快活林的那家酒肆，武松看到树下站着一魁梧壮汉，料定就是蒋忠，但他并不急于上前直接开打，而是用了一些策略。武松假装成醉汉跌跌撞撞进了酒肆，向老板娘寻衅滋事，与几个酒保打了起来，将他们都扔进了酒缸。等门外树下的蒋忠听到动静进到店里，武松在他面前刻意晃了晃自己的拳头进行挑衅，他顿时大怒追了出来，没想到武松趁着这个机会回身就是一脚，正中他小腹，接着又是一脚，正中他额头，蒋忠应声倒地。武松又是一顿重拳打得他连连讨饶，武松说饶了你也行，只要你今日即刻离开此处，别再回来，蒋忠连连应声，赶紧灰溜溜地逃跑了，酒肆也终于回到了施恩手中。

2. 鲁提辖拳打镇关西

这日，“九纹龙”史进、鲁提辖鲁达、“打虎将”李忠三人一起去酒肆吃酒。刚开始吃酒，就听得阵阵哭声从隔壁传来，惹得鲁提辖心烦不已，摔了酒碗，让酒保将隔壁哭泣之人唤来当面问话。不多时，酒保就带着一个老人和一个姑娘进来了，鲁提辖让他们讲一讲为何事哭泣,姑娘这才缓缓道来。

姑娘说自己名唤金翠莲,老人是她的父亲,他们本是一家三口到渭州来寻亲的,却没想到亲戚已离开此地,母亲也在此地病逝,只剩父女两人相依为命,但又无法回到家乡,万般无奈之下,只好在酒肆卖唱养家糊口。不料,却被“镇关西”看中强纳为妾,并承诺会给彩礼三千贯。但后来,不但说好的彩礼迟迟未给,“镇关西”的老婆还在月余之后就将金翠莲赶出了家门,并反过来追讨这份本未兑现的彩礼钱。父女二人无处申诉、求告无门,每日卖唱的收入都被“镇关西”的家人打着追债的名义抢走大半,余下的只够凄凉糊口。又逢近几日酒肆生意惨淡,难有卖唱收入,思及“镇关西”的家人再来时收不到钱又会打骂他们,悲切之下才忍不住哭泣出声。

鲁提辖听罢事情原委,瞬间义愤填膺,抬脚出门就要为父女二人寻一份公道,史进、李忠慌忙劝阻,不让鲁提辖冲动行事。最终三人为父女二人凑了十五两银子,让他们作为第二日回家的盘缠,三人便离开了酒肆。只是鲁提辖依然还是感觉义愤,当他路过“镇关西”的肉铺时,那股义愤便再也压抑不住了。鲁提辖以买肉为由,先是要求“镇关西”亲自剁十斤精肉肉酱,又要求“镇关西”亲自剁十斤肥肉肉酱,前后让“镇关西”忙活了一个时辰,接着又要求“镇关西”亲自剁十斤寸金软骨,“镇关西”笑问鲁提辖是不是在捉弄他,鲁提辖将二十斤肉酱摔在“镇关西”脸上,冷喝一声,说自己就是在捉弄他。“镇关西”也冲动,拎刀就与鲁提辖打了起来,可他哪是鲁提辖的对手,一会儿工夫,就被鲁提辖打死了。鲁提辖怕吃上官司,回家简单收拾了行李,就去了五台山出家避难了,法名鲁智深。

（四）思考探究

1.黑旋风李逵、花和尚鲁智深，这两个人物在《水浒传》中性格很相似，都是鲁莽勇武、粗犷豪放，并且他们还都有救人于危难的英雄侠义行为，比如李逵劫法场救宋江、鲁智深野猪林救林冲等，那么，二人除了这些相似之处外，是否还有一些不同之处呢？请试着做比较。

2.《水浒传》中的打虎名场面共有三次：一是武松途经景阳冈，醉后用双拳打死一虎；二是李逵为救母亲，愤怒之下于沂岭杀四虎；三是解珍、解宝兄弟为百姓安宁于登州射虎。请试着比较一下这三次打虎名场面的异同。

3.《水浒传》第十六回《杨志押送金银担　吴用智取生辰纲》中，围绕“夺取生辰纲”这一目标，生动讲述了草莽吴用等人与军官杨志展开的一系列斗智斗勇的行为。在这段故事情节中，作者采用了双线索结构，以杨志的精明防范为明线，以吴用的机敏策略为暗线，让二人轮番“上前表演”，最后才将矛盾冲突集中在了杨志所带领的人员内部不团结、人心不齐上，淡化了吴用与杨志的主要矛盾。而第十回《林教头风雪山神庙　陆虞候火烧草料场》中，林冲与高俅的矛盾却是从一开始就推到了读者面前，而后通过林冲的“逐步表演”慢慢去消解这一矛盾，而非一下子就激化矛盾冲突。请试着分析一下，这两段故事情节的矛盾冲突，为什么一个最后交代、一个开始交代呢？

三、针砭时弊看“儒林”

《儒林外史》代表着中国古代讽刺小说的高峰，鲁迅曾在《中国小说史略》中评价《儒林外史》：“秉持公心，指擿时弊，机锋所向，尤在士林；其文又戚而能谐，婉而多讽。”这部小说共五十六回，通过描写形形色色的人在追名逐利的过程中人性的逐渐沦丧，辛辣讽刺了腐败的吏治、科举及虚伪的礼教。当然，小说中也不乏对于坚守初心的少数人的赞颂，整体人物刻画立体生动。

（一）探寻人物踪迹

吴敬梓（1701—1754），字敏轩，号粒民，安徽全椒人，晚年自称“文木老人”，又称“秦淮寓客”，清代小说家。

吴敬梓出身于名门望族，远祖吴聪曾官至骁骑尉，拥有六合封地，到了父亲吴霖这一代，虽然家族式微，但依然能够全家衣食无忧，父亲在今江苏连云港市赣榆区一带担任教谕。然而，在母亲早逝、父亲又去世后，吴敬梓在家族的“分家大战”中孤立无援，分得稀薄家产，妻子陶氏也因此次刺激病重离世，给吴敬梓带来了很深的打击。幸好他还有父亲给他留下的大约两万两银子的巨额遗产，如果按照普通人的生活花销，有了这笔遗产，应该是可以一生吃喝不愁的，怎奈他早年已然养成了“家本膏华，性耽挥霍”的习惯，吃穿用度没有计划、不知节俭、大手大脚、恣意挥霍，结果就是坐吃山空，落得个“败家子”的名声，最后举家迁往南京居住。在此种境况下，吴敬梓认真考虑了如何生存的问题，既然科考之路走不通，只有为富裕人家写些诗文赚取稿费维系生活了。1754 年冬天，吴敬梓在一次醉后因病而辞世，结束了人生数年的穷困潦倒。

（二）品味经典佳作

第三回　周学道校士拔真才　胡屠户行凶闹捷报（节选）

话说周进在省城要看贡院，金有余见他真切，只得用几个小钱同他去看。不想才到天字号，就撞死在地下。众人多慌了，只道一时中了恶。行主人道："想是这贡院里久没有人到，阴气重了，故此周客人中了恶。"金有余道："贤东，我扶着他，你且去到做工的那里借口开水来灌他一灌。"行主人应诺，取了水来，三四个客人一齐扶着，灌了下去，喉咙里咯咯的响了一声，吐出一口稠涎来。众人道："好了！"扶着立了起来。周进看着号板，又是一头撞将去。这回不死了，放声大哭起来。众人劝着不住。……众人七手八脚将他扛抬了出来，贡院前一个茶棚子里坐下，劝他吃了一碗茶，犹自索鼻涕，弹眼泪，伤心不止。内中一个客人道："周客人有甚心事？为甚到了这里，这等大哭起来？却是哭得利害。"金有余道："列位老客有所不知。我这舍舅，本来原不是生意人。因他苦读了几十年的书，秀才也不曾做得一个，今日看见贡院，就不觉伤心起来。"自因这一句话道着周进的真心事，于是不顾众人，又放声大哭起来。……那客人道："监生也可以进场。周相公既有才学，何不捐他一个监进场？中了，也不枉了今日这一番心事。"金有余道："我也是这般想，只是那里有这一注银子！"此时周进哭的住了。那客人道："这也不难。现放着我这几个弟兄在此，每人拿出几十两银子借与周相公纳监进场。若中了做官,那在我们这几两银子。就是周相公不还,我们走江湖的人,那里不破掉了几两银子。何况这是好事。你众位意下如何?”众人一齐道:“‘君子成人之美。’又道:‘见义不为,是为无勇。’俺们有甚么不肯。只不知周相公可肯俯就?”周进道:“若得如此,便是重生父母,我周进变驴变马,也要报效!”爬到地下就磕了几个头,众人还下礼去。金有余也称谢了众人。又吃了几碗茶,周进再不哭了,同众人说说笑笑回到行里。

次日,四位客人果然备了二百两银子,交与金有余。一切多的使费,都是金有余包办。周进又谢了众人和金有余。行主人替周进备一席酒,请了众位。金有余将着银子,上了藩库,讨出库收来。正值宗师来省录遗,周进就录了个贡监首卷。到了八月初八日进头场,见了自己哭的所在,不觉喜出望外。自古道:“人逢喜事精神爽”,那七篇文字,做的花团锦簇一般。出了场,仍旧住在行里。金有余同那几个客人还不曾买完了货。直到放榜那日,巍然中了,众人各各欢喜,一齐回到汶上县。拜县父母、学师,典史拿晚生帖子上门来贺,汶上县的人,不是亲的也来认亲,不相与的也来认相与。忙了个把月。申祥甫听见这事,在薛家集敛了分子,买了四只鸡,五十个蛋和些炒米、欢团之类,亲自上县来贺喜。周进留他吃了酒饭去。荀老爹贺礼是不消说了。看看上京会试,盘费、衣服都是金有余替他设处。到京会试,又中了进士,殿在三甲,授了部属。荏苒三年,升了御史,钦点广东学道。

这周学道虽也请了几个看文章的相公,却自心里想道:“我在这里面吃苦久了,如今自己当权,须要把卷子都要细细看过,不可听着幕客，屈了真才。”主意定了，到广州上了任。次日，行香挂牌。先考了两场生员。第三场是南海、番禺两县童生。

周学道坐在堂上，见那些童生纷纷进来：也有小的，也有老的，仪表端正的，獐头鼠目的，衣冠齐楚的，蓝缕破烂的。落后点进一个童生来，面黄肌瘦，花白胡须，头上戴一顶破毡帽。广东虽是地气温暖，这时已是十二月上旬，那童生还穿着麻布直裰，冻得乞乞缩缩，接了卷子，下去归号。周学道看在心里，封门进去。出来放头牌的时节，坐在上面，只见那穿麻布的童生上来交卷，那衣服因是朽烂了，在号里又扯破了几块。周学道看看自己身上，绯袍金带，何等辉煌。因翻一翻点名册，问那童生道："你就是范进？"范进跪下道："童生就是。"学道道："你今年多少年纪了？"范进道："童生册上写的是三十岁，童生实年五十四岁。"学道道："你考过多少回数了？"范进道："童生二十岁应考，到今考过二十余次。"学道道："如何总不进学？"范进道："总因童生文字荒谬，所以各位大老爷不曾赏取。"周学道道："这也未必尽然。你且出去，卷子待本道细看。"范进磕头下去了。

那时天色尚早，并无童生交卷，周学道将范进卷子用心用意看了一遍，心里不喜道："这样的文字，都说的是些甚么话！怪不得不进学！"丢过一边不看了。又坐了一会，还不见一个人来交卷，心里又想道："何不把范进的卷子再看一遍，倘有一线之明，也可怜他苦志。"从头至尾，又看了一遍，觉得有些意思。正要再看看，却有一个童生来交卷。那童生跪下道："求大老爷面试。"学道和颜道："你的文字已在这里了，又面试些甚么？"那童生道："童生诗词歌赋都会，求大老爷出题面试。”学道变了脸道：“‘当今天子重文章，足下何须讲汉唐！’像你做童生的人，只该用心做文章，那些杂览，学他做甚么！况且本道奉旨到此衡文，难道是来此同你谈杂学的么？看你这样务名而不务实，那正务自然荒废，都是些粗心浮气的说话，看不得了。左右的，赶了出去！”一声吩咐过了，两傍走过几个如狼似虎的公人，把那童生叉着膊子，一路跟头，叉到大门外。

周学道虽然赶他出去，却也把卷子取来看看。那童生叫做魏好古，文字也还清通。学道道：“把他低低的进了学罢。”因取过笔来，在卷子尾上点了一点，做个记认。又取过范进卷子来看，看罢，不觉叹息道：“这样文字，连我看一两遍也不能解，直到三遍之后，才晓得是天地间之至文，真乃一字一珠！可见世上糊涂试官，不知屈煞了多少英才！”忙取笔细细圈点，卷面上加了三圈，即填了第一名；又把魏好古的卷子取过来，填了第二十名。将各卷汇齐，带了进去。发出案来，范进是第一。谒见那日，着实赞扬了一回。点到二十名，魏好古上去，又勉励了几句“用心举业，休学杂览”的话，鼓吹送了出去。

次日起马，范进独自送在三十里之外，轿前打恭。周学道又叫到跟前，说道：“龙头属老成。本道看你的文字，火候到了，即在此科，一定发达。我复命之后，在京专候。”范进又磕头谢了，起来立着。学道轿子，一拥而去。范进立着，直望见门枪影子抹过前山，看不见了，方才回到下处，谢了房主人。……

【深层解读】“周进三阅范进考卷”这一故事情节是《儒林外史》中的一段经典描写。当时的周进终于发迹，升迁为御史，被钦点成广东学道，但并未因为飞黄腾达而飞扬跋扈，因为他还是有很强的同理心的，他经历过院试阶段不被认可的苦闷，如今自己做了考官，说什么也不愿做出埋没人才之事，警醒自己阅卷务必细致审慎，所以才能够机缘巧合成为范进的贵人。而当时的范进无比艰难困苦，“面黄肌瘦，花白胡须，头上戴一顶破毡帽。广东虽是地气温暖，这时已是十二月上旬，那童生还穿著麻布直裰，冻得乞乞缩缩”，这第一印象就让周进产生了怜悯之心，尤其通过两人的对话，周进得知范进从二十岁开始，考了二十多次仍未考中，就格外关注起此人的考卷。周进在第一遍看范进的考卷时，认为满篇废话，但又可怜他一番苦态，同时联想到自己数年类似的遭遇，又第二遍看了范进的考卷，这回觉得他答得也不算差。看第三遍时，恰巧周进正恼怒于考生魏好古学习态度不端正，认为他写不好当时科考要求的文章却钻研诗词歌赋，学的尽是些乱七八糟的东西，在此心境下，周进再看范进的考卷，顿觉“天地间之至文，真乃一字一珠”，于是将范进录为第一名。吴敬梓对范进的科考成功之路进行了出神入化的描写，也让读者对周进、范进两个小说人物形象留下了深刻的印象，并引发了深刻的思索。

（三）知识拓展

1. 老秀才王玉辉

《儒林外史》中的徽州府老秀才王玉辉，穷其一生的梦想就是出书，为此，他也做出了多番努力。他曾在拜会徽州府学训导余大之际，不失时机地推介自己所写的《礼书》《字书》《乡约书》，这三本书都是以教化天下为写作前提，以礼教文化为写作内容的，写作的初心不坏。

王玉辉的女儿与父亲的性情非常相似，都颇为执拗。女婿病逝，女儿执意殉夫，家里人一致反对，唯有王玉辉支持，还称“自古‘心去意难留’”，认为女儿此举可得青史留名，家人们都是不懂得的。父女二人，皆是为得青史留名甘愿赴死之人，最后，女儿真的绝食八日殉夫而死。或许，很多人会认为是王玉辉的过分迂腐坚定了女儿的死志，加速了女儿的死亡，认为王玉辉就是个老糊涂。实则，并不尽然。王玉辉却是借着“烈女之父”的名头，趁热打铁把自己的三本书出版了。他找来了南京的一些文士名流，利用这些人的名人效应，以及烈女殉夫之事的广告效应，去高效地推销了自己的书。

对于王玉辉而言，出书之事大于一切，而出书的最终目的就是出名。他自己深受封建礼教的束缚，也用这种礼教去束缚身边之人，更是为了博得一些虚名不惜牺牲女儿的生命，这种深入骨髓的虚浮风气简直无可救药，作者写到此处也是表现出了深刻的讽刺意味。除了王玉辉，作者还塑造了其他几个与其相似的人物形象，比如蘧公孙、牛浦也都是贪图虚名之辈，作者对他们同样报之以辛辣的嘲讽。

2. 匡超人堕落史

《儒林外史》中的匡超人，出生于温州府的一个农村。少年时期的他，品性还是很好的，善良纯孝、勤快上进，可惜家境贫困、中途辍学，跟随商人到了省城，帮商人记账，后来商人生意倒闭，他就靠帮人拆字糊口度日。即使如此，他依然惦记着尽己所能地去尽孝。当受人资助归家见到母亲时，他会替母亲作揖磕头；当看到父亲病倒时，他就煨了猪蹄为父亲补养身体，晚上还会睡在父亲脚边，照顾父亲吃茶、吐痰到四更天，自己只睡一个更头；当哥哥为给他接风炖了鸡肉时，他先给父母吃完，剩下的自己才肯吃；当村中失火殃及他家时，他不顾危险冲进火场，救出了父母。对于此时的匡超人来讲，尽孝就是人生第一等大事。

因着这份纯孝的美名，匡超人得到了知县李本瑛的提携，中了秀才，但好景不长，知县李本瑛遭人诽谤影响了仕途、牵累了匡超人，而匡超人却迅速做出了打算，不愿坐以待毙，决定到杭州投奔潘三，但当他到了杭州却没能如愿见到潘三，而是遇到了一群假名士，和他们混在了一起。这群假名士大多科考失利，无法顺利进入仕途，整日聚在一起寻找“终南捷径”，以外表之潇洒清高，掩盖内心之争名逐利。受他们的影响，匡超人的思想开始发生巨变，慢慢地被他们同化，越发相信了他们所说的“终南捷径”，放弃了文章举业的正途。

后来，当匡超人真正结识到潘三之后，思想再次发生了巨变，依然是往人格沦丧、灵魂堕落的方向越走越偏。匡超人开始跟着市井恶棍潘三做事，与潘三一起为非作歹，拐卖人口伪造朱签、为人替考中了秀才等，一切只为了高额回报，完全忘记了读书的要义，沦丧成为一个毫无廉耻之徒。当然，匡超人的堕落史，也反映了封建社会八股取士的罪恶本质。

（四）思考探究

1. 在《中国小说的历史的变迁》中，鲁迅针对中国古典小说的写作模式做出了这样的总结：“好人完全是好，坏人完全是坏的。”“写好的人，简直一点坏处都没有；而写不好的人，又是一点好处都没有。”然而，《儒林外史》却打破了鲁迅所说的这种写法，比如在写严监生这一人物时，以他临终前为两茎灯草不愿阖眼的细节，凸显了严监生的极端吝啬，但严监生却又愿意自费帮哥哥解决官司，愿意花重金为王氏治病，恰恰凸显出他的人情味。请试着分析《儒林外史》这样塑造人物的意义。

2. 纪伯伦在《沙与沫》中讲：“一个人有两个我，一个在黑暗中醒着，一个在光明中睡着。”你是否认可这个观点？如果认可，请借用这一观点对《儒林外史》中的严贡生形象进行细致分析和解读。

3. 在《儒林外史》中，塑造人物形象时会选择采用人物行为前后不一的写法，来体现人物的虚伪与丑恶。比如，在第四回《荐亡斋和尚吃官司　打秋风乡绅遭横事》中描写范进为母守丧时，他去知县那里打秋风得到了知县的款待，但他却在用餐之时以守丧为由并不去拿银筷子，知县将银筷子换成象牙筷子，最终换成竹筷子之后，范进才肯开始用餐。知县本以为范进孝心至诚，心下暗叹自己不该在范进守丧之时用大鱼大肉招待他，没想到刚转过头，就见范进吞下了一颗虾丸，这下知县便了然了，原来范进竟是如此道貌岸然。请试着在《儒林外史》中找一找，还有哪些人物采用的是这样的写法。

四、况味人生悟“红楼”

《红楼梦》是中国古代章回体长篇小说、中国古典四大名著之一、具有世界影响力的人情小说、中国封建社会的百科全书、传统文化的集大成者，有一百二十回“程本”和八十回“脂本”两大系统。在清朝得舆所创作的《京都竹枝词》中，有一首是评价《红楼梦》的：“开谈不说红楼梦，读尽诗书也枉然。一曲红楼多少梦，情天情海幻情身。”透过此词，我们大抵可以明确《红楼梦》的分量与地位，事实上，无论是《红楼梦》的盛行程度，还是长久以来人们对于“红学”的不懈研究，都说明了人们对于《红楼梦》的喜爱与肯定。《红楼梦》以宝、黛、钗的爱情悲剧为主线，运用简洁传神、优美多彩的语言，描写了四大家族的盛衰起落以及大观园中的众生相，塑造了一系列具备人性美与悲剧美的典型人物形象，体现了当时的社会生活与人生百态，揭露了封建社会的罪恶与黑暗，隐喻了腐朽的封建统治阶级行将灭亡的命运。

（一）探寻人物踪迹

曹雪芹（约1715或1721—约1764），名霑，字梦阮，号雪芹，又号芹溪、芹圃，清代著名小说家。

曹雪芹出身于百年望族的大家庭，他的曾祖父曹玺因得康熙信任，担任了江宁织造这个肥差，曹玺死后，曹雪芹的祖父、父亲先后接任了这一官职，家族产业越来越兴盛，逐渐成为豪门。但雍正即位之后，便开始了对曹家的全面打压，革职、抄家，一时之间曹家风雨萧瑟，而此时的曹雪芹只有十岁，却经历了如此巨大的家庭变故与人生变故。

随后，曹雪芹跟随父亲搬回了北京老家，家庭灾难不断发生，日常生活越发拮据，到了晚年时期，不得不搬到了北京西郊的几间旧屋生活，钟鸣鼎食之家如今却要食粥果腹，于曹雪芹而言，心灵的打击不可谓不巨大，形成的感触不可谓不深刻。

在这样的环境与遭遇下，曹雪芹萌发了创作小说的念头，他想根据自己的真实经历与切身体验，创作一部反映家族兴衰与社会生活的作品，最终以同情的笔调与深刻的批判完成了《红楼梦》这一巨作。

（二）品味经典佳作

第四十回　史太君两宴大观园　金鸳鸯三宣牙牌令（节选）

……一齐出来，走不多远，已到了荇叶渚。那姑苏选来的几个驾娘早把两只棠木舫撑来，众人扶了贾母、王夫人、薛姨妈、刘姥姥、鸳鸯、玉钏儿上了这一只，落后李纨也跟上去。凤姐儿也上去，立在船头上，也要撑船。贾母在舱内道："这不是顽的，虽不是河里，也有好深的。你快不给我进来。"凤姐儿笑道："怕什么！老祖宗只管放心。"说着便一篙点开。到了池当中，船小人多，凤姐只觉乱晃，忙把篙子递与驾娘，方蹲下了。然后迎春姊妹等并宝玉上了那只，随后跟来。其馀老嬷嬷散众丫鬟俱沿河随行。宝玉道："这些破荷叶可恨，怎么还不叫人来拔去。"宝钗笑道："今年这几日，何曾饶了这园子闲了，天天逛，那里还有叫人来收拾的工夫。"林黛玉道:“我最不喜欢李义山的诗，只喜他这一句:‘留得残荷听雨声。’偏你们又不留着残荷了。”宝玉道:“果然好句,以后咱们就别叫人拔去了。”

…………

这里凤姐儿已带着人摆设整齐,上面左右两张榻,榻上都铺着锦裀蓉簟,每一榻前两张雕漆几——也有海棠式的,也有梅花式的,也有荷叶式的,也有葵花式的,也有方的,也有圆的,其式不一。一个上面放着炉瓶,一分攒盒;一个上面空设着,预备放人所喜食物。上面二榻四几,是贾母薛姨妈;下面一椅两几,是王夫人的,余者都是一椅一几。东边是刘姥姥,刘姥姥之下便是王夫人。西边便是史湘云,第二便是宝钗,第三便是黛玉,第四迎春、探春、惜春挨次下去,宝玉在末。李纨、凤姐二人之几设于三层槛内，二层纱厨之外。攒盒式样,亦随几之式样。每人一把乌银洋錾自斟壶,一个十锦珐琅杯。

大家坐定,贾母先笑道:“咱们先吃两杯,今日也行一令才有意思。”薛姨妈等笑道:“老太太自然有好酒令,我们如何会呢,安心要我们醉了。我们都多吃两杯就有了。”贾母笑道:“姨太太今儿也过谦起来,想是厌我老了。”薛姨妈笑道:“不是谦,只怕行不上来倒是笑话了。”王夫人忙笑道:“便说不上来,就便多吃一杯酒,醉了睡觉去,还有谁笑话咱们不成。”薛姨妈点头笑道:“依令。老太太到底吃一杯令酒才是。”贾母笑道:“这个自然。”说着便吃了一杯。凤姐儿忙走至当地,笑道:“既行令,还叫鸳鸯姐姐来行更好。”众人都知贾母所行之令必得鸳鸯提着,故听了这话,都说“很是”。凤姐儿便拉了鸳鸯过来。王夫人笑道："既在令内，没有站着的理。"回头命小丫头子："端一张椅子，放在你二位奶奶的席上。"鸳鸯也半推半就，谢了坐，便坐下，也吃了一钟酒，笑道："酒令大如军令，不论尊卑，惟我是主。违了我的话，是要受罚的。"王夫人等都笑道："一定如此，快些说来。"鸳鸯未开口，刘姥姥便下了席，摆手道："别这样捉弄人家，我家去了。"众人都笑道："这却使不得。"鸳鸯喝令小丫头子们："拉上席去！"小丫头子们也笑着，果然拉入席中。刘姥姥只叫："饶了我罢！"鸳鸯道："再多言的罚一壶。"刘姥姥方住了声。

鸳鸯道："如今我说骨牌副儿，从老太太起，顺领说下去，至刘姥姥止。比如我说一副儿，将这三张牌拆开，先说头一张，次说第二张，再说第三张，说完了，合成这一副儿的名字。无论诗词歌赋，成语俗话，比上一句，都要叶韵。错了的罚一杯。"众人笑道："这个令好，就说出来。"

鸳鸯道："有了一副了。左边是张'天'。"贾母道："头上有青天。"众人道："好。"鸳鸯道："当中是个'五与六'。"贾母道："六桥梅花香彻骨。"鸳鸯道："剩得一张'六与幺'。"贾母道："一轮红日出云霄。"鸳鸯道："凑成便是个'蓬头鬼'。"贾母道："这鬼抱住钟馗腿。"说完，大家笑说："极妙。"贾母饮了一杯。

鸳鸯又道："有了一副。左边是个'大长五'。"薛姨妈道："梅花朵朵风前舞。"鸳鸯道："右边还是个'大五长'。"薛姨妈道："十月梅花岭上香。"鸳鸯道："当中'二五'是杂七。"薛姨妈道："织女牛郎会七夕。"鸳鸯道："凑成'二郎游五岳'。"薛姨妈道："世人不及神仙乐。”说完，大家称赏，饮了酒。鸳鸯又道：“有了一副。左边‘长幺’两点明。”湘云道：“双悬日月照乾坤。”鸳鸯道：“右边‘长幺’两点明。”湘云道：“闲花落地听无声。”鸳鸯道：“中间还得‘幺四’来。”湘云道：“日边红杏倚云栽。”鸳鸯道：“凑成‘樱桃九熟’。”湘云道：“御园却被鸟衔出。”说完饮了一杯。

鸳鸯道：“有了一副。左边是‘长三’。”宝钗道：“双双燕子语梁间。”鸳鸯道：“右边是‘三长’。”宝钗道：“水荇牵风翠带长。”鸳鸯道：“当中‘三六’九点在。”宝钗道：“三山半落青天外。”鸳鸯道：“凑成‘铁锁练孤舟’。”宝钗道：“处处风波处处愁。”说完饮毕。

鸳鸯又道：“左边一个‘天’。”黛玉道：“良辰美景奈何天。”宝钗听了，回头看着他。黛玉只顾怕罚，也不理论。鸳鸯道：“中间‘锦屏’颜色俏。”黛玉道：“纱窗也没有红娘报。”鸳鸯道：“剩了‘二六’八点齐。”黛玉道：“双瞻玉座引朝仪。”鸳鸯道：“凑成‘篮子’好采花。”黛玉道：“仙杖香挑芍药花。”说完，饮了一口。

鸳鸯道：“左边‘四五’成花九。”迎春道：“桃花带雨浓。”众人道：“该罚！错了韵，而且又不象。”迎春笑着饮了一口。原是凤姐儿和鸳鸯都要听刘姥姥的笑话，故意都令说错，都罚了。至王夫人，鸳鸯代说了个，下便该刘姥姥。刘姥姥道：“我们庄家人闲了，也常会几个人弄这个，但不如说的这么好听。少不得我也试一试。”众人都笑道：“容易说的。你只管说，不相干。”

鸳鸯笑道：“左边‘四四’是个人。”刘姥姥听了，想了半日，说道：“是个庄家人罢。”众人哄堂笑了。贾母笑道：“说的好，就是这样说。”刘姥姥也笑道：“我们庄家人，不过是现成的本色，众位别笑。”鸳鸯道：“中间‘三四’绿配红。”刘姥姥道：“大火烧了毛毛虫。”众人笑道：“这是有的，还说你的本色。”鸳鸯道：“右边‘幺四’真好看。”刘姥姥道：“一个萝卜一头蒜。”众人又笑了。鸳鸯笑道：“凑成便是一枝花。”刘姥姥两只手比着，说道：“花儿落了结个大倭瓜。”众人大笑起来。只听外面乱嚷——且听下回分解。

【深层解读】“鸳鸯三宣牙牌令”是《红楼梦》中众多行酒令情节的经典片段。这是一种古代贵族阶层的消遣游戏方式，既能考验一个人的文学底蕴，又能考验一个人的随机应变能力。牙牌，又称骨牌、牌九，是古代的一种游戏用品，行令之时，受令之人要根据行令之人抽到的牌，答一句能够押韵的诗词歌赋或成语俗话，并且所答内容还要与牌面相匹配。在这一节选片段中，通过每人不同的行令词句，可以清晰体现出每人不同的性格特点。贾母的行令词句前三句特别吉利，唯有最后一句提到了“钟馗捉鬼”，隐隐暗示了贾府的衰落，抑或讽刺了阴险的小人。薛姨妈的行令词句既通俗又带有神仙色彩，传达出她即使已享尽荣华，却也会因儿女之事异常忧虑。史湘云的行令词句以唐诗为主，体现出一定的文学涵养。薛宝钗的行令词句引用了李白的《登金陵凤凰台》，暗合了“金陵十二钗”，通过感叹历史盛衰，体现出自身的忧患意识。林黛玉的行令词句引用了《牡丹亭》和《西厢记》中的句子，一下子就被薛宝钗听了出来，薛宝钗还专门于日后寻一时机叮嘱黛玉切不可再看此等杂书，这是作为大家闺秀所不允许接触的，但是于林黛玉而言，《西厢记》是贾宝玉和她一起读的，恰恰是两个人感情的开端。刘姥姥的行令词句最接地气，也最生动有趣，这正是她朴实本心的体现，不过刘姥姥第二句提到了大火，暗示了贾府曾经烈火烹油、终究万事皆休的必然结局。

（三）知识拓展

1. 元春省亲

为了迎接“贤德妃”贾元春出宫省亲，当时正值鼎盛的贾府，斥巨资开始修建豪华排场的“大观园”，园内陈设布置无一不精致、无一不华美。

贾元春是贾政和王夫人的女儿，是贾府的大小姐，她进宫之后一路晋封，从女史到尚书，再到“贤德妃”，成为荣宁两府身份最为尊贵的女性。贾府的鼎盛除了依靠祖宗基业，更大的原因就是家里有这样一位皇妃，因此，贾府与“贤德妃”的关系是一荣俱荣、一损俱损的。

“贤德妃”省亲选在了正月十五上元节，意为月亮上盈的极致，即满月之时，也代表着贾元春荣宠最大之时和贾府最鼎盛之时，但是，盛极必衰，月盈则缺，此后的贾府，便走上了下坡路。

此次“贤德妃”省亲的排场很大，但具体的时辰却安排在三更半夜。“贤德妃”是在19:15（戌时一刻）才出发前往贾府的，又在凌晨2:45（丑正三刻）结束省亲回宫，前后不过七个小时。“贤德妃”参观完“大观园”之后，只觉得太过奢华，后与贾母、王夫人等见过面后，再也无法忍住泪水。七个小时的时间，“贤德妃”断断续续落泪六次，既有对亲人的深深思念，也有对自己深宫生活苦楚的委屈，但即使有再多的难言之隐，她也要继续强颜欢笑，因为她所走的每一步，也是贾府所走的每一步。因此，在这短短的相见时间内，“贤德妃”先后三次叮嘱家人以后切莫如此奢靡，她在隐隐担忧贾家的未来，尤其在看到贾府子弟的难堪重任之后，这种担忧就更强烈了。

众所周知，“贤德妃”一生再无第二次省亲的机会，所以，此次的分别更像死别，那份分别时的不舍也越发能够打动读者。

2. 宝玉挨打

在贾府之中，父亲贾政是贾宝玉最畏惧的人，但因着贾母对宝玉的溺爱，贾政就算再看不惯宝玉的顽劣不化，也只能暗自着急。

《红楼梦》中的经典情节“宝玉挨打”，就源于贾政忍无可忍之后的一次爆发。这日，宝玉遭到了贾政的狠狠呵斥和教训，心下知道今日凶多吉少，赶紧寻人去给贾母报信儿，偏巧只遇到一个耳背的老嬷嬷，在这紧急万分的时刻，老嬷嬷却只一味地给宝玉岔话题，令宝玉万般无奈，令读者担心之外又忍俊不禁。最终，这顿毒打宝玉还是没躲过，也让读者通过宝玉的此次挨打探知到了贾府内外矛盾的激化。

宝玉挨打既有外因，也有内因。外因是贾府和忠顺王府之间不够融洽友好的现状，内因是望子成龙的贾政却遇到了不求上进的宝玉。从宝玉“抓周”抓到了“脂粉钗环”开始，贾政就在心中留下了宝玉将来难成大才的印象，后来为了能让宝玉踏实读书，贾政也是费尽了心思、伤透了脑筋，只觉得这孩子竟完全不像他年轻时那般“酷喜读书”，尤其自己的科举之路曾被断绝过，越发希望能由宝玉代替自己去完成，弥补自己的遗憾，可谓希望越大、失望越大。不过，宝玉的“不求上进”与叛逆乖张，从本质来看，恰恰体现了他对封建正统的反叛和不满，是这一人物形象的典型意义所在。

（四）思考探究

1. 在《红楼梦》第三回《托内兄如海荐西宾　接外孙贾母惜孤女》中，“贾母因问黛玉念何书。黛玉道：‘只刚念了“四书”。’”而宝玉问：“妹妹可曾读书？”黛玉道：“不曾读，只上了一年学，些须认得几个字。”为什么黛玉前后回答不一致呢？请分析原因。

2. 在《红楼梦》第六回《贾宝玉初试云雨情　刘姥姥一进荣国府》中，刘姥姥说：“我们也知道艰难的。但只俗语说的，‘瘦死的骆驼比马还大’呢。凭他怎样，你老拔一根寒毛比我们的腰还粗哩。”这番话刘姥姥是讲给谁听的？为什么要讲这番话呢？请分析原因。

3.《红楼梦》中曾先后两次描述“黛玉葬花”的情节。第二十三回《西厢记妙词通戏语　牡丹亭艳曲警芳心》中，林黛玉说：“你看这里的水干净，只一流出去，有人家的地方脏的臭的混倒，仍旧把花遭塌了。那畸角上我有一个花冢，如今把他扫了，装在这绢袋里，拿土埋上，日久不过随土化了，岂不干净。”第二十七回《滴翠亭杨妃戏彩蝶　埋香冢飞燕泣残红》中，以宝玉的视角描写了黛玉葬花的伤怀之情：“将已到了花冢，犹未转过山坡，只听山坡那边有呜咽之声，一行数落着，哭的好不伤感。”那么，“黛玉葬花”隐含着怎样的寓意？请简要分析。

参考文献

[1]杨伯峻. 论语译注[M]. 北京:中华书局,2012.

[2]周啸天. 诗经楚辞鉴赏辞典[M]. 北京:商务印书馆国际有限公司,2012.

[3]周振甫. 诗经译注[M]. 北京:中华书局,2001.

[4]程俊英. 诗经注析[M]. 北京:中华书局,1999.

[5]论语·大学·中庸[M]. 2 版. 陈晓芬,徐儒宗,译注. 北京:中华书局,2015.

[6]诗经[M]. 王秀梅,译注. 北京:中华书局,2015.

[7]云露. 浅析《诗经》婚恋诗中的女性形象[J]. 小说月刊,2017(11):16-17.

[8]公孙灏. 浅谈《诗经》中的男性人物[EB/OL]. (2020-05-12)[2022-08-21]. https://zhuanlan.zhihu.com/p/139923238.

[9]周髀算经译注[M]. 程贞一,闻人军,译注. 上海:上海古籍出版社,2012.

[10]司马迁. 史记(点校本二十四史修订本)[M]. 北京:中华书局,2013.

[11]张大可. 史记十五讲[M]. 北京:国家图书馆出版社,2010.

[12]韩兆琦. 史记精讲[M]. 北京:中国青年出版社,2008.

[13]张茂泽. 黄帝和黄帝祭祀[J]. 华夏文化,2015(4):11-13.

[14]司马光. 资治通鉴[M]. 北京:中华书局,1956.

[15]司马光. 资治通鉴[M]. 北京:北京联合出版公司,2017.

[16]王夫之. 读通鉴论[M]. 北京:中华书局,1975.

[17]张舜徽. 资治通鉴全译[M]. 贵阳:贵州人民出版社,1994.

[18]沈志华,张宏儒. 白话资治通鉴[M]. 北京:中华书局,1993.

[19]周国林,顾志华. 白话资治通鉴[M]. 长沙:岳麓书社,2012.

[20]华杉. 华杉讲透《资治通鉴》[M]. 上海:上海文艺出版社,2019.

[21]史为乐. 中国历史地名大辞典[M]. 北京:中国社会科学出版社,2005.

[22]李吉甫. 元和郡县图志[M]. 北京:中华书局,1983.

[23]班固. 汉书[M]. 长沙:岳麓书社,1993.

[24]吕芳.《史记》中"侠客"的精神实质探析:以《刺客列传》和《游侠列传》为例[J]. 河南科技学院学报(社会科学版),2019,39(7):62-66.

[25]柏明,李颖科. 黄帝与黄帝陵[M]. 西安:西北大学出版社,1990.

[26]闫咚婉.黄帝神话传说研究[D].太原:山西大学,2021.

[27]李常春.秦始皇性格特征研究[D].南昌:南昌大学,2009.

[28]林若初.秦始皇全传[M].武汉:华中科技大学出版社,2019.

[29]黄中业.秦始皇嬴政传[M].长春:吉林人民出版社,2010.

[30]艾杰.商鞅大传[M].长春:长春出版社,1999.

[31]王筱惠.魏徵治国理念研究[D].郑州:郑州大学,2021.

[32]杨震方,水赉佑.历代人物谥号封爵索[M].上海:上海古籍出版社,1996.

[33]暴希明.古人谥号论略[J].甘肃社会科学,2013(4):167-169.

[34]张预.十七史百将传[M].哈尔滨:哈尔滨出版社,2022.

[35]张文才.唐代中后期削藩名将李愬[J].文史知识,1990(7):77-82.

[36]孟子[M].万丽华,蓝旭,译注.北京:中华书局,2016.

[37]老子[M].汤漳平,王朝华,译注.北京:中华书局,2014.

[38]墨子[M].2版.方勇,译注.北京:中华书局,2015.

[39]韩非子[M].2版.高华平,王齐洲,张三夕,译注.北京:中华书局,2015.

[40]荀子[M].2版.方勇,李波,译注.北京:中华书局,2015.

[41]庄子[M].2版.方勇,译注.北京:中华书局,2015.

[42]古文观止[M].钟基,李先银,王身钢,译注.北京:中华书

局.2011.

[43]葛晓音.唐诗宋词十五讲[M].2版.北京:北京大学出版社,2013.

[44]锦熙.天生我材必有用:李白诗传[M].呼和浩特:远方出版社,2021.

[45]水恋珠.富贵于我如浮云:杜甫诗传[M].呼和浩特:远方出版社,2021.

[46]似水流年.此心安处是吾乡:苏东坡词传[M].呼和浩特:远方出版社,2021.

[47]锦熙.金戈铁马气如虹:辛弃疾词传[M].呼和浩特:远方出版社,2021.

[48]罗贯中.三国演义[M].3版.北京:人民文学出版社,1973.

[49]施耐庵,罗贯中.水浒传[M].2版.北京:人民文学出版社,1997.

[50]吴敬梓.儒林外史[M].张慧剑,校注,人民文学出版社,1988.

[51]曹雪芹,高鹗.红楼梦[M].北京:光明日报出版社,2013.

[52]毛泽东.毛泽东选集[M].2版.北京:人民出版社,1991.

[53]鲁迅.中国小说史略[M].济南:齐鲁书社,2004.

[54]张国风.明清小说解读[M].北京:中国人民大学出版社,2010.

后　记

本书从酝酿选题到定稿，历时一年有余。我们的编写工作得到了平顶山工业职业技术学院校领导以及学校文化教育部各位同仁的大力支持。谨此表示最衷心的感谢！

本书编写以社会主义核心价值观的培育为重要目标，以中华经典文化发展脉络为基本线索，以老年人社会文化生活应用为编辑视角，以通俗生动、浅显平易、受老年人欢迎、贴近老年人生活、满足老年人需求、体现时代特色为主要标准，立足老年教育发展实际和优势，体现终身学习的基本要求，为老年人学习国学、应用国学提供实用性指引，致力于提高老年人的生活质量、生活满意度和幸福感，助力新时代“文化养老”服务事业。

本书主编由邱燕担任，副主编由吴媛媛、乔芳担任。她们除自撰了部分章节内容外，主要负责提出方案、组织撰写、审定统稿，全部书稿均经编者较为悉心的审定，但即使如此，书中仍难免有不当或错漏之处，诚挚欢迎批评指正，编者先此致谢。

在本书编写过程中,参考吸收了包括前辈、同辈及年轻学人在内的不少同行时贤的研究成果,在“参考文献”中已经列出,在此谨致以由衷的谢意!

编者

2023 年 2 月